אז נשיר

Az Nashir: We Will Sing Again

בעקבות שבעה באוקטובר: תפילות נשים לעת הזאת

Women's Prayers for Our Time of Need

עורכות:

שירה לנקין שפס, רחל שרנסקי דנציגר, חנה גורדון

Compiled and edited by:

Shira Lankin Sheps · Rachel Sharansky Danziger

Anne Gordon

The SHVILLI Center

The Layers Press

AZ NASHIR: WE WILL SING AGAIN
Women's Prayers for Our Time of Need

אז נשיר

בעקבות שבעה באוקטובר: תפילות נשים לעת הזאת

תרגום: ג'וליאנה בראון, לאה ריינר-קורנבליט וחנה שנדרוביץ'

עורכות: שירה לנקין שפס, רחל שרנסקי דנציגר וחנה גורדון

הגהה: חנה גורדון ומיכל אורבך

סדר: רפאל פרימן MISTD 'רננה - עימוד ועיצוב ספרים'

עיצוב הכריכה: מלכה קליין

עיצוב עטיפה: יצחק וולף

Book Cover Artwork by Malka Klein: www.malkaklein.com
Book Cover Graphics by Yitzchak Woolf
Set in Arno Pro by Raphaël Freeman MISTD, Renana Typesetting

ISBN: 979-821-851-033-6

נדפס בישראל תשפ"ד · Printed in USA 2024

ספר זה מוקדש

לזכרם של הנרצחים והנופלים הרבים בטבח שבעה באוקטובר ואחריו.

בתפילה לחייהם, רפואתם ושובם הביתה בשלום של החטופים,
הפצועים, המפונים, האבלים והסובלים.

לכבודם של הגברים והנשים האמיצים בחזית ובעורף המגינים על
ארצנו ותומכים בה.

יחד עם נשות דורנו, אנו מתפללות שכולנו נמצא ריפוי וישועה בעולמנו,
שהשתנה וממשיך להשתנות.

This book is dedicated:

> In memory of the many who were murdered by Hamas or fell
> in battle on and since October 7th.

> In prayer for the lives, healing, and return of those who were
> taken hostage, injured, displaced, and those who are grieving
> and suffering.

> In honor of all the brave men and women on the frontlines
> and on the homefront, who are protecting and sustaining our
> country during this difficult time.

Together with the women of our generation we pray that we all find
healing and salvation in our changed and changing world.

Contents

תוכן העניינים

ה׳ שפתי תפתח

תפילות ליום יום

ה

MOURNING

WOMEN'S LIFE CYCLE

WOMEN'S MITZVOT

אבלות

חיי אישה

מצוות נשים

SHABBAT

WHISPERED WORDS

שבת

רחשי לב

A NEW YEAR

REDEMPTION

For Foreword and Introduction in English, see page לז.

מבוא

שירה לנקין שפס

בשביעי של פסח תשפ״ד, התעוררתי מוצפת בהשראה. בשעות הבוקר המוקדמות הרהרתי בכך שבשביעי של פסח בני ישראל חצו את ים סוף בבורחם ממצרים, ומרים הנביאה הובילה את העם בשירה.

כשעצמתי את עיניי וראיתי את דמותה של מרים עם התופים לנגד עיניי, ואת פניהם של העם, מלאות התרוממות רוח בעקבות ישועתם, מה שנגע בי יותר מכול היה העובדה שמרים ושאר הנשים התכוננו מראש לחגוג ניצחון.

אולי השיר בקע מגרונן באופן ספונטני, כביטוי טבעי של התרגשות. אבל כלי הנגינה לא היו בהישג יד במקרה: הם העידו על מוכנותן של הנשים לגאולה שעוד תבוא, על כך שהן ציפו לניסים והתכוננו לשיר ולשמוח.

את השנה האחרונה ביליתי בהכנות. אחרי ששבעה באוקטובר תפס אותי בלתי מוכנה בעליל, חשתי צורך עצום להיות תמיד מוכנה לכל מה שעלול לקרות. התכוננתי למלחמה. ספרתי קופסאות שימורים של גרגירי חומוס ובקבוקי מים. הכנתי תוכניות חירום עבור משפחתי. ואף שלתגובה הזו לטראומה יש גם צד אפל, עבדתי הרבה גם על המוכנות הפסיכולוגית והרוחנית שלי. השקעתי בטיפול בעצמי: מדיטציות, עבודת נשימה, והכי חשוב, כתיבה ביומן. עם תחושת ביטחון מנופצת אך עם אמונה חזקה מתמיד, כתבתי תפילות ביומני מדי בוקר, תפילות שהלכו והעמיקו לאורך חודשי הלחימה. התפילות נהיו כל כך ממוקדות, כל כך חדשות, שהן הפכו לחבל הצלה במערכת היחסים שלי עם הקב״ה.

כאשר שכבתי על מיטתי וחשבתי על מרים בשביעי של פסח, הבנתי שהגיע הזמן להושיט את חבל ההצלה הזה לנשים אחרות. התעוררתי למשימה החדשה שהיה עליי להביא לעולם. כפי שמרים הנביאה הייתה מוכנה לגאולה רוחנית, גם אנחנו, נשות ישראל בדורנו, חייבות להתכונן לגאולה העתידה לבוא. הרעיון

לספר הזה עלה במוחי בשלמותו. היה לי ברור כשמש מה הוא אמור להיות: ספר תפילות שילך בעקבות מסורת אימותינו, ויקבץ תפילות נשים שנכתבו בשפות שלנו ומתייחסות לאתגרים הייחודיים ולניסיונות הרוחניים של ימינו. רגע של מנהיגות נשית: שיתופית, אינטימית, ספוגה ביופי ובעומק.

הבהירות שחשתי נגעה לכל תחומי המיזם. ידעתי מי נועד לכתוב את את התפילות, מי יהיו השותפות שלי לדרך ואיך נביא את הספר לעולם. הרגשתי בבירור שהוטלה עליי משימה, ושהיא בוערת בתוכי. ידעתי שהמשימה לא תושלם עד שהספר הזה יקרום צורה בעולם. בשבילי, אז נשיר הוא תרומה להכנה הרוחנית של נשות דורנו, אותן נשים שמתכוננות לקבל את פני הגאולה. הרבה מאיתנו כבר חיות את העתיד הזה במחשבותינו, עם צלילות וביטחון בעבר, בהווה ובעתיד של העם היהודי.

אני אסירת תודה על החודשים שביליתי שקועה בפרי עטן רב ההשראה של חברותיי, מורותיי, מנהיגותיי, ונשים שמשמשות עבורי מודל לחיקוי. כתיבתן נתנה לי תכלית במשך התקופה הזאת, ובה בעת מילאה את ימיי בתפילות שהייתי כה זקוקה להן. אני נרגשת מהאמון שכל הנשים שהשתתפו במיזם - כתבו, חשבו, עיבדו, ערכו - נתנו בי, ומהשותפות שהן יצרו איתי, בכך שהן עבדו לצידי כדי להפוך את החזון למציאות. ספר זה משמש גלויה יקרת ערך מהחיים בישראל לאחר שבעה באוקטובר מנקודת מבט נשית. הוא בוחן מי אנחנו כנשים יהודיות, במה אנו מאמינות, מה עברנו, מה מזין אותנו ומה החלומות שהופכים מציאות מאתגרת לכזו ששווה לחיות בה.

רחל שרנסקי דנציגר

בימים אחרי שבעה באוקטובר, הרגשתי כאילו יצאתי לגלות. התהלכתי ברחובות מוכרים, ראיתי אנשים מוכרים, ביקרתי במקומות מוכרים, אבל אף אחד מהם לא גרם לי להרגיש בבית. הוודאויות והנחות היסוד שעמדו בתשתית עולמי נעלמו, ואני לא ידעתי מי אני, ואיפה אני, בלעדיהן. מציאות חדשה נכפתה עלינו, והתקשיתי לשאת את העובדה שאויבינו ושונאינו גזלו את חופש הבחירה שלנו.

לאורך התקופה הקשה ההיא, ודאות אחת נתנה לי את הכוח להמשיך - ודאות שהתבררה לי לראשונה כבר בשעות הראשונות של שמחת תורה. דקות אחרי שהאזעקה הראשונה קרעה את שמי ירושלים, כשעשיתי את דרכי מהמקלט חזרה לדירתנו, אחת משכנותיי עצרה אותי בחדר המדרגות. היא רעדה, בכתה וניסתה לספר לי על כל מה שהיא שמעה בחדשות. התחלתי להתייפח לתוך כפות ידיי, המומה מכדי להבין את כל מה שהיא ניסתה לומר

לי, עד ששמתי לב לפניה של בתי הצעירה, שהביטה עליי בזעזוע. הבנתי, בבהירות חדה וכואבת, שאני לא יכולה להרשות לעצמי להתפרק. הייתה לי משימה – להגן על ילדיי מסכנות ומטראומה. אף שלא בחרתי למצוא את עצמי במלחמה, ולא יכולתי לבחור מה יקרה בעוטף עזה, יכולתי לבחור להניח את צערי בצד, להתמקד בצורכי ילדיי ולעטות ארשת ביטחון, כפי שאימהות רבות כל כך עשו באותו יום נורא.

השעות הפכו לימים והשבועות הפכו לחודשים ואני מצאתי את עצמי חוזרת שוב ושוב לאותה ודאות עמוקה: בעולם שבו כל כך הרבה לא נתון לשליטתי, אני עדיין יכולה לבחור לקבל על עצמי את המשימות המונחות לפתחי ולמצוא דרכים לסייע לסובבים אותי. בכך אני יכולה גם להחזיר לעצמי ולו מעט מהאופן שבו תמיד תפסתי את עצמי ומתחושת השליטה שלי בחיי. מלחמה או לא מלחמה, אויבינו אינם יכולים לגזול מאיתנו את הבחירה הזאת.

כששירה הזמינה אותי לחבור אליה ביצירה של אז נשיר, הבחירה לענות בחיוב הייתה קלה ביותר. העבודה על המיזם הייתה עוד הזדמנות לעזור לסובביי, עוד דרך לבחור בחיים. אך אי שם בתהליך העבודה על כל תפילה ותפילה, החל מהשיחות הראשוניות וסיעור המוחות עם הכותבות, דרך העריכה והתרגום וכלה בליטוש כל מילה ומילה, המלאכה הפכה להרבה יותר מעוד בחירה לחיות במקום לקרוס. כל תפילה בתורה הזכירה לי יותר ויותר חלקים בעולמנו שלא נשברו או השתנו. חלקן הזכירו לי את ההיסטוריה שלנו, חלקן את האמונה שלנו, וחלקן את עתידנו. לאט־לאט התחלתי לראות שעל אף השבר העצום בשבעה באוקטובר, רבות מהאמיתות שעיצבו את חיינו עדיין תקפות.

תפילה היא תמיד גשר: גשר בינינו לבין א־לוהים, בין עברנו להווה שלנו, בין המקום שבו אנו עומדים ברגע זה למקום שבו אנו רוצים להיות. העבודה על אז נשיר שימשה אותי כגשר למקום שבו אני מרגישה שלמה יותר, וסדוקה פחות, למרות מורכבותו של פרק חדש זה בהיסטוריה שלנו.

אני מקווה שתפילות אלו יהפכו לגשרים גם עבורכם, גשרים לכל אופק שאליו תרצו להגיע. ואני אסירת תודה לשותפות שלי במלאכה הזאת, למחברות שהפקידו בידינו מילים כה אינטימיות, למשפחתי הנהדרת והתומכת ולקהילה האיתנה שלנו, שעזרו לי למצוא את דרכי דרך תהום המלחמה, נאחזו, לצידי, ביכולת הבחירה שלנו, ועודדו אותי כשצללתי לתוך מלאכת היצירה.

חנה גורדון

הספר המונח בידיכם מעיד על הרבה דרכים משמעותיות ואיומות שבהן שבעה באוקטובר והאירועים שהתחוללו אחריו השפיעו על ישראל, על העולם

היהודי בכלל ועל קהילתנו - קהילת האנשים ששואפים לקיים את מצוות ה׳ ורצונו, שלפעמים אינו ניתן להבנה. הספר הוא עדות חיה לצורך הפנימי של מי שמסוגל ושואף לבטא את עצמו להגיב לעולם ששינה את פניו. והספר הוא גם תוצר של שעות על גבי שעות של עבודה, בראש ובראשונה של העורכות השותפות שלי, שירה לנקין שפס ורחל שרנסקי דנציגר, שהשקיעו אנרגיה בלתי נלאית בכל פרט בקובץ הזה, וכישוריהן הרבים השפיעו על כל היבטיו. כמו כן, הכותבות והאמניות שתרומתן הרהוטה ממעמקי ליבן הפכה את הדפים שלפניכם לתפילות קדושות; צוות המתרגמות שפעל לוודא שכל יצירה ויצירה תהיה נגישה הן לדוברי אנגלית והן לדוברי עברית; מעצבי הספר עצמו, ורשתות התמיכה של כל האנשים שהיו מעורבים במיזם הזה - כולם ראויים לאזכור. אז נשיר היה רעיון מלהיב מלידתו. הוצאתו לאור תוך חודשים ספורים בלבד הייתה מאתגרת ומתגמלת מאוד - ללא ספק מלאכה רצופת אהבה, עד כדי כך שחשוב לי להכיר במאמץ שהיה כרוך בפרויקט.

עכשיו למהותו.

שיחות על תפילה יכולות להטיל מורא; כתיבת תפילות, על אחת כמה וכמה. וכשחוויית התפילה שלך עוצבה בבית המדרש של ר׳ יצחק טברסקי זצ״ל וחסידי טאלנא, הדבר הרחוק ביותר מדעתך הוא ספר תפילות שכתבו נשים, תפילות עכשוויות שמתכתבות עם המציאות המשתנה. או כך חשבתי. תפילה, כפי שהפנמתי שם, היא פרטית, גם כאשר היא חלק ממאמץ קהילתי, ואין סיבה להחצין את מערכת היחסים הפרטית שלנו עם הקב״ה.

אבל כאשר חברתי היקרה שירה פנתה אליי ואל רחל עם הרעיון לאז נשיר, הבנתי מייד שהיא זיהתה נכון את הצורך של זמננו, ושמחתי להיות שותפה לתגובה שהיא הציעה לו: פרויקט שידרבן את הנשים החכמות, היצירתיות, האמנותיות, הרהוטות ויראות השמיים של עולמנו הדתי, המשלב תורה ומודרנה, לייצר אוסף של תחינות שיבטאו את מנעד הרגשות העצום שרודף אותנו יום ולילה מאז שבעה באוקטובר. זה לא שהסידור אינו מספיק, הסידור ממשיך לשמש אותנו, אך המציאות החדשה של טבח, חטופים ומלחמה שכמותם לא הכרנו קודם, והחזרה לאנטישמיות מהסוג שחשבנו (וקיווינו והתפללנו) שנעלם לנצח, פתחו פתח לתפילות אישיות. יותר מכך, הסידור מעורר אותנו להביע את אמונתנו ביחס לאירועי השעה.

אני עדיין מעוגנת במסורת התפילות השקטות, הפנימיות והאישיות של בית המדרש של טאלנא, אבל אני אסירת תודה על הזכות להיות חלק מפרויקט זה. בתודה רבה לשירה, וגם לרחל, שיודעות עד כמה הן התאימו את עצמן ללוח הזמנים שלי כדי שאוכל להיות מעורבת בו. המחווה הטובה ביותר לשתיהן היא הכרך שבידיכם.

"תַּפּוּחֵי זָהָב בְּמַשְׂכִּיּוֹת כָּסֶף דָּבָר דָּבֻר עַל אָפְנָיו" (משלי כה, יא). אנו חושבים וחולקים את מחשבותינו עם העולם, באמצעות מילים. בכך אנו פועלים לשפר את העולם. אני מתפללת שבכך שאנו מוסיפות למילים את כוח האמונה והתפילה, נוכל לקרוע שערי שמיים ביחד. אנא ה׳, שמע קולנו - את כל הקולות שכאן, ואת כל הקולות של מי שימצאו את עצמם בתחינות האלה - ועננו בדרכים שנוכל לזהות כטובות.

הקדמה

אז נשיר נולד מתוך צורך אמיתי בשפה ובנחמה. רבות מאיתנו התקשו לתמלל את רשמיהן ורגשותיהן בתוך עולם ששינה את פניו בשבעה באוקטובר. "אני לא מוצאת את המילים, פשוט אין מילים", שמענו מנשים רבות. "אני תקועה" - תקועה בהלם, בזוועות, בייאוש.

אמירות מסוג זה הניעו אותנו לפנות לנשים ישראליות מאמינות בעלות כושר ביטוי מיוחד - אמנותי, רוחני או רגשי. ביקשנו מהן לעזור לנו למצוא את המילים שהיו נחוצות לכולנו. אנו מקוות שכשתקראו את התפילות בכרך זה, תרגישו כאילו אתן משוחחות בארבע עיניים עם אישה אחרת - מורה, אחות או חברה, שמבינה בדיוק איפה הייתן, מה אתן מרגישות, ולמה אתן מקוות, כי גם היא חשה את אותם רגשות. המחברות מייצגות קשת רחבה של קולות הנוגעים בחוויות חיים ובצרכים שונים, ומייצגים תשובות שונות לשאלה איך תפילה אמורה להיראות - ולהישמע. ככלות הכול, יש דרכים רבות מספור להתחבר עם ריבונו של עולם.

אף שכל אחת מהתפילות שלפניכן אישית ואינטימית, שאובה מחדרי ליבנו הפנימיים ביותר וממעמקי נפשותינו, הוצאתן לאור העולם מאפשרת לכולנו להתכנס לחוויה משותפת. היא צורפת את הכמיהות, התחינות, התקוות והחלומות האישיים שלנו לשיר משותף.

אנו מקוות שדרך השיר המשותף הזה, נתנחם זו ובזו - ובנוכחותו של הא־ל.

כתיבת תפילות על ידי נשים בהיסטוריה

ספר זה ממשיך מסורת עתיקת יומין של כתיבת תפילות בידי נשים יהודיות.

בבבל העתיקה, נשים יהודיות דקלמו תפילות אישיות ספונטניות בזמן הדלקת הנרות. מסורת זו עברה מדור לדור ועודה נהוגה בקרב חלק מנשות העדה העיראקית.

בספרד שאחרי הגירוש, יהודיות אנוסות שמרו על גחלת התפילה למען

קהילותיהן. כאשר הקהילה היהודית הוגלתה ב־1492 אבדו תפילות רבות, והאנוסות ניסו לקבץ את כל התפילות שהן זכרו. מכיוון שהן רצו להתפלל כיהודיות אך לא הייתה להן גישה לשלל הספרים היהודיים שהושמדו, לעיתים קרובות הן חיברו תפילות אישיות בעל פה על סמך מה שהן יכלו לזכור, והוסיפו מילים שנבעו מחוויותיהן הפרטיות.

במסורת האשכנזית לאורך הדורות, לנשים יהודיות הייתה רמת אוריינות גבוהה, במיוחד ביידיש. בתור המאמא־לושן, שפת האם, שלהן, יידיש הייתה הבחירה הטבעית כשנשים כתבו את תפילותיהן, בניגוד לנוסח התפילה הקנוני, הכתוב בעברית וארמית. החל מימי הביניים, *תחינעס* - תפילות עכשוויות ביידיש - נכתבו עבור הקהילה כולה בידי גברים ונשים כאחד; רבות מהתחינות שכתבו נשים נכתבו במיוחד עבור נשים, ונגעו בפנים האינטימיים ביותר של חיי היומיום. מהדלקת הנרות, דרך הטבילה במקווה ועד לזעקה לה׳ יתברך בשעת הלידה, תפילות אלו שיקפו את העומק הרגשי והרוחני של החוויה היהודית הנשית. התחינות התחילו לצאת לאור באופן רשמי בפראג ב־1600, ורבות מהן עודן בשימוש בבתים יהודיים בכל רחבי העולם. כתיבתן ודקלומן הן חלק יומיומי מעבודת השם של נשים רבות.

בכל המקומות והזמנים השונים הללו, נשים יהודיות מצאו את ה׳ בפרטים של חייהן היומיומיים: ריח עיסת החלה השרופה לפני שבת, המים החמים של המקווה, קולות ילדיהן. כשאנחנו נכנסות לנעליהן, אנו מחפשות את העילאי באותם מקומות מוכרים, אך גם במתכונים של הסבתות שלנו, בעולם הטבע סביבנו, בתיקון שאנו מביאות לעולם באמצעות עבודתנו, במשפחות שאנו מגדלות, במערכות היחסים שלנו, במימוש העצמי גם ברגעי משבר ובכל מה שאנו יוצרות בעולם בשותפות עם הקדוש ברוך הוא. התפילות בספר נוגעות בחוויות יומיומיות אלו וברבות אחרות.

יהודים ותפילה אישית

חכמינו זיכרונם לברכה ביססו את תפילותינו היומיומיות על תפילתה של אישה יהודייה יוצאת דופן: חנה, אימו של שמואל הנביא. בנחישותה להביא ילד לעולם, סירבה חנה להישמע לעצתו של בעלה להתמקד ב״חצי הכוס המלאה״, והציעה לא־לוהים משהו שחרג הרבה מעבר לקורבן פשוט: היא הפקידה בידיו את ליבה הפגיע, דרך מילים כנות וגלויות. חז״ל השתמשו במבנה של תפילת חנה כשהם סידרו את תפילות הקבע, אך היו אלה אמונתה ופגיעותה של חנה שהמשיכו וממשיכות להעניק השראה לדורות של נשים יהודיות. כאשר אנו

מתפללות, אנו חולקות את האמונה של חנה שא־לוהים מתעניין בכמיהותינו הפנימיות ביותר, ושהן חשובות בעיניו.

תפילה היסטורית זו הביאה להולדתו של שמואל הנביא, שהוביל את העם מתקופת השופטים אל הקמת הממלכה היהודית. כמה הולם שהספר המקראי הנפתח בתפילת חנה מסתיים בתפילותיו של דוד המלך, המבטאות את אותה אמונה צרופה ביכולתו של ה׳ להתערב במציאות לטובתו. דוד קרא אל ה׳ באותה כנות שאפיינה את חנה כשהכניס את כמיהותיו וצרכיו האותנטיים ביותר לשיחתו האישית עם ריבונו של עולם.

השנה, המילים של דוד המלך קמו לתחייה לנגד עינינו. היו רגעים שבהם הרגשנו, ממש כפי שדוד הפליא לתאר במזמורי התהילים, חסרי אונים, חסרי דרך ואכולי ייאוש. כשהתחבאנו מפולשים חמושים ורצחניים, כשקברנו את יקירינו או הצטופפנו במקלטים במשך לילות השימורים של התקפות טילים, התפילה הפכה ליותר מהרגל אישי. היא הפכה לדרך להיאחז בתקווה.

אקט התפילה מעיד על אמונה בכך שייתכן עתיד טוב יותר. אמונה זו היא שדרבנה את מרים הנביאה (לפי המדרש) להנחות את נשות ישראל להכין כלי נגינה לפני יציאתן ממצרים, בביטחון שיהיו ניסים לחגוג בדרך. אולי, בכך שהם הזכירו לבני ישראל אמונה זו, התופים ניחמו את העם עוד לפני שהניסים התחוללו.

אנו מקוות שהתפילות שלפניכם יציעו לכן נחמה, ברוחם של חנה, דוד, מרים וכל דורות היהודים שהרשו לעצמם לייחל לעולם טוב יותר.

גאולת העבר, גאולה בעתיד

אומרים שהגאולה השלמה תשקף את גאולת עם ישראל ממצרים. קל לזכור את הגאולה ההיא בהתרוממות רוח, אבל עבור האנשים שחוו אותה, יציאת מצרים הייתה גם משבר והפיכה. כשמרים והנשים ביטאו את הכרת הטוב שלהן בשירה, הן עזרו לעם להתנער מהבלבול, מההלם ומהסבל ששיתקו אותם ולזהות את גדולת הרגע שהם חוו.

במוכנותן לקדם את פני גאולת דורן בשירה, מרים והנשים ששרו איתה מראות לנו איך להתכונן לגאולה גם היום.

חז״ל אמרו שדור יציאת מצרים נגאל בזכות ״נשים צדקניות״. חכמינו לימדו גם שהגאולה השלמה תשקף את גאולת מצרים. כנשים שחוות את התקופה הקשה הזאת, אנו מתפללות שבכך שנמשיך את דרכה של מרים, נזרז את הגאולה השלמה.

חוויותיהן של נשים בעקבות שבעה באוקטובר

כולנו חווינו את התקופה המיוסרת הזאת בדרכים שונות.

נשים רבות יצאו להילחם, לבשו מדים ויצאו לקרב. עבורן תקופה זו התבטאה בהגנה על אהובים, על ערכים ועל מולדת.

אחרות שקעו באבל אחרי שאיבדו אנשים יקרים ובני קהילה, ולמדו בעל כורחן לחיות בעולם שנראה סדוק ושבור.

יש כאלה שהתמסרו לעבודה, נתנו מעצמן עד שחשבו שהן לא יכולות לתת יותר, אך קמו למחרת בבוקר ועשו זאת שוב ושוב. רבות התנדבו: עם חיילים, באיסוף ציוד צבאי, בהכנת אוכל, בעזרה לפצועים, לאבלים ולעקורים.

נשים רבות בילו את שעותיהן בהסברה, וצעקו את צעקת החטופים ובני משפחותיהם. הן נלחמות להשיב את אחינו ואחיותינו הביתה.

יש בנו מי שאיישו את העורף, החזיקו ילדים מבוהלים בזמן משברים לאומיים, כיבסו מדים ואפו פינוקים לכל מי שנזקק נואשות לאהבה. הן ניגבו דמעות, בדקו מה שלומן של השכנות, האכילו את חבריהן והרחיבו את פעילותן כאימהות הרבה מעבר לבית הפרטי והרבה מעבר למה שהן חשבו שהן מסוגלות לו. והן עשו זאת תוך כדי שהן הרגישו מנופצות מבפנים, אבודות בעולם ששינה את פניו ולא יכול להעניק להן או ליקיריהן תחושת ביטחון.

רבות מאיתנו התמודדו עם המציאות הפרטית שלנו, עם מאבקים אישיים שהפכו למורכבים עוד יותר על רקע הטרגדיות הלאומיות. תהינו אם מותר לנו להרגיש את הרגשות שלנו, ללקק את הפצעים שלנו, להתמקד בעצמנו, כשכל כך הרבה אנשים סביבנו טבעו בצרות שנראו כל כך הרבה יותר משמעותיות משלנו. רבות מאיתנו סובלות מקיפאון חושים או עצב מתמשך. רבות מאיתנו פשוט עושות כמיטב יכולתן להחזיק את הראש מעל המים.

יש בנו גם כאלה שצמחו, שאמונתן התחזקה, שכושר ההנהגה שלהן נובע כעת ממקום עמוק יותר ומקודש יותר. יכולת האמפתיה שלהן התחזקה, החזון שלהן ברור מתמיד; הכתפיים שלהן תומכות בעול כבד, אבל הן מצליחות להמשיך להרים את ראשיהן אל על.

וכולנו, בימים מסוימים, רוצות רק להמשיך. לעשות את העבודה שלנו. להיות שם בשביל יקירינו. לחיות חיים רגילים, יומיומיים, בתקופה בלתי רגילה.

היינו כל אחת מהנשים האלה. וכשהמציאות השתנתה שוב ושוב סביבנו, גם אנחנו השתנינו, וכך גם תפילותינו.

אנו מקוות שהספר שלפניכן ייגע בגרסאות רבות של עצמכן.

לְאָדָם מַעַרְכֵי־לֵב ומהשם מַעֲנֵה לָשׁוֹן (משלי טז,א)

ה׳,
הרי מערכי ליבנו מונחים לפניך
בתפילה לחסדך ולנחמתך.
תודה על המילים ששמת בפינו
ועל ניסיך שבכל יום.

ריבון העולמים,
הלא הנסתרות והנגלות אתה יודע,
גלוי וידוע לפניך שרצוננו לעשות רצונך,
ושכל מה שעשינו לכבודך עשינו
ולחיזוק עמך ישראל.

יהי רצון מלפניך ה׳ א־לוהינו וא־לוהי אבותינו ואימותינו,
שלא יארע דבר תקלה על ידינו
ושכל התפילות המונחות בפניך
יגיעו עד לכיסא כבודך
ויהיו לרצון לפניך
ה׳ צורנו וגואלנו.

תודות

הספר הזה הובא לעולם על ידי רשת של נשים שעבדו יחד, ללא לאות, כדי להיענות לצורך השעה. המחברות המדהימות שלנו כתבו, שקלו, ערכו, עברו שוב ושוב על החומר וחלמו לצידנו כשרקמנו את האנתולוגיה הזו מתוך חוויות החיים ומתוך נקודות המבט הרבות שקיווינו לכלול בה. המחברות כתבו את תפילותיהן מעומקי נשמתן, ולכבוד הוא לנו להציגן בפניכן.

ג׳וליאנה בראון וצוות המתרגמות שלה, לאה ריינר־קורנבליט וחנה שנדרוביץ׳, עמלו ימים ולילות על כל מילה וביטוי כדי לוודא שהתפילות יוצגו בצורה מדויקת הן בעברית והן באנגלית. אנחנו אסירות תודה על עומק החיבור שלהן לעבודה הזאת, ועל כך שהן העניקו לו מליבן ונשמתן. עבודתן מוקדשת לכל החיילות הקדושות שלנו, שהקרבתן האין־סופית נבעה מאהבתן לעם ישראל וארץ ישראל. הקולות הצלולים של אותן נשים שעלו בסערה השמיימה ושל אלו שבזה הרגע עוד נלחמות עבורנו, יחיו בנו לנצח ובאהבה.

תודה לעורכת הלשון היסודית שלנו מיכל אורבך, שליטשה כל משפט ומילה, ולסדר רפאל פרימן, על תשומת הלב לכל פרט ופרט ועל ייפוי כתב היד שלנו. חלק מהחלטות העריכה מייצגות את רצונן של הכותבות ואת חזונן.

אנחנו מודות למלכה קליין על יצירת האמנות המדהימה שלה, שהצליחה לבטא את החזון שלנו לכריכה, ליצחק וולף על העיצוב הגרפי של העטיפה, ולכל האמניות שתרמו בנדיבות מיצירותיהן ורוממו את דפי הספר הזה.

אנו אסירות תודה במיוחד למשפחותינו הנפלאות, שעודדו אותנו לקחת על עצמנו את הפרויקט הזה, תמכו בנו לאורך לילות ללא שינה ובפני הלחץ העצום של הדקה התשעים, הזכירו לנו מה החזון שלנו כשאיבדנו את עצמנו בפרטים, עזרו לנו לשמור על שפיותנו ברגעי הקושי, וחגגו את רגעי ההצלחה שלנו בנדיבות ובאהבה.

ולבסוף, בשעה שאנו מביאות את הפרויקט לידי גמר, אנו מודעות ביותר לכך שאנו חבות כל רגע של שקט יחסי שאותו הקדשנו לעבודה על הספר

לחיילינו, שברגעים אלו ממש מגינים על ישראל ונלחמים להחזיר את הביטחון לארץ, למשפחות התומכות בהם בעורף, וכמו כן לכל האנשים והנשים שמקדישים את זמנם לצרכיו הדחופים של הציבור וממשיכים להקריב מעצמם בלי סוף עבור כולנו. וכמובן לריבונו של עולם, שמסייע להם – ולנו – בשעה קשה זו.

לכם, האנשים והנשים המגינים על ישראל ועוזרים ליושביה בחזית ובעורף, אנו מקדישות ספר זה באהבה ובתודה.

התפילות מתחילות בעמודים 3-4

Kriyat Yam Suf | *Avigail Wieder*

Foreword

SHIRA LANKIN SHEPS

I woke up on the seventh day of Passover 2024, feeling deeply inspired. In the early morning hours, I reflected that it was the seventh day of Passover in which the Jewish people crossed the *Yam Suf* (Red Sea) in their escape from Egypt, and Miriam the Prophetess led the people in song.

When I closed my eyes and saw the image of Miriam with her timbrels and the awestruck faces of the people, elated at their experience of redemption, what spoke to me the most was the fact that Miriam and the women were ready for this triumphant moment.

Perhaps the song flowed organically from their throats, a natural outpouring of ecstasy. But their instruments were on hand, at the ready, a testament to their anticipation of future redemptions, their readiness to sing.

I have spent the last year preparing. After being so caught off guard by October 7th, my reaction was to feel the need to be more prepared for whatever might come next. I prepared for war. I counted cans of chickpeas and bottles of water. I made emergency preparedness plans for my family. And though there are darker elements to that response to trauma, I also became engrossed with being prepared spiritually and psychologically. I poured myself into my self-care: my meditative practices, breathwork, and, most importantly, my journaling. With my sense of safety shattered, but my faith bolder than ever, I wrote prayers every morning in my journal and they intensified through the months of the war. Those prayers became so specific, so new, that they developed into a lifeline in my relationship with the Divine.

As I lay in bed thinking of Miriam on the seventh day of Passover, I realized that it was time to share this lifeline with other women. I became aware of a new task that I was compelled to bring into the world. Like Miriam the Prophetess was prepared for spiritual redemption, we too, the women of Israel in our generation, should prepare ourselves for the final redemption to come. The idea of this book downloaded into my mind; I saw exactly what it was meant to be: a siddur companion, following the footsteps of our foremothers, of women's prayers written in our own languages, to address the unique challenges and spiritual experiences of our time. A moment of female leadership: collaborative, intimate, steeped in beauty and depth.

This clarity was all-encompassing. I knew who was meant to write it, who my partners should be, and how we would bring it into the world. I felt so clearly that I was assigned a task, and it burned within me. I knew my job would not be finished until this book took its shape in the world.

For me, *Az Nashir* is a contribution to the spiritual preparation of our generation of women, the women who are preparing to receive the final redemption, many of us already living in the future in our minds, with clarity and assuredness of the past, present, and future of the Jewish people.

I am grateful for the months I spent immersed in the transformative writings of my friends, teachers, leaders, and role models. It made me feel like I had a purpose in this time and simultaneously filled my days with the prayers that I desperately needed. I am humbled by the trust and partnership of the women who wrote, workshopped, and worked alongside me, bringing this vision to life. This book is a precious snapshot of living in Israel after October 7th, from the female perspective. It explores who we are as Israeli Jewish women, what we believe, what we've lived, what sustains us, and the dreams that make a challenged reality worth living.

Rachel Sharansky Danziger

On the days following October 7th, I walked around in a daze, feeling like an exile. I looked at familiar streets, people, and landmarks, but nothing made me feel at home. The certainties and assumptions that underlay the world as I knew it were gone, and I didn't know who I was, where I was, without them. A new reality, not of our choosing, forced itself upon us, and I hated the fact that, in this, like in so much else, our haters and enemies stole away our choice.

Through that difficult time, one certainty kept me going – a certainty that first dawned on me in the very first hours of Simchat Torah. Minutes after the first siren rent Jerusalem's sky, as I made my way back from the shelter to our apartment, my neighbor stopped me on the staircase. Shaking and weeping, she tried to tell me about everything she had been hearing on the news. I sobbed into my hands, too shocked to fully comprehend what she was saying, when I saw my young daughter's pale face and her horror-struck eyes looking upon me. I realized, with sharp and painful clarity, that I couldn't afford to fall apart just then. I had a task to carry out – keeping my children safe from danger and from trauma. And while I didn't choose to be at war, and couldn't choose what would happen in the Gaza envelope, I could choose to set aside my own grief, focus on my children's needs, and put on a brave face, as so many mothers did on that horrible day.

As hours turned into days, and weeks turned into months, I found myself coming back to the same profound certainty: in a world where so much was no longer in my own hands to shape, I could still choose to embrace the tasks before me, and the ways in which I could help people around me. In doing so, I could restore at least some of my sense of self and self-determination. War or not, our enemies couldn't take away this choice.

When Shira asked me to join her in creating *Az Nashir*, saying "yes" was an easy choice. Here was yet another opportunity to help others, another way for me to choose life. But as we worked on each prayer, workshopping with the authors, editing, translating, finessing every word, the work has become so much more than yet another way to choose life over crumbling. Each prayer reminded me of more and more parts of our world that remained unchanged, unbroken. Some reminded me of our history, some of our faith, some of our future. And slowly, I started seeing that despite the profound shock of October 7th, many of the truths we have always lived by still stand.

Prayer is always a bridge: a bridge between us and God, between our past and our present, between where we stand now and where we want to be. Working on *Az Nashir* served me as a bridge to a fuller and less fractured sense of self in this new chapter of our history.

I hope that these prayers will be bridges for you too, bridges into whatever horizon you wish to connect to. And I am grateful to my partners in this work, the authors who trusted us with their intimate words, and my wonderful, supportive family and stalwart community, for helping me through the abyss of war, embracing choice beside me, and encouraging me as I threw myself into this work.

ANNE GORDON

The volume you hold in your hands attests to so many profound and terrible ways that October 7th and the events following have affected Israel, the Jewish world at large, and our community of people who strive to fulfill God's mitzvot and His too often incomprehensible will. It bears witness to an innate need of those possessing substantial powers of expression to use them in response to a world turned upside down. And it is the tangible result of hours upon hours of work by, first and foremost, my co-editors, Shira Lankin Sheps and Rachel Sharansky Danziger, whose energy for every aspect of this compilation was indefatigable, and their prodigious skills touch every aspect of it. Likewise, the authors and artists whose heartfelt, eloquent contributions fundamentally make these pages the holy prayers they are; the team of translators working to make sure that each and every piece was available to both English-speakers and Hebrew-speakers; the designers of the book itself; and the support networks of all the people involved in this project... they all bear mention. *Az Nashir* was an idea with gusto from its very beginning; bringing it to light in just a few months has been challenging and very rewarding – surely a labor of love, to the extent that I want to acknowledge the intensity of that labor.

Now to its essence.

Talking about prayer can be daunting; writing prayer, all that much more so. And when the Talner Beis Medrash of Rabbi Dr. Isadore (Yitzchak) Twersky *zt"l* is part of your training of what it means to pray, the farthest thing from your mind is a companion volume of contemporary prayers written by women to address the current and changing reality. Or that was the case for me. *Tefillah*, as I internalized it, is private, even when it is a communal effort. Sharing the depths of one's ways and means of connecting to God is inherently counterintuitive.

But when my dear friend Shira approached me and Rachel with this new idea, the need and its solution as she described them rang true. Namely, a project of prodding the wise, creative, artistic, articulate, God-fearing women of our religious world, people who embrace Torah and modernity both, to produce a collection of *techinot*, to express the vast array of troubling and profound emotions that have haunted our hours, waking and sleeping, since October 7th. It's not that the siddur is not enough, but that even when the siddur is the profound resource it always has been, the world of massacre and hostages and war the likes of which we haven't known before, and a return to antisemitism the likes of which we thought (and hoped and prayed) had been abolished forever carved out room for our personal, contemplative, prayerful reactions. I would even suggest that the classic book of prayers provokes us to bring all of our own powers of expression of faith to our encounters with current events.

I remain a product of the quiet, internal, personal prayers of the Talner Beis Medrash, but I am inexpressibly grateful to be part of this work. With abundant thanks to Shira, and also to Rachel, who know how much they accommodated my schedule so that I be a partner in this endeavor. That said, the best tribute to them both is the volume in your hands.

"A word fitly spoken is like apples of gold in a setting of silver"

(Proverbs 25:11). With words, we reflect, and we bring our reflections to ourselves and to others. Thus, we work to improve the world. When we boost those words with faith and invest them with prayer, we can, I pray, storm the gates of heaven. Please, God, hear our voices – all the voices herein, and the voices of those who find themselves in these *techinot* – and answer us in ways we understand to be good.

Introduction

Az Nashir: We Will Sing Again was born out of a real need for language and comfort. So many of us struggled to give voice to our new reality in the post–October 7th world.

"I can't find the words…there are no words," we heard many say. "I'm stuck" – stuck in horror, in shock, in despair.

Moved by this need, we asked Israeli women of faith who are masters of artistic, spiritual, and emotional expression to help find the words that we all needed. Reading the prayers in this volume may feel like sitting with another woman – a teacher, sister, or friend – who understands where you have been, what you feel, what you hope for, because she has felt it too. The writers represent a broad spectrum of voices that touch upon different life experiences, needs, and senses of what prayer can feel or sound like. There are many ways to connect to the Divine.

While each of the prayers before you is personal and intimate, woven out of the innermost chambers of our hearts and the depths of our souls, publishing them allows us all to tune into a shared experience. It turns our personal yearnings, pleas, hopes, and dreams into a shared song.

Held by this communal song, we are comforted by each other and the presence of God.

History of Women's Prayer Writing

This book follows an ancient tradition of religious Jewish women writing their own prayers.

The Jewish women of ancient Babylonia recited personal prayers spontaneously, from the heart, when they lit candles. Their practice traveled down the generations even to this day, among some Iraqi Jewish women.

The Jewish women in Spain after 1492, who were Judaizing as crypto-Jews, kept prayer alive for the community. When many prayers were lost because the Jewish community was exiled, the women attempted to collect as many prayers as they could recall. Wishing to pray as Jews, but having no access to the myriad Jewish books that had been destroyed, they often put together personal prayers orally based on what they could remember, adding words borne of their personal experiences.

In Ashkenazic tradition through the ages, Jewish women had a high level of literacy, especially and most comfortably in Yiddish. The Yiddish *mama-loshen* – mother tongue – was, therefore, the natural choice when the women wrote their own prayers, though most of our liturgy is in Hebrew and Aramaic. Starting in the Middle Ages, *techines* – contemporary Yiddish prayers – were written for the entire community by both men and women; many of those written by women were also written for women, detailing the most intimate parts of daily life. From lighting candles to entering the mikveh to crying out to God during labor, these prayers captured the essence of the emotional and spiritual depths of the female Jewish experience. Officially published in Prague from around the year 1600, *techinot* are still in use in Jewish homes all around the world, and the writing and reciting of them, for many, serve as a daily practice in their personal devotions to God.

In all these different locales and chapters of history, Jewish women found God in the details of their daily lives: the smell of the burnt challah offering before Shabbat, the warm waters of the mikveh, and their children's voices. As we step into their shoes, we seek the Divine in the old familiar places, as well as in our grandmothers' recipes, in the natural world around us, in the healing we bring to the world through our work, the families we build, our relationships, our self-actualization even in moments of crisis, and what we create alongside God in partnership. The prayers in this book touch upon these contemporary experiences of daily life and more.

Jews and Personal Prayer

Our sages modeled our daily prayers on the prayer of one remarkable Jewish woman: Chana, mother of the prophet Shmuel. Determined to have a child, and refusing to heed her husband's advice to focus on "the silver linings," Chana offered God more than a burnt-offering; she entrusted her open heart and vulnerable words to Him. Chazal, the rabbis of the Talmud, were inspired by her manner of prayer when they structured our canonized prayers, but it was Chana's faith and vulnerability that continue to inspire generations of Jewish women. When we pray, we share Chana's conviction that God cares about innermost yearnings.

Chana's history-altering prayer brought about the birth of the prophet Shmuel, who led the people from the era of the Judges to the establishment of the Jewish kingdom. It is fitting that the biblical book that opens with Chana ends with King David, whose prayers convey the same pure faith in God's ability to intervene on his behalf. He channels the same honesty regarding his most authentic yearnings and needs into his personal conversations with God.

King David's words came alive for us this year. As he describes in *Tehillim*/Psalms, there were times when we felt helpless, pathless, and stuck in despair. As we hid from armed and murderous invaders, buried loved ones, or huddled in shelters during the *"leilot shimurim"* (nights of God's watchfulness) of rocket attacks, prayer became more than a personal practice. It became a way to grasp for hope.

Prayer implies faith in the possibility of something better. It was this faith that animated Miriam the Prophetess (according to the Midrash) when she instructed the Israelite women to prepare musical instruments before leaving Egypt, confident that there would be miracles to celebrate along the way. Perhaps, by reminding the people of this faith, these instruments offered the people solace even before the miracle took place.

We hope that the prayers before you offer comfort, in the spirit of Chana, David, Miriam, and all the generations of Jews who allowed themselves to hope for a better world.

Redemption of the Past, Redemption in the Future

It is said that the final redemption will mirror the redemption of the Jewish people from Egypt. That redemption is easy to remember in elation, but it was surely tremendous upheaval for the people. By singing in gratitude, Miriam and the women helped the people move past their passive confusion and shock and recognize the momentousness of their experiences.

In their preparedness to usher in the redemption of their generation, Miriam and the women model for us, the women of our current moment, what it looks like to be ready for redemption.

The sages taught that the generation of the Exodus was redeemed in the merit of the *"nashim tzidkaniot"* – righteous women. Knowing that we, as women living through this difficult time, have the opportunity to bring the redemption closer, we pray that by following in Miriam's footsteps, we hasten the arrival of all the blessings of *geulah*.

Women's Experience of the War and a Post-October 7th World

We all have experienced this anguished time in different ways.

Many women went out to the field to fight, donning green uniforms as soldiers and going to war. For them, this period of time focused on protection of loved ones, values, and homeland.

Many spent this time mired in grief, having lost loved ones and community members, and learning how to live in a world that seemed endlessly broken.

There are those who went to work, giving of themselves until they thought they could do no more, only waking up the next morning to do it all over again. Volunteering: with soldiers, army gear, food, the wounded, the grieving, the displaced.

Many spent their hours in advocacy, crying out for the hostages and their families. Fighting to bring our brothers and sisters home.

There are those among us who manned the homefront, holding terrified children during national crises, washing uniforms, and baking treats for those who desperately needed love. Wiping away tears, checking on their neighbors, feeding their friends, and expanding their definition of motherhood to stretch beyond what they thought they could handle. All while feeling shattered on the inside, worldviews knocked out of alignment, sense of safety for themselves and their people out of reach.

Many of us sat with our own realities. Our personal struggles against the backdrop of national tragedies. Wondering if we had permission to feel our feelings, lick our own wounds, be present for ourselves, when it seemed that so many around us were drowning in something bigger than ourselves. Many of us have been plagued by numbness or sadness for too long. Many of us have been just doing our best to keep our heads above water.

There are also those among us who have grown, whose faith has been emboldened, whose capacity for leadership now stems from a deeper, more sacred place. Their empathy has expanded, their vision is clearer, their shoulders are heavy with burdens, but they are able to keep their heads held high.

And all of us, on some days, just want to keep going. Get our work done. Be there for our people. Live a regular, normal life, in an irregular time.

We have been all these women. As circumstances changed and shifted again, so did we, and so did our prayers.

We hope that the book before you will touch many versions of yourself.

The thoughts of the heart are man's,
   but from the Lord comes the utterance of the tongue. (Proverbs 16:1)

Hashem,
The thoughts of our hearts are laid before You
With a prayer for Your *chesed* (kindness) and comfort.
Thank You for the words You gifted us

And for Your miracles that happen every day.

Master of the universe,
Since You know all the hidden and revealed things
it is revealed and known before You
that our will is to perform Your will
And that all we did, we did to glorify Your name
And strengthen Your people.

May it be Your will
Our God and God of our forefathers and foremothers
that no harm will be caused by our actions
And that all the prayers we place before You
Will make their way to Your heavenly throne
And be acceptable in Your sight, O Lord,
our Rock, and our Redeemer.

Acknowledgements

This book was brought into the world by a network of women who worked together, tirelessly, to meet the need of the moment. Our incredible writers wrote, workshopped, edited, reviewed, and dreamed alongside us, as we pieced this anthology together from the myriad of life experiences and perspectives we hoped to include. They poured out their *tefillot* from the roots of their souls, and we are humbled to present them before you.

Juliana Brown and her team of translators, Leah Reiner-Kornblit, and Chana Shenderovich, who worked night and day, toiling over every word and phrase to make sure that the *tefillot* were represented accurately in both Hebrew and English. We are so grateful for how deeply they connected to this work, giving so much heart and soul to the project. Their work is dedicated to all of our holy *chayalot*, whose endless sacrifices were born of their love for *Am Yisrael* and *Eretz Yisrael*. The clear voices of those young women who were taken up in a fiery storm and those who continue to defend us will live forever among us with love.

Thank you to our thorough Hebrew langauge editor, Michal Orbach, who carefully polished every sentence and every word, and our typesetter, Raphaël Freeman, for their meticulous attention to detail and for beautifying our manuscript. Certain editorial choices were made by the writers themselves, who felt that those choices best represented their expression of their own *tefillot*.

Gratitude to Malka Klein for her stunning hand-drawn artwork that captured our vision for the cover, to Yitzchak Woolf, who elegantly incorporated it into the cover with his graphic work, and to the artists, who generously contributed their artwork to elevate the pages of this book.

We are especially grateful to our wonderful families, who encouraged us to take on this project, supported us through sleepless nights and last-minute stress, reminded us of our vision when we lost ourselves in the details, helped us keep our sanity through the rough patches, and celebrated our moments of success with cheerleading, generosity, and love.

And finally, as we come to the finishing touches, we are poignantly aware of the fact that we owe every moment of the relative calm that we were able to optimize for our efforts here to our soldiers, who, even now, are defending Israel and fighting to return safety to the land, to the families who support them from the homefront, as well as to all the others who have been attending to urgent matters and sacrificing so much for the immediate needs of our nation. And of course to *Hashem*, who aids them – and us – in this difficult time.

It is to all the men and women who protect Israel and help its denizens, both at the front and at home, that we offer this book – with gratitude and love.

בין ים לאדמה / אביטל שרנסקי

Prayers for Prayer

ה׳ שפתי תפתח

A Prayer to Find Words

Sefira Lightstone

(ENGLISH)*

God
Open the closures of my heart
I am not afraid of pain
Lift the tightness from my throat
Bestow breath into my lungs
Ground me within the present
Facing the pains
The blockages I trudge through
Grant me the strength of fortitude
to release the words
Trapped
To free the fire of the soul
Bless me with clarity
To know
Release me from my self-bondage
to say
What I need to say to you.

---

* *Language of composition*

תפילה למצוא את המילים

ספירה לייטסטון

(אנגלית)*

ריבונו של עולם

פתח את אטמי ליבי

איני מפחדת מכאב

הרפה את מצרי גרוני

מלא באוויר ריאותיי

קרקע אותי בהווה

בהתמודדות עם הכאבים

החסימות שדרכן אני מתאמצת לצעוד

הנחל בי את כוח עוז הרוח

לשחרר את המילים

הלכודות

לשחרר את להבת הנשמה

ברכני בצלילות

לדעת

שחררני מהכליאה העצמית

לומר

את מה שאני צריכה לומר לך.

---

* שפת המקור

Woman in Prayer | Sefira Lightstone

Teach Us Our Prayer

Ruti Eastman

(ENGLISH)

All my sisters, all Your daughters, are sharing the same song now,
    dear Father.

The task is heavier than it has ever been in our lifetime,
    since our grandmothers' lifetimes or deathtimes.
We want to pray the right words, but our breath has been stolen,
    frozen somewhere deep within our souls.
The ghosts of those taken and those who have fallen surround us.
The broken hearts of parents cry among us, pouring torrents from
    swollen, inconsolable eyes.

What shall we pray? The need is too great. The task, overwhelming.
"Bring them home." "End the war." "Give us back the life we had
    before."

I cried out to the Voice: "I can't find the words for my prayer!"
And the Voice said, "You are trying the wrong approach, to fix the finite.
    Fix My Infinite instead."
"It is too big a job. I am too insignificant."
"No, My child. Each person is infinite. Repair My broken infinite, and
    leave the rest to Me."

We heard You. We began working harder on fixing the infinite in
    ourselves,
doing more acts of kindness to strengthen the infinite in others.
We began sharing with You and each other
more lovingkindness, less righteous indignation.

We know that You never miss anything, and that You have seen our
    efforts
to repair the rips in the infinite, the tears we created in each other
with our careless words, our thoughtless texts, our self-assuredness.

תפילתנו למדנו

רותי איסטמן

(אנגלית)

אבא יקר, כל אחיותיי, כל בנותיך, חולקות כעת את אותו השיר.

המשימה קשה מכפי שהייתה אי פעם בימינו,
מאז ימי חייהן של סבותינו, או ימי מותן.
אנו מבקשות להתפלל את המילים הנכונות אך נשימתנו נגנבה מאיתנו,
וקפאה אי שם בעומק נשמתנו.
רוחות הרפאים של אלו שנלקחו מאיתנו ונפלו סובבות אותנו.
לבבותיהם השבורים של הורים בוכים בינינו, נחשולי דמעות זולגות
מעיניהם הנפוחות, ואין מנחם.

על מה נתפלל? הצורך גדול מדי. המשימה מציפה.
״החזר אותם הביתה״. ״סיים את המלחמה״. ״השב לנו את חיינו כקדם״.

זעקתי אל בת הקול הא־לוהית: ״איני מוצאת את המילים לתפילתי!״
והקול ענה: ״גישתך אינה נכונה, את מנסה לתקן את הסופי. תַּקני במקום
זאת את האינסוף שלי״.
״המשימה גדולה עליי. אני חסרת חשיבות מדי״.
״לא, בתי. כל אדם אינסופי הוא. תקני את האינסוף השבור שלי, ואת השאר
השאירי בידיי״.

שמענו אותך. התחלנו לעמול חזק יותר על תיקון האינסופי בתוכנו,
להוסיף מעשי חסד לחיזוק האינסופי באחרים.
התחלנו לחלוק עימך ואחד עם השני
יותר אהבת חינם ופחות זעם צדקני.

ידוע לנו כי עיניך בכול ואתה ראית את מאמצינו
לתקן את הקרעים באינסוף, אותם קרעים שיצרנו זה בזה
במילים פזיזות, במסרונים חסרי התחשבות, בשביעות הרצון העצמית שלנו.

We are humbly but angrily crying out: "Enough! Enough of our
    errors –
but also enough of Your timeless patience!"
Please follow Your own wise advice to our father Avraham:
"Lean down and listen to Sarah."

All Your daughters are begging You.
Save our hostages. Help our soldiers to be successful –
but with the knowledge that it is only by Your might
and the strength of Your hand that they are victorious.

Bring us salvation now, dear Father.
Please. Your daughters have joined hands in beseeching You.

אנו זועקים בענווה אך בכעס: "די!
די לטעויותינו –
אך גם די לסבלנותך הנצחית!"
אנא הקשב לעצה הנבונה שיעצת לאבינו אברהם:
"כֹּל אֲשֶׁר תֹּאמַר אֵלֶיךָ שָׂרָה, שְׁמַע בְּקֹלָהּ".

בנותיך כולן מתחננות אליך.
הצל את שבויינו. שלח הצלחה לחיילינו –
אך גם את הידיעה כי רק בכוחך
ובעוצמת ידך הם עושים את החיל הזה.

הבא לנו גאולה, אב יקר.
אנא. כל בנותיך אוחזות זו את ידיה של זו
בהפצירן בך.

All We Cannot Say

Sarah Sassoon

(ENGLISH)

I am searching for God
I am searching for the direct call

Since when have I lost the ability to speak to You?
Where is my song?
Where is my grief?
Anger and joy
sizzles pan after pan
and I feed what I cannot sing anymore.

I want something I can feed my children.

God of my foremothers
to sing you need a voice.

I want a song and I find a recipe
I want a song and my breasts swell for another baby
I want a song and there are no sheep to guide and guard.
I want a song and spill my cup into the stew.
I let the stew overflow.

The sun shines
but I want rain.

I know how to set a table
but I find it hard to sit.

Cutting onions I cry
so I add date syrup.

Where is my song
beyond the clatter of the wooden spoon
the bits of tomato and onion
the unabashed stain of turmeric
on the counter.

כל מה שאיננו יכולות לומר

שרה ששון

(אנגלית)

אני מחפשת אחר א-לוהים
מחפשת את החיוג הישיר

ממתי אבדה לי היכולת לדבר איתך?
היכן השיר שלי?
היכן האבל שלי?
רוגז וגיל
תוססים במחבת אחר מחבת
ואני מאכילה את מה שאני כבר לא מצליחה לשיר.

אני רוצה משהו שאוכל להאכיל לילדיי.

א-לוהי אימותיי
כדי לשיר נחוץ קול.

אני רוצה שיר ומוצאת מתכון
רוצה שיר ושדיי מתמלאים בשביל עוד תינוק
רוצה שיר ואין לי צאן לרעות ולהציל.
רוצה שיר ושופכת את כוסי לתוך הנזיד.
נתתי לנזיד לגלוש מעבר לגדותיו.

השמש זורחת
ואני רוצה גשם.

אני יודעת לערוך שולחן
אך קשה לי לשבת.

קוצצת בצל ובוכה
אז אני מוסיפה סילאן.

איפה השיר שלי
מעבר לקרקוש כף העץ
חתיכות העגבנייה והבצלים
כתמי הכורכום הנועזים
על השיש.

I want to plant more seeds
maybe one will be a song
that will grow into a tree.

I add a whole chicken,
flesh and bones
life in death.

I don't know why it matters.
Why am I asking for my song?

Because King Solomon wrote a song for each animal.
Because I want to know what to call
this pulse I feel under my wrist, sitting in my chair
under the soles of my feet, this taste on my tongue
the edge of my eyes, this pen in my fingers
what to call the wildflowers and butterflies,
the mess of leaves on so many trees.

What to call this scripture of feelings?

My faith is cleaved in two.

I am seeking angels in pots
angels to carry my words.

What we have become,
cooking meals as offerings
with all the words we cannot say.

אני רוצה לשתול עוד זרעים
אולי אחד יהיה שיר
שיצמח לעץ.

אני מוסיפה עוף שלם
בשר ועצמות
חיים בתוך מוות.

אין לי מושג למה בכלל זה חשוב.
בשביל מה אני דורשת לי שיר?

כי שלמה המלך הלחין עבור כל חיה שיר.
כי אני רוצה לדעת איך לקרוא
לדופק שאני מרגישה מתחת לפרק ידי, יושבת לי בכיסא
מתחת לכפות רגליי, הטעם הזה על לשוני
קצה העין, העט בין אצבעותיי
איך לקרוא לפרחי הבר ולפרפרים.
סבך העלים על כל כך הרבה עצים.

איך לקרוא לכתבי הקודש שהם הרגשות האלה?

אמונתי נבקעה לשניים.

אני מחפשת מלאכים בתוך הסירים
מלאכים שיישאו את דבריי.

לְמה הפכנו,
מבשלות ארוחות כעולות,
עם כל המילים שאיננו יכולות לומר.

After the Storm (A Haiku Prayer)

Yael Unterman

(ENGLISH)

after the rainstorm
my umbrella is ragged
thus too is my faith

many is the time

I've patched up my umbrella

and used it again

but this hurricane
shredded it to bits; now I
speak to You through holes

אחרי הסערה

יעל אונטרמן

(אנגלית)

אחרי הגשם הסוער
המטרייה שלי מחוררת
וכך גם אמונתי

פעם אחר פעם
הטלאתי את המטרייה שלי
והשתמשתי בה שוב

אבל ההוריקן הזה
קרע אותה לגזרים: כעת אני
משוחחת איתך
דרך חורים

Parts Work

Yael Unterman

(ENGLISH)

each day i come to You in prayer
with a piece of my soul silent
        struggling to make sense

once (only last year) all flowed easily
thank love awe simple dance song praise
You: the Creator
me: the created
pain: has purpose
        all is truly good

true
there was bitterness from solitude
there was grief from the Holocaust

still there was relationship
hitbodedut communication
sweet worship of the faithful Jew

(so proud of
my gratitude practice
my relationship with God
spiritual ego comes with the territory)

now, after
heaven's deaf ears
        broke me
after
heinous horror
        violated my people
(*would you ravish the queen in her own house?*)
only a fragment of me prays

עבודת חלקים

יעל אונטרמן

(אנגלית)

יום יום אני ניגשת אליך בתפילה
כשאחת מפיסות נשמתי שותקת
משתדלת למצוא משמעות

פעם (בשנה שעברה) הכול זרם בקלות
תודה אהבה יראה ריקוד פשוט שירה הלל
אתה: הבורא
אני: הברואה
כאב: יש לו תכלית
הכול באמת טוב

אמת
הייתה מרירות מבדידות
היה יגון מהשואה

אך היו יחסים
תקשורת של התבודדות
תפילה מתוקה של יהודייה נאמנה

(גאה כל כך
בהרגלי הכרת הטוב היומית שלי
ביחסיי עם הקב"ה
האגו הרוחני הוא חלק בלתי נפרד מהעניין)

ועכשיו אחרי
שאוזני שמיים החירשות
שברו אותי
אחרי
שזוועות מתועבות
חיללו את עמי
(הגם לכבוש את המלכה עימי בבית?)
רק חלק ממני מתפלל

a part of me offers thanks

but which part?

is it my soul, composed as mountains?
my faithful heart, set in lilies and thorns?
my angel-wrestling self, battling
        through a long dark night?

and what does the other part say
the one from which i do not pray?

i feel it, by turns -
    glowering in fury
    hunched in catatonic shock
    screaming into the abyss

my Creator, i shall serve You with
        all my parts
my humility my rage my rancor my boundless gratitude

i shall serve You with all i am
and forgive You for being what You are
Almighty

please in Your mercy
forgive me too

I was created this way by You

חלק ממני מודה

אך איזה חלק?

האם נשמתי השלווה כהרים?
ליבי הנאמן, השוכן בין שושנים וחוחים?
החלק שנאבק עם מלאכים, ונלחם
לאורך הלילה החשוך?

ומה אומר החלק השני
החלק שממנו איני מתפללת?

אני חשה אותו,
פעם בוער בכעס
פעם כפוף מרוב הלם
ופעם צורח אל תוך התהום

בוראי, אעבוד אותך
בכל חלקיי
ענוותי כעסי טינתי הכרת התודה האינסופית שלי

אעבוד אותך בכל נימיי
ואסלח לך על היותך מה שאתה
א-ל עליון

אנא בחסדך
סלח גם לי

כזו נבראתי על ידך

A Teacher's Prayer:
Evacuated from My Piece of Heaven

Rachel Lifshitz

(HEBREW)

And I am forever a teacher. I'm a teacher.
The elusive virtue of my tongue
Builds castles in time
Ruminates upon abysses, digging.
Expressed in efficient lesson plans,
In a Torah that seeks contact.

How impoverished I would have been
Had I not sought your aid.
Had I not prayed for a creation of well-fastened wisdom
I would never have learned to open pathways
To create growth, to raise.

And here, I am a teacher. The sort who rushes to fill a vacuum with
eternity, echoing "I am the Lord your God," seeking to wander the
paths of a student's soul which is a mound of outdated awareness, and
possesses a powerful desire for the immediate: What will you give me
now? And I try to give thanks for the right to exist in the here and now,
for the pressure to produce a response moving enough to generate
growth and flowering.

Because growth, as any teacher knows,
Is desire which may be delayed
And that is when the growth, forced by the storm outside
Seeks us most
As guides for the way.

But
Now
As the storm
Came

תפילת מורה:
מפונה מחלקת א-לוהים

רחל ליפשיץ

(עברית)

וְתָמִיד מוֹרָה אֲנִי. אֲנִי מוֹרָה.
זְכוּת חֲמַקְמַקָּה בִּלְשׁוֹנִי
מְחַבֶּרֶת אַרְמוֹנוֹת בַּזְּמַן
בּוֹחֶנֶת תְּהוֹמוֹת, חוֹפֶרֶת.
מְגַלֶּמֶת בְּמַעֲרָכִים מִתְקַתְּקִים
בְּתוֹרָה שֶׁרוֹצָה לָגַעַת.

וְכַמָּה דַּלּוֹתִי,
לוּלֵא הִסְתַּיַּעְתִּי בְּךָ.
לוּלֵא הִתְפַּלַּלְתִּי לִיצִירָה שֶׁל חָכְמָה מְהַדֶּקֶת
לֹא יָכֹלְתִּי לְהַשְׂכִּיל לִפְתֹּחַ שְׁבִילִים,
לְהַצְמִיחַ, לְגַדֵּל.

וְכָאן מוֹרָה אֲנִי. זוֹ שֶׁמְּמַהֶרֶת לְמַלֵּא רִיק בַּנֶּצַח, מְהַדְהֶדֶת "אָנֹכִי ה׳ אֱ-לֹהֶיךָ", מְבַקֶּשֶׁת לְטַיֵּל בִּשְׁבִילֵי הַנֶּפֶשׁ שֶׁל תַּלְמִיד, שֶׁהוּא תֵּל שֶׁל תּוֹדָעָה שֶׁעָבַר זְמַנָּהּ, וּבוֹ רָצוֹן עַז כָּל כָּךְ לַמִּיָּדִי: עַכְשָׁו מָה תִּתְּנִי לִי? וּמְנַסָּה לְהוֹדוֹת עַל הַזְּכוּת לִהְיוֹת בַּמִּיָּדִי, עַל הַלַּחַץ לְהָפִיק מַעֲנֶה מְטַלְטֵל דַּיּוֹ כְּדֵי לְהַצְמִיחַ, לְגַדֵּל.

כִּי גְּדִילָה, יוֹדֵעַ כָּל מוֹרֶה,
הִיא תְּשׁוּקָה שֶׁנִּתֶּנֶת לְהִדָּחוֹת
וְאָז הַצְּמִיחָה הַכְּפוּיָה מֵהַסְּעָרָה שֶׁבַּחוּץ
הֲכִי צְרִיכָה אוֹתָנוּ
מוֹרִים לַדֶּרֶךְ.

אֲבָל
עַכְשָׁו
כְּשֶׁבָּאָה
הַסְּעָרָה

I've been pulled in
And my fears are silent
And my prayers
Freeze on my tongue
And my hands are impoverished
And what of the pretension

How will I create words from within the chaos
When I am evacuated from this piece of heaven
How will I float up from the darkness
Or ease words of light
From within the horror.

And how will I be a teacher once again when my speech is foreign
    to me
And how and from where will I carve out
What You are waiting for, in its absence.

Who am I to voice the scream of Moshe Rabbenu, "Erase me,
    please!"
And who am I to know how to shudder like Nechemiah in the
    palace, with a despondent face and a tongue full of prayer
And who am I to cry and mourn like "Why did the land perish?"

And how shall I whisper among the multitudes that we are not evil
    in His sight
And we merely did not wish to grow
And we were purified in the fire
And here we stand

And how shall I console and be consoled
How shall I speak in Your name
And how shall I face the daughter of my people, *bat ami*

Please give me speech, place that thin gossamer within my grasp, to
    allow me to weave my prayer to You

Act both for me, and for them
In this battle paved with love
Return me, please.

נִשְׁאַבְתִּי פְּנִימָה
וְהַפְּחָדִים אִלְּמִים
וְהַתְּפִלָּה
קְפוּאָה עַל לְשׁוֹנִי
וְיָדַי דַּלּוֹת
וְהַזִּמְרָה מָה תְּהֵא עָלֶיהָ

כֵּיצַד אֶבְרָא מִלִּים בְּתוֹךְ הַתֹּהוּ
כְּשֶׁאֲנִי מְפֻנָּה מֵחֶלְקַת אֱ־לֹהִים
אֵיךְ אָצוּף מִתּוֹךְ הָעֲלָטָה
אֵיךְ אָצִיף מִתּוֹךְ הָאֵימָה
מִלִּים שֶׁל אוֹר.

וְאֵיךְ אֶחְזֹר לִהְיוֹת מוֹרָה וּלְשׁוֹנִי זָרָה לִי
וְאֵיךְ אֶחְצֹב וּמֵהֵיכָן
אֶת מָה שֶׁאַתֶּם מְצַפִּים לוֹ וְאֵינֶנּוּ.

וּמִי אֲנִי שֶׁאוּכַל לִצְעֹק אֶת צַעֲקַת מֹשֶׁה רַבֵּנוּ מְחֵנִי נָא,
וּמִי אֲנִי שֶׁאֵדַע לִרְעֹד כִּנְחֶמְיָה בָּאַרְמוֹן, וּפָנַי רָעִים וּלְשׁוֹנִי תְּפִלָּה,
וּמִי אֲנִי שֶׁאֶבְכֶּה וַאֲקוֹנֵן כְּיִרְמְיָהוּ עַל מָה אָבְדָה הָאָרֶץ,

וְאֵיךְ אֶלְחַשׁ בָּרַבִּים שֶׁלֹּא רָעִים אֲנַחְנוּ לְפָנָיו
וְרַק לֹא רָצִינוּ לִגְדֹּל
וּצְרָפָנוּ בָּאֵשׁ
וְהִנֵּנוּ

וְאֵיךְ אֶתְנַחֵם וַאֲנַחֵם
וְאֵיךְ אֲדַבֵּר בִּשְׁמְךָ
כִּי אֵיךְ אֶעֱשֶׂה מִפְּנֵי בַּת עַמִּי

אָנָּא דַּבְּרֵר אוֹתִי, תֵּן לִי אֶת הַקּוּר הַדַּק הַזֶּה, הַנֶּעֱלָם, שֶׁאוּכַל לֶאֱחֹז, שֶׁאוּכַל לֶאֱרֹג תְּפִלָּה אֵלֶיךָ

עֲשֵׂה גַּם לְמַעֲנִי, גַּם לְמַעֲנָם
בְּמַאֲבָק שֶׁרָצוּף אַהֲבָה
הֲשִׁיבֵנִי נָא.

Prayers for Daily Life

תפילות
ליום יום

Modah Ani

Rachel Sharansky Danziger

(HEBREW)

My God,
my living and enduring King,
I thank You
for the people who strengthen my soul.
The people who help each other
and support each other
At this difficult time
from close and from afar
and with great mercy,
and restore my faith
in the future,
in humanity,
and in You.

מודה אני

רחל שרנסקי דנציגר

(עברית)

א־לי
מלך אל חי וקיים
מודה אני לפניך
על האנשים שמחזקים את נשמתי.
אנשים שעוזרים זה לזה
ותומכים זה בזה
בשעה קשה זו,
מרחוק ומקרוב
ובחמלה רבה,
ומחזירים לי את אמונתי
בעתיד
באדם
ובך.

A Prayer for the Morning News

The Editors

(ENGLISH)

Please God –
When You open my eyes
Give me the strength to handle whatever this new day brings.

Be gentle with my mind,
Be kind to my eyes,
Hold my hand through the updates,
Shield my heart from breaking beyond what I can repair.

Give me the fortitude to ride
On the winds of change with You.

Give me ease of breath,
A straight spine,
And eyes to see Your bigger picture
Even through a churning world.

תפילה על חדשות הבוקר

העורכות

(אנגלית)

אנא ה׳,
בפוקחך את עיניי בבוקר
תן לי את הכוח להתמודד
עם כל מה שהיום החדש הזה
יביא.

היה עדין כלפי שכלי
ונדיב כלפי עיניי
אחוז את ידי כשאצלח את כל העדכונים
הגן על ליבי
כך שלא יישבר
מעבר למה שאוכל לתקן.

תן לי את הכוח לרכוב איתך
על רוחות השינוי העזות.

תן לי קלות נשימה
עמוד שדרה זקוף
ועיניים לראות את התמונה הגדולה
אפילו מבעד לעולם גועש ומתהפך.

A Prayer, Step by Step at a Time

Tova Kramer

(ENGLISH)

Dear God,

I am but just a human in this world You have created.
I believe in You and in Your will,
and I am honored to be a part of the Jewish people.

I trust Your bigger plan,
Yet, am unable to understand all Your workings in this world
but know You have a larger picture in sight.

I know You have a bigger picture that I am not able to see yet.

Sometimes, all I want to do is curl up in a ball
and sleep until this is all over

I am aware that despite this, I need to keep living,
and we as a nation need to move forward united.

So please give me the strength and the wisdom
and the capacity to fulfill my job in this world.

To use the tools that You have blessed me with
to help myself, my family and those around me.

To help me put one step in front of the other
and to choose to live my fullest life despite all the challenges being
   thrown at us.

Bless me to be able to stand up straight, breathe in and out, think
   clearly,
smile and give strength to myself and those around me.

Bless us all to be able to hold ourselves upright and to give hope,
   faith, love, joy and resilience to each other and to help us heal in
   unity,

תפילה צעד אחר צעד, כל צעד בעיתו ובזמנו

טובה קרמר

(אנגלית)

ריבונו של עולם,

איני אלא בת אנוש בעולם זה אשר בראת.
אני מאמינה בך וברצונך,
וכבוד הוא לי להיות חלק מהעם היהודי.

אני מאמינה בתוכניתך הגדולה,
ואין בי היכולת להבין דרכיך בעולם הזה.

אני יודעת שיש לך תמונה גדולה יותר שאיני מסוגלת, עדיין, לראות.

לפעמים אני רוצה יותר מכול פשוט להתכרבל
ולישון עד יעבור זעם.

מובן לי שלמרות זאת, חובה עליי להמשיך לחיות,
ושאנחנו כעם חייבים להמשיך לצעוד קדימה מאוחדים.

אז אנא, ברך אותי בעוז ובחוכמה, בבינה ובדעת,
וביכולת למלא את תפקידי בעולם הזה.

להשתמש בכלים שבהם התברכתי
כדי לעזור לעצמי, למשפחתי, וגם לסובביי.

לעזור לי להתקדם צעד אחר צעד
ולבחור לחיות את חיי באופן המלא ביותר למרות האתגרים המופיעים שוב ושוב לפתחנו.

ברך אותי ביכולת לעמוד זקופה, לנשום, לחשוב בצורה ברורה
לחייך ולהנחיל כוח לי ולסובביי.

ברכנו כולנו ביכולת להזדקף, להעניק תקווה, אמונה, שמחה ואהבה אחד לשני, ולעזור לנו למצוא מרפא באחדות,

step by step, one step at a time.

Bless us to have the strength to get through the long days and nights,
and please bless us as a nation to succeed and to win this war
    together,
and that we emerge from this stronger
so we can do Your will in this world
and glorify Your Holy Name.

צעד אחר צעד, כל צעד בעיתו ובזמנו.

ברך אותנו בכוח לעבור את הימים והלילות הארוכים,
ואנא, ברך אותנו כעם להצליח לנצח במלחמה הזאת ביחד,
ושנצא ממנה חזקים מתמיד
כדי שנוכל לעשות את רצונך בעולם
ולהלל את שמך הקדוש.

A Prayer for Sustenance

The Editors

(ENGLISH)

Please God,
Like You were generous with Your people in the desert,
Please ensure there is always food on our tables,
as we traverse this difficult time.

Allow us to sleep and wake with ease,
Even while the skies thunder with war,
Knowing that our sustenance comes from the Heavens,
And not from the fluctuations of man.

Keep sturdy roofs over our heads,
Our bodies clothed with Your kindness.

Let us not need to rely on the whims of others for our needs,
Knowing that, though the world is unsure and unstable,
We are held and supported by You, always.

תפילה לפרנסה

העורכות

(אנגלית)

אנא ה',
כפי שהיית נדיב עם עמך במדבר,
עשה שתמיד יהיה אוכל על שולחננו
גם בעת הקשה הזו.

אפשר לנו ללכת לישון ולקום בבוקר בביטחון
גם בשעה שרעמי מלחמה קורעים את הרקיע,
בידיעה שכלכלתנו תבוא ממך, מהשמיים,
ולא מתהפוכות עולם האדם.

שמור על גג יציב מעל לראשינו
והלבש אותנו בנדיבותך ובחסדך.

אנא, עשה שלא ניאלץ להסתמך על גחמות של אחרים כדי לספק את
צרכינו,
עשה שנדע שאף שעולמנו אינו בטוח או יציב
אתה מחזיק אותנו בידיך
ותומך בנו תמיד.

A Prayer for Learning Torah

The Editors

(ENGLISH)

HaKadosh Baruch Hu,

Bless me as I fill myself
With the words and wisdom of Your Torah.

May it bring me closer to You
And lead me in Your ways.

Dedicate my learning to the safety of our people.

So we all can walk together
The paths of Your land,
In peace.

תפילה לשעת לימוד תורה

העורכות

(אנגלית)

הקדוש ברוך הוא,

ברך אותי בשעה שאני ממלאת את עצמי
במילים ובחוכמה של תורתך.

עשה שהיא תקרב אותי אליך
ותוביל אותי בדרכיך.

הקדש את לימוד התורה שלי לביטחון עמך

כך שנוכל ללכת יחד
במשעולי ארצך הקדושה,
בשלום.

Living in the Space between Life and Death and Other Balancing Acts

Rachel Weinstein

(ENGLISH)

As life and loss sit together awkwardly on the horizon,
I am keenly aware of the aching disparities in which I exist.
I sit
I stand
I lie
I love, and
I live
Between darkness and light
Hatred and Kindness
Destruction and Renewal.

I teeter-totter between hopefulness and sorrow, knowing that what
    lay between
the missiles and bombs and the recitation of psalms
Are cracks and crevices of joy and rebirth.

God, I know this in my heart
and within the depths of who You created me to be.
I hold space
and breath
and grasp
at ways to make sense of the nonsensical,
Gazing down a rabbit hole of endless, spiraling opposites,
And I wonder just how much You think I can take.

I have only two hands in which to hold this load,
two feet on which to stand tall,
two shoulders upon which the weight of my world sits.

And so I ask You God,

החיים בין המוות לחיים,
ושאר איזונים

רחל וינשטיין

(אנגלית)

בעת שחיים ואובדן יושבים בצוותא מביכה,
אני מודעת עד כאב לנבדלות של קיומי.
בשבתי
ובקומי
בקומי
ובשוכבי
אני אוהבת
אני חיה.
בין חושך לאור
שנאה וחסדים
חורבן וצמיחה.

מתנדנדת בין תקווה ליגון, יודעת שמה שחצץ
בין פצצות וטילים לאמירת תהילים
הם שברירי אושר וזהרורי התחדשות.

א-לוהים, אני יודעת זאת בליבי
וממעמקי הווייתי אשר יצרת.
אני מחבקת את החלל,
נושמת
ונאחזת
בדרכים להבין את הבלתי אפשרי.
בוהה בחלל אינסופי של ניגודים מתנגשים,
ותוהה כמה אתה חושב שאוכל להתמודד.

יש לי שתי ידיים בלבד להחזיק את המשא
שתי רגליים לעמוד בגאווה
ושתי כתפיים להרים את משאות עולמי.

מתחננת בפניך א-לוהים,

While I hold my pain, who will hold me?
While I embrace the miracles, who will embrace me?
And while I look on in astonishment at the hatred coming at us
    from all sides,
I wonder – who is looking after me?

HaKadosh Baruch Hu, I know that even in the pits of despair
Your strong hands and outstretched arms,
Are real and true and ever-present.
You are my rock, my strength, my refuge, my light.
You are what You are and have imbued within me the power to be
    who I am.

Some nights, though it seems the moon has been stolen,
I continue on, writing my own symphony, my own destiny,
knowing that this is all meant to be.

I will rest wearily in Your hands, cradled warmly by Your light, and
I will lift my eyes to the skies and promise –
Both You and me,
That I will do the best I can.

And though my efforts may be imperfect,
they will have to be good enough.
You, whose presence is in the sacred and mundane,
Will be the base of the balance that lies
Between the dichotomies each new day brings.

בעת שאני מחזיקה את כאבי, מי יחזיק אותי?
בעת שאני מחבקת את הניסים, מי יחבק אותי?
ובעת שאני צופה בתדהמה, בשנאה המתחוללת סביבי,
אני תוהה - מי צופה בי?

הקדוש ברוך הוא, אני יודעת שגם מתהומות הייאוש,
ידיך פשוטות לקבלני,
ואתה אמת וקיים ונוכח לעד.
אתה צורי וגבורתי, מפלטי ואורי.
אתה הנך הכול, ומעניק לי את הכוח להיות מי שאני.

ישנם לילות, שבהם הירח נראה כנעלם.
אני ממשיכה, כותבת את הסימפוניה שלי, את השליחות,
יודעת שכך צריך היה להיות.

בלאות אנוח בידיך, אתחמם לאורך,
אשא עיניי אל השמיים, ואבטיח
לא-ל חי ולעצמי
שאעשה את הטוב ביותר שיתאפשר.

וכן, ניסיונותיי לא מושלמים,
אך הם יצטרכו להספיק.
אתה, בנוכחותך הקדושה,
תהיה איזון
בין הדיכוטומיות המונחות לפתחי
עם שחר.

A Prayer before Bed

The Editors

(ENGLISH)

HaKadosh Baruch Hu,

Thank You for another day.

Another day where I lived,
In a time of transition and change,
A moment in time where I looked for You in
The machinations of the world.

Where I tried to live
According to Your ways.

Forgive me for my mistakes,
And grant me tomorrow to do better.

Heal my heart from today's pains,
And may we have no more losses, tomorrow.
Grant me the gift of sleep,
To restore my soul from its grieving.

Bless me with more days,
Where I can continue to draw strength from Your revealed miracles,
And I may witness the final redemption,
Where all our days are lived,
In peace.

תפילה לפני השינה

העורכות

(אנגלית)

הקדוש ברוך הוא

תודה על עוד יום.

עוד יום שבו חייתי,
בזמן של תמורה ושינוי,
רגע בזמן שבו חיפשתי אותך
בתוך תהפוכות עולמך.

שבו ניסיתי לחיות
בהתאם לדרכיך.

סלח לי על הטעויות שעשיתי,
ותן לי את יום המחר, כדי שאוכל להצליח בו יותר.

רפא את ליבי מכאבי היום
ועשה שלא נדע עוד אבדות מחר.
תן לי את מתנת השינה
כדי לשקם את נפשי מאבלה.
ברך אותי בעוד ימים,
שבהם אמשיך לשאוב כוח מניסיך הגלויים
ויהי רצון שאזכה לראות את הגאולה השלמה,
שבה נחיה את כל ימינו
בשלום.

Prayers for the Land, the People, and the State

תפילות לשלום
הארץ, העם
והמדינה

Past, Present, Future | *Yael Harris Resnick*

A Prayer for the Land of Israel

Tamar Weissman

(HEBREW)

Here I stand, poor in merits
Trembling and full of fear, before Him Who is enthroned upon the
    praises of Israel.
I come here to stand and plead before You
On behalf of Your Land, Israel.

Creator of all,
The earth is the Lord's and all that it holds, the world and its
    inhabitants.
The lands of the nations at Your will were first granted,
When the Most High gave nations their homes, and set the
    divisions of humanity
He drew the limits of *Eretz Yisrael* (land of Israel) for our numbers.
A precious land, good and broad, a land of copper and iron
A land of streams of watering springs and depths emerging from
    valley and hill
An extensive land, yet so very small
To which each Jewish soul is bound, and responds to from the
    depths of its heart;
Greeting her with shouts of "How beautiful! How full of grace!"
This land which *Hashem* looks after always.

So, I ask You
God of Avraham, God of Yitzchak and God of Ya'akov
Hashem, Hashem, merciful and compassionate Lord of Israel
Great and awesome Lord
Protect Your land as the apple of Your eye, and beneath Your wings
    shelter her

The nations came into Your land
The chaos in the south howled of wilderness

תפילה לאדמת ארץ ישראל

תמר וייסמן

(עברית)

הנני העני ממעש
נרעש ונפחד מפחד יושב תהילות ישראל
באתי לעמוד ולהתחנן לפניך
על ארצך ישראל.

בורא עולם,
לה׳ הארץ ומלואה תבל ויושבי בה
נחלת גויים ברצונך נתתה לראשית,
בהנחל עליון גויים, בהפרידו בני אדם
יצב גבולות ארץ ישראל למספרנו.
ארץ חמדה טובה ורחבה, ארץ נחושת וברזל
ארץ נחלי מים עיינות ותהומות יוצאים בבקעה ובהר
ארץ רחבת ידיים וגם קטנטונת
שכל יהודי קשור אליה בנפשו ומגיב מעומק ליבו: תשואות חן חן לה
ארץ שה׳ דורש אותה תמיד.

לכן אבקש ממך
א-לוהי אברהם א-לוהי יצחק וא-לוהי יעקב
ה׳ ה׳ א-ל רחום וחנון א-לוהי ישראל
שד-י איום ונורא
שמור על אדמתך כאישון בת עין בצל כנפיך תסתירנה

באו גויים לנחלתך
התוהו שבדרום יי_לל ישימון

Layers of rock laid bare and exposed, blasted from a deep slumber
    of thousands of years
The soil, open and bleeding, screams against You at night
The orchards stand rotting, the greenhouses sit desolate
An ancient plum tree bitterly uprooted shrieks at You
Armed drones tear through Your forests, incendiary balloons
    through Your vineyards
See the destitution of Your Holy Land.

My heart goes out to the fields of melons
Peppered by iron shrapnel
And the beloved deer has fallen among the avocado orchards
There he fell, exhausted, beneath the sabra cactus.

How does this land suffer! How shall I taste what I eat, and how
    shall it bring me pleasure?
Thus sayeth the Lord: Is it not yet a very little while, and Lebanon
    shall be turned into a fruitful field, and the fruitful field shall be
    esteemed as a forest...Now will I arise, sayeth the Lord; now
    will I be exalted; now will I lift Myself up.

May my path be successful
As I walk upon it and stand before You pleading for mercy for our
    land, for our homeland
My beloved, my Lord, return to us former glories, return peace and
    quiet and health to our Holy Land.

שכבות סלע שוכבות חשופות, מפוצצות מתוך תרדמת אלפי השנים
האדמה שפתוחה ומדממת צועקת בלילה נגדך
הפרדסים עומדים נרקבים, החממות יושבות שוממות
שיזף עתיק יומין שנעקר מר צורח אליך
כטב"מים קורעים את יעריך, בלונים מציתים את כרמך
ראה בעונייה של ארצך הקדושה.

ליבי לשדות של מלונים
מצולפים עם רסיסי ברזל
והצבי במטעי אבוקדו נפל
שם נפל, שדוד, מתחת לשיח הצבר

אומללה ארץ! איך אטעמה את אשר אוכל ואיך יערב?
כה אמר ה': הֲלוֹא עוֹד מְעַט מִזְעָר וְשָׁב לְבָנוֹן לַכַּרְמֶל וְהַכַּרְמֶל לַיַּעַר יֵחָשֵׁב.
עַתָּה אָקוּם יֹאמַר ה' עַתָּה אֵרוֹמָם עַתָּה אֶנָּשֵׂא.

היה נא מצליח דרכי
אשר אנוכי הולכת ועומדת לבקש רחמים על אדמתנו, על מולדתנו
דודי, א-לי, החזר עטרה ליושנה, החזר שקט, שלווה ורפואה לארצנו
הקדושה.

Mizrach | *Sefira Lightstone*

A Prayer for the Borders of Israel

Nathalie Levy Riess

(ENGLISH)

May it be Your will, our God and the God of our fathers,
That You place Your loving and protecting arms on all the houses of
    Israel.
All the homes near the borders, in the north and south
May every Jewish home in Israel and abroad be safe

Please nullify all evil plans that our enemies may have against us,
Help us see Your love even in the midst of terror

I know all You do is for the good,
I know everything is happening according to Your Divine will
Help us never forget.

I want to thank You for Your constant vigilance, protection, and
    salvation.
For the resources You have blessed us with
And for the resilience of Your people.

I beg You!
Put the right thoughts, ideas, and impulses in all the leaders of
    Israel.

Let our enemies weaken as we grow in faith.
Your people united as one

Hasten to walk us to Your newly built Third Temple,
With our heads held high
And Your name on our lips.

תפילה לגבולות ישראל

נטלי לוי רייס

(אנגלית)

יהי רצון מלפניך, א-לוהיי וא-לוהי אבותיי
שתפרוש את ידיך האוהבות והמגוננות על כלל בתי ישראל,
ובפרט על הבתים הניצבים על הגבולות בצפון ובדרום,
יהי רצון שכל בית יהודי בארץ ישראל ומחוצה לה יהיה בטוח.

אנא, בטל כל מחשבות שונאינו נגדנו
ועזור לנו לראות את אהבתך גם בלב החרדה.

אני יודעת שכל מה שאתה עושה - נעשה לטובה,
אני יודעת שכל מה שקורה - קורה ברצונך
עזור לנו לא לשכוח זאת.

אני רוצה להודות לך על ערנותך, הגנתך וישועתך התמידית.
על המשאבים שבהם בירכתנו,
ועל החוסן של עמך.

כולי תחינה,
תן את המחשבות, הרעיונות והדחפים הנכונים בלב כל מנהיגי ישראל.

תן לאויבינו להיחלש, ולנו להתעצם באמונה
ולעמך להתאחד כאיש אחד.

תוליכנו במהרה לבית המקדש השלישי שייבנה,
בראש מורם
ועל שפתותינו - שמך.

The Sweetest Land | Yael Flatauer

A Prayer for the Restoration of the Gaza Envelope

The Editors

(ENGLISH)

Hashem,
The envelope has become like a wasteland,
Walls broken,
Houses burnt,
Empty streets.

Embrace the survivors,
Bring healing to their bodies and souls.
Revive their villages and towns,
And bring a new era of life and security
to the land of the Gaza envelope and its people.

May new wheat grow in the old familiar fields
May new songs be sung where screams and silence have reigned.
May we all find the strength to do what is needed
To help our brothers and sisters
Reclaim their lives
In peace.

תפילה לשיקום עוטף עזה

העורכות

(אנגלית)

ה',
עוטף עזה הפך לשממה.
קירות שבורים,
בתים שרופים,
רחובות ריקים.

חבק את השורדים,
הבא מרפא לגופם ולנפשם.
הקם את יישוביהם לתחייה
והבא עידן חדש של חיים וביטחון
לאדמת העוטף ויושביה.

יהי רצון שבשדות המוכרים תצמח חיטה חדשה
יהי רצון ששירה חדשה תושר במקומות שבהם שררו צעקות ודומייה
יהי רצון שכולנו נמצא את הכוח לעשות את מה שנכון לעשות
כדי לעזור לאחינו ואחיותינו
לשקם את חייהם
בשלום.

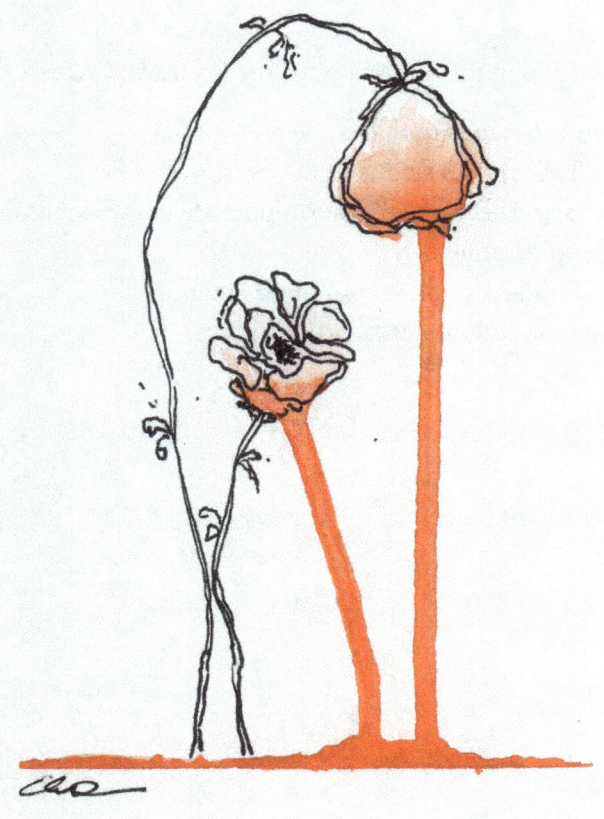

Kalaniyot | *Elana Dressler*

A Prayer for the North of Israel

The Editors

(ENGLISH)

God,
The north of your country burns.
Cities abandoned,
Villages hit by missiles,
Men, women,
and children in danger as
Sirens blast through the mountains of the Galil and Golan.

Do not leave Your lands to this fate –
Restore the fresh air and serene vistas,
The industries and economies that support life in these regions.
Bring our people home
And let the sounds of children's laughter and hope
Fill the mountain tops and valleys once more.

תפילה לשלום צפון הארץ

העורכות

(אנגלית)

א‑לוהים,
צפון ארצך עולה באש.
ערים נטושות,
כפרים מופצצים בטילים,
גברים, נשים וילדים בסכנה
ואזעקות מהדהדות בהרי הגליל והגולן.

אל תפקיר את אדמתך לגורל זה.
שקם את האוויר הנקי ואת הנופים השלווים,
את התעשיות ואת בתי העסק שמכלכלים את החיים במחוזות אלו.
השב את אנשינו הביתה
והנח לקול צחוקם ותקוותם של ילדים
למלא את הפסגות והעמקים מחדש.

Rising Up Like a Lion

Sheva Chaya Shaiman

(ENGLISH)

My page dotted with tears
I can no longer be stopped by fears
Seeing through the globe,
Looking-glass shape
Of a tear
I see her

A mother with children
Playing in the streets of Yerushalayim

I see her,
a soldier standing up for the truth
with words
On all platforms
I see a look in her eyes
The spark of truth shining
Through every screen
Standing up
By speaking up
Showing up
With the real news

Yes, there are Jews in the land of Judea
Yes, we are here

And we know You hear us *Hashem*
we will not be erased

Our spine stretched,
strengthened,
Pushed down one too many times

Treated like dirt,

לקום כארי

שבע חיה שיימן

(עברית)

העמוד מנוקד בדמעות
אני לא יכולה יותר לתת לפחדים לעצור אותי
כשאני מסתכלת דרך הכדור
הראי
של הדמעה
אני רואה אותה

אם וילדיה,
משחקים ברחובות ירושלים.

אני רואה אותה,
חיילת שנלחמת להגנת האמת
עם מילים
בכל הפלטפורמות.
אני רואה את המבט בעיניה
את ניצוץ האמת
שעובר את כל המסכים.
נלחמת
באמצעות מילים.
מתייצבת
עם החדשות האמיתיות.

כן, יש יהודים בארץ יהודה.
כן אנחנו כאן.

ואנו יודעים שאתה שומע אותנו, ה׳.
לא ימחקו אותנו.

עמוד השדרה שלנו זקוף,
מחוזק,
רמסו אותו פעם אחת יותר מדי

התייחסו אליו כלכלוך,

like trash,
worthless
When really the heartbeat,
Beauty,
Color,
and truth of Israel
RISE
Rise like a lion

Every morning
Roaring again and again
In the face of mocking sick far-flung lies
Shining
Light of Torah
Of truth
Of being a vessel
A portal
For the light of *Hashem*
Hashem, we know You hear us
You see us!
Hear O Israel
See the good!

Who is *Hashem?*
Yes, God is great and strong
But I have news for you, Haters of Jews
God is compassion
God is good and does good
Ha-Tov ve-ha-Meitiv
We Jews are showered with His truth
His wisdom
His directive
His path
Hashem, please imbibe us with Your truth Your light
Your path!
And we live it

כזבל
חסר ערך,
כשבאמת הדופק,
היופי,
הצבע,
האמת, של ישראל
עולים,
קמים כארי.

כל בוקר
הוא שואג שוב ושוב
בפניהם של שקרים חולניים המוטחים בנו מרחוק -
האור הזוהר של
התורה
האמת
של הזכות להיות כלי
להיות שער
לאורו של ה'.
ה' - אנו יודעים שאתה שומע אותנו.
אתה רואה אותנו!
שמע ישראל
ראה את הטוב!

מי הוא ה'?
כן, א-לוהים הוא גדול וחזק
אבל יש לי חדשות בשבילכם, שונאי היהודים
ה' הוא הא-לוהים
ה' הוא חמלה
ה' הוא טוב ומיטיב
אנו היהודים משופעים באמת שלו
בחוכמה שלו
בציוויו
בדרכו.
ה', אנא הרווה אותנו באמיתך ואורך
בדרכך!
אנו חיים לאורם

We are living it right here in His holy land
Still needing to rise
Yet, rising like a lion
Every day – waking up the dawn
With the beauty and truth of Israel
Home,
Together,
Prescribed to rise above the sick darkness of the world
By shining the light of *Hashem*
Ha-Tov ve-ha-Metiiv
Hashem, please show us Your love,
Your light,
You goodness,
And let it shine through us,
Every day
Roaring,
waking up the dawn

אנו חיים אותם ממש כאן בארץ קדושה זו
ועדיין צריכים להתעלות
וכן, לקום כארי
כל יום – לעורר את השחר
עם היופי והאמת של ישראל
בית,
ביחד,
מיועדים להתעלות מעל לחשכה החולנית של העולם
בכך שנפיץ את אור ה'
הטוב והמיטיב.
ה', אנא הראה לנו את אהבתך
אורך
טובך
ותן להם להאיר דרכנו
כל יום
לשאוג
לעורר את השחר.

Yitgaber | *Sheva Chaya Shaiman*

Old-New Prayer

Sarah Ansbacher

(ENGLISH)

In Babylon, we cried:
How shall we sing Your song in a strange land?
Then, scattered, throughout our Diaspora wanderings, we asked the
     same.
But we never forgot the words of our age-old songs
And we clung to Your promise.
The promise of two thousand years.
Until, from the four corners of the earth,
We returned to our old-new land.
Our harps and timbrels were replaced with the violin and guitar, the
     oud and darbuka.
Love of the land stirred our souls,
To melodies from scattered lands we sang the words of our ancient
     songs.
Some played faster, some slower.
Some higher and some lower.
Here and there, we recognized familiar words,
But we couldn't hear each other's voices above the discordant notes.
And our enemies mocked our ancient words,
Those we had carried for two thousand years.
And we could find no peace.

Then came the darkest Shabbat,
When we became wordless.
Our songs were replaced with tears.
But from the depths emerged a symphonic cry:
Together!
Together we pray:
Please bring our captives home.

שיר ישן־חדש

שרה אנסבכר

(אנגלית)

בבבל בכינו:
איך נשיר את שיר ה׳ על אדמת נכר?
ואז, פזורים בכל ארצות גלותנו הנודדת, שאלנו שוב ושוב.
אך לא שכחנו את מילות שירינו העתיקים
ונאחזנו בהבטחתך.
הבטחה בת שנות אלפיים.
עד שמארבע כנפות תבל
חזרנו אל ארצנו הישנה־חדשה.
החלפנו את הנבלים ואת תופי המרים בכינורות ובגיטרות, בעודים ובדרבוקות.
אהבת הארץ עוררה את נשמותינו,
ללחנים מארצות פזורה שם שרנו את מילות שירינו העתיקים.
חלקם מנגנים מהר וחלקם לאט. חלקם גבוה חלקם נמוך.
פה ושם זיהינו מילים מוכרות.
אך לא שמענו אחד את קול האחר מעל הצליל הצורם.
אויבינו זלזלו במילים העתיקות. באלה שנשאנו עימנו אלפיים שנה.
ושלווה לא מצאנו.

ואז בשבת האפלה.
כשנותרנו ללא מילים
ודמעות לקחו את מקומם של שירינו.
אך ממעמקים יצאה קריאה סימפונית:
יחד!
יחד מתפללים:
השיבה חטופינו הביתה.

Please stretch out Your hands to protect us from harm, just as You
    did for us in the past.
The pillar of cloud.
The pillar of fire.
Please grant us peace in mind, body and spirit,
And reassure us when our hope is depleted.
Please count each tear as a prayer,
And turn our prayer into song,
So that we may be able to sing Your praises.
An old-new song.
Together.
In harmony.
In everlasting peace.

אנא פרוש זרועותיך להגן עלינו מכל רע כפי שעשית בימי קדם.

עמוד הענן.

עמוד האש.

שלח לנו שלווה בנפש, בגוף ובנשמה,

והרגיענו כשכלו תקוותינו.

ספור כל דמעה כתפילה,

והפוך שירנו לזמרה

שנזכה לשיר לך שירי הלל.

שיר ישן-חדש.

יחד.

בהרמוניה מושלמת.

בשלוות עולמים.

A Prayer for the Homes of Israel

Rachel Sharansky Danziger

(HEBREW)

My God,
In these times,
As we fight to defend
This national home of ours,
Help us to protect the
Individual homes
Of each and
Every one
Of us.

Lord, each house is built on promises:
The floor will be stable,
The roof will protect us from above,
The walls will defend and surround us,
As the lovers will care for
One another
And the children will be shielded.

My God,
So many promises
All crumbled to dust
On Simchat Torah.
So many homes burned.
So many families
Found themselves unable
To protect, to defend, to save.
So many families torn to shreds, my God.
And there are families – and homes – that were obliterated,
that wholly, utterly,
collapsed.

תפילה על בתי ישראל

רחל שרנסקי דנציגר

(עברית)

א־לי,
בימים אלו,
שבהם אנו נלחמים להגן
על הבית הלאומי
של כולנו,
עזור לנו לשמור
גם על הבית הפרטי
של כל
אחד
מאיתנו.

כל בית בנוי מהבטחות, א־לי:
הרצפה תהיה יציבה
הגג יְחַפֶּה מלמעלה
הקירות ישמרו מסביב
האוהבים ידאגו זה לזה
הילדים יהיו מוגנים.

א־לי,
כל כך הרבה הבטחות
התפוררו לאבק
בשמחת תורה.
כל כך הרבה בתים נשרפו.
כל כך הרבה משפחות
גילו שאינן יכולות
להגן, לשמור, להציל.
כל כך הרבה משפחות נקרעו לגזרים, א־לי.
ויש משפחות - בתים - שנמחו,
שנפלו,
כליל.

And like each and every private home,
My Lord,
So did the national home tremble.
Borders undefended.
Our home, invaded by strangers.

My God,
You help us to fight for our home.
You are beside us on the field of battle.
But if the tents of Israel are beautiful in Your eyes,
And if You are willing to dwell in them,
Then come to our aid in our homes as well,
To rehabilitate, raise, and rebuild them.

Help the families who lost their actual home
To return to it
And to themselves.

Sustain those families collapsing under the stress
Help them to find the peace of *shalom bayit* (peace in the home),
And a language of strength
To return one person's heart to another.

Assist those wishing to build
A faithful home in Israel
To find one another.
To identify a like-minded soul,
To create trust
And love.

Aid those whose home is wounded by pain
And bruised by anxiety
To find among the chambers of their heart
A space for hope
And joy.

Help us to spin old-new promises
Into the foundations of our homes
We shall be here one for the other
And protect and defend all of our loved ones.

וכמו הבית הפרטי,
א-לי,
גם הבית הלאומי עורער.
הגבולות לא הגנו.
אל ביתנו פלש זר.

א-לי,
אתה עוזר לנו להילחם על הבית.
אתה איתנו בשדה הקרב.
אבל אם טובים אוהלי ישראל בעיניך,
אם אתה מוכן לשכון בתוכם,
עזור לנו גם בבתינו
לשקמם, לקוממם, לבנותם.

עזור למשפחות שאיבדו את ביתן המוחשי
לשוב אליו
ולעצמן.

עזור למשפחות הקורסות תחת המתח
למצוא שלום בית
ושפה מחזקת,
שתשיב לב אדם אל אדם.

עזור למי שרוצים לבנות
בית נאמן בישראל
למצוא אלו את אלו.
לזהות נשמה קרובה,
לבנות אמון
ואהבה.

עזור למי שביתם פגוע צער
פגוע מתח
למצוא בין קירות לבבם
מקום לתקווה
לשמחה.

עזור לנו לטוות הבטחות ישנות-חדשות
אל יסודות כל אחד מבתינו:
נהיה כאן זה עבור זה
ונגן על כל אהובינו.

בית נבנה בישראל / אביטל שרנסקי

A Prayer for Brotherhood

Rachel Sharansky Danziger

(ENGLISH)

My Lord,
You are He who taught us
that we are all of us
our brothers' keepers.

You are He who taught us
that when we forsake our brothers
the road to exile opens wide beneath our feet.

And so I come before You today
as a sister hurting for her brothers, her sisters.
I come before You as a sister
to beg You for Your help.

My Lord,
Aid our soldiers as they risk life and limb to be our keepers,
to pull our brothers and our sisters out of Gaza's pits.
Give them Judah's resolution, when he said –
I am responsible
for my brother
Benjamin.
Give them Gideon's fortitude, when he fought
despite his grief
over his fallen
brothers.
Give them David's valor, when he fought
to free his loved ones
from the foes
who burned his home.

My Lord,
Aid our brothers, our sisters, who are now in captivity.

תפילה לאחווה

רחל שרנסקי דנציגר

(אנגלית)

א־לוהיי,
אתה הוא שלימדתנו
כי כולנו
שומרי אחינו אנו.

אתה הוא שלימדתנו
שכשמפקירים אחים
הדרך לגלות נפתחת מתחת רגלינו.

ולכן אני ניגשת אליך היום
כאחות הכואבת את כאב אחיה ואחיותיה.
אני ניגשת אליך כאחות
להתחנן לעזרתך.

א־לוהיי,
עזור לחיילינו המסַכנים את נפשותיהם וגופם
כדי להיות שומרינו,
כדי להוציא מבורות עזה את אחינו ואחיותינו.
תן בהם את נחישותו של יהודה כאשר אמר –
אנוכי ערב
את הנער
בנימין.
הענק להם את עוז רוחו של גדעון כאשר נלחם
על אף אבלו
על אחיו שנפלו.
הקנה להם את גבורתו של דוד כאשר נלחם
לשחרר את אהוביו
מהצרים
שהעלו את ביתו באש.

א־לוהיי,
עזור לאחינו ואחיותינו הנתונים כעת בשביה.

Give them the strength to wait for us.
Keep them healthy,
hopeful,
whole.
Give them the strength of Joseph,
who kept dreaming
of the future
in captivity.
Give them the strength of Daniel
and his fellow captives,
the strength to go on
holding on.

My Lord,
Aid us too, we who are not actively fighting.
Aid us not to fight amongst ourselves.
Give us the strength to remember who we are to one another
even when we strongly disagree.
Give us the strength of Moses
who sought reconciliation
with his detractors.
Give us the strength of Aaron
who loved,
and chased,
peace.

My Lord,
We traveled such a long road as one people.
We held each other through so many storms.
We defeated tyrants,
endured hardships,
and cultivated knowledge.
We couldn't have done it
had we not worked together.
Had we not helped each other.
Had we not learned from the mistakes of our forefathers

הנחל בהם את הכוח לחכות לנו.
שיהיו בריאים,
מלאי תקווה,
שלמים.
שלח להם את כוחו של יוסף
שהמשיך לחלום
על העתיד
גם בשבי.
הענק להם את כוחם של דניאל
והכלואים עימו,
את הכוח להמשיך
להתקיים.

א-לוהיי,
עזור גם לנו, לכל אלה שאינם נלחמים בפועל.
עזור לנו לא להילחם אלו עם אלו.
שלח לנו את הכוח לזכור מי אנחנו אלו לאלו
גם כשאיננו מסכימים.
הענק לנו את עוצמתו של משה
שביקש להתפייס עם משמיציו.
תן לנו את כוחו של אהרן
שאהב
ורדף
שלום.

א-לוהיי,
עברנו דרך ארוכה כל כך כעם אחד.
נאחזנו זה בזה דרך סערות עזות.
הבסנו רודנים,
שרדנו ייסורים,
טיפחנו ידע.
לא היינו מצליחים לעשות זאת
לולא עמלנו יחד.
לולא עזרנו זה לזה.
לולא למדנו מטעויות אבותינו

never to forsake our brothers
in their hour of need,
as they cry out to us
in pain.

Help us remember this past
as we handle our present
and plan for our future.
Help us always know,
deeply know,
that we are kin.
Help us hold this knowledge
in the marrow of our bones
and in our muscle memory.
Help us draw upon it as we speak
and help our words be worthy of this kinship.
Help them nourish it,
heal it,
and never hurt our bond.

My Lord,
I ask You this in the merit of the men and women
who rushed south on Simchat Torah
risking all, because this is what you do
when your brother is in danger.
I ask You this in the merit of our soldiers
who go on risking all.
I ask You this in the merit of our own best efforts
as we uphold each other,
help each other,
hold each other
in this storm.

Help us remember that we are brothers and sisters.
Help us lift each other up
and hold each other close.

לעולם לא להפקיר את אחֵינו
בשעת צרתם
בהתחננם אלינו
בכאב.

עזור לנו לזכור את העבר הזה
כשאנו מתמודדים עם ההווה
ומתכננים את עתידנו.
עזור לנו לדעת תמיד,
לדעת עמוק בתוכנו,
שאנחנו אחים.
עזור לנו להיאחז בידע זה
בתוך לשד עצמותינו
ובזיכרון הפנימי של שרירינו.
עזור לנו לשאוב ממנו בדברנו
ולמצוא מילים שראויות לאחווה זו.
עזור להן להזין אותה
לרפא אותה
ולעולם לא לפגוע בקשר בינינו.

א־לוהיי,
אני מבקשת ממך להעניק לנו את כל זאת בזכות
כל אותם אנשים ונשים
שנהרו דרומה בשמחת תורה
וסיכנו הכול, כי זה מה שעושים
כשאחיך בסכנה.
אני מבקשת זאת בזכות כל החיילים
שממשיכים לסכן את הכול.
אני מבקשת זאת בזכות כל מאמצינו
לתמוך זה בזה,
לעזור זה לזה,
לאחוז זה בזה
בסערה הזאת.

עזור לנו לזכור שאחים ואחיות אנחנו.
עזור לנו לרומם אלו את אלו
ולהחזיק זה את זה קרוב.

For the Sake of Your Name

Rachel Sharansky Danziger

(HEBREW)

Avinu Malkenu, do what You will with us
for the sake of Your name.
Because it was Your name
that was dragged off on motorcycles.
It was Your name
which bled in the safe rooms.
It was Your name
which fell silent,
oh so silent,
after the shrieks.

Your name is dwelling with our kidnapped
In the depths of the tunnels.
Your name is buried with our fallen
In too many cemeteries.

Avinu Malkenu
We are Your soldiers under Your command.
Those who carry the banner of Your name
As we ascend through time and generations.
Extend Your hand to us
for the sake of Your oneness
so we may carry Your name
even through the eye of the storms.
Avinu Malkenu
please, be present among us
so that Your name which is upon us
may shine bright.
Avinu Malkenu,
have mercy and answer us
raise our horn aloft

עשה למען שמך

רחל שרנסקי דנציגר

(עברית)

אָבִינוּ מַלְכֵּנוּ עֲשֵׂה עִמָּנוּ
לְמַעַן שְׁמֶךָ.
כי היה זה שמך
שנגרר על אופנועים.
היה זה שמך
שדימם בממ"דים.
היה זה שמך
שדָּמַם,
דָּמַם כל כך,
אחרי הצעקות.

שמך שוכן עם חטופינו
במעמקי המנהרות.
שמך טמון עם חללינו
בכה הרבה בתי קברות.

אבינו מלכנו,
אנחנו פקודיך.
נושאי משא שמך
במעלה כל הדורות.
הושט ידך אלינו
למען ייחודך
כך שנוכל לשאת את שמך
גם בלב הסערות.
אבינו מלכנו
היה נא בקרבנו
כך ששמך אשר עלינו
יפיק אור יקרות.
אבינו מלכנו
חוננו ועננו
הרם את קרננו

for You are our King
and Your name has been laid upon us
do so for Your sake
if not for ours.
Grasp our hand
bring about our salvation
and guide our feet
along straight paths.

כי אתה הוא מלכנו
ושמך מונח עלינו
עשה למענך
אם לא למעננו
אמץ את ידינו
הצמח ישועתנו
והובל את רגלינו
בדרכים ישרות.

The Prayer of the Saneigor *(Defense Attorney)*

Tamar Weissman

(HEBREW)

He who shall be that which He shall be, Lord of Hosts, God of our
  fathers,
Look from above and note
How once again we are considered lambs to the slaughter
Though we show ourselves to be lions.
Open the Book of Memories and recall that, once, we were Your
  flock, and You were our Shepherd
We are now Your cubs, and we follow in Your path. "God shall roar
  like a lion" –
And still the hounds drag down Your young lions.

What can we say before You? For You are our Designated.

And You are our Lord, and fortunate are we, and how great is our
  portion.
And how beautiful our inheritance.
But where is the pleasantness of our lot?
You sit concealed within nearly complete mystery
As our land burns from Shtula to Nachal Oz. And we have no other
  land.
Do not hide Your face from the blood of Your beloved, from the
  destruction of Your vineyards, from the suffering of Your
  precious ones.
For we are Your nation and You, our King.

Avinu Malkenu, act on behalf of the kidnapped, the raped, the
  massacred, the murdered for the sanctity of Your name
You who selected us from all other nations
Act on our behalf! Because –
We are Your servants and Your handiwork
We are good
We are dedicated

תפילת הסנגור

תמר וייסמן

(עברית)

אהיה אשר אהיה, א־ל שד־י, א־לוהי אבותינו,
הבט משמיים וראה
כי שוב נחשבנו לצאן לטבח
אך נגלינו כאריות
פתח את ספר הזיכרונות וזכור שפעם היינו צאנך והיית רוענו
עכשיו אנו גוריך ואחרי ה׳ נלך. ה׳ כאריה ישאג -
ועדיין יְסֹחֲבוּ הַכְּלָבִים אֶת כְּפִירָיִךְ

מה אפשר לומר לפניך? הרי אתה מאמירנו.

ואתה א־לוהינו, ואשרינו ומה טוב חלקנו.
ומה יפה ירושתנו.
לאן נעלמה הנעימות של גורלנו?
אתה יושב בהסתרה מתוך ההסתרה הכמעט מוחלטת
ואדמתנו בוערת משתולה ועד נחל עוז, ואין לנו ארץ אחרת
אל תסתר פניך מדם רעייתך, מחורבן כרמך, מסבל סגולתך
כי אנו עמך ואתה מלכנו

אבינו מלכנו, עשה למען החטופים, האנוסות, הטבוחים, ההרוגות על שם קודשך
אתה הוא שבחרתנו מכל העמים
עשה למעננו! כי -
אנו עבדך ואנו פעולתך
טובים אנו
מסורים אנו

We are superheroes
The verdict had barely been issued, when suddenly the joy of our
    togetherness was cut short
We are Your beloved; are You still ours?
We are Your vineyard; are You still our keeper?

Before You, God, I spill my words – let my cry reach You
For You still stand behind the difficulties we experience
And our souls are worn and no comfort is to be found
Lord of all flesh and blood, You alone know the mysteries of the
    world.
Your judgment is so deep, so unfathomable – man and animal You
    save.

The One who told Yehoshua in Ai: "Do not fear and do not feel
    terror, for see, I have placed it in your hands,"
He shall tell the determined Golani battalion commander: "See, the
    Lord your God has placed the land before you; advance!"

He who said to Gideon: "God is with you, brave soldier,"
He shall say to the armored corps officer grieving the death of his
    soldiers: "I shall not leave or abandon you."

He who said to *Bnei Yisrael* (the Children of Israel) in Egypt, "God
    will remain alongside you";
He shall say to the people of Israel: "I have seen the distress of
    my people in Be'eri and in Nir Am, and I heard their screams
    because of Hamas, and knew their pain. And I descended
    to rescue them from Hezbollah and raise them upright and
    strengthen them in the good land, in a land flowing with milk
    and honey."

Send us an angel, or a seraph. Or deliver Your people Yourself.
Bless Your legacy
Shorten the unending road
Turn our eulogies to rejoicing
Lead the charge for Your nation, because we are all righteous, the
    remains of Your vineyard and Your own glorious creations.

גיבורי־על אנו
ורק נגזר הדין, וכבר נגדעה שמחת כלולותינו
רעייתך אנו, האתה עדיין דודנו?
כרמך אנו, האתה עדיין נוטרנו?

לפניך ה׳ אשפוך שיחי ושוועתי אליך תבוא
כי אתה עומד מאחורי הדברים הקשים העוברים עלינו
ונפשנו עייפה, לא מצאנו מנחמים
מלך על כל בשר ודם, רק אתה יודע רזי עולם.
משפטיך תהום רבה, תהום בלתי נתפס, אדם ובהמה תושיע.

מי שאמר ליהושע בעי ״אל תירא ואל תֵּחת, ראה נתתי בידך״,
הוא יאמר למג״ד הנחוש של גולני ״ראה נתן ה׳ א־לוהיך לפניך את הארץ, עלה רש״.

מי שאמר לגדעון ״ה׳ עמך גיבור החיל״,
הוא יאמר לקצין השריון הכואב את מות פקודיו ״לא ירפך ולא יעזבך״.

מי שאמר לבני ישראל במצרים ״פקוד יפקוד א־לוהים אתכם״,
הוא יאמר לישראלים ״ראה ראיתי את עוני עמי אשר בבארי ובניר עם, ואת צעקתם שמעתי מפני חמאס כי ידעתי את מכאוביו. וארד להצילו מיד חזבאללה ולהעמידו ולחזקו שוב בארצו הטובה והרחבה בארץ זבת חלב ודבש״.

שלח לנו מלאך, או שרף, או בכבודך ובעצמך הושיעה את עמך
ברך את נחלתך
קצר את הדרך הארוכה
הפוך את מספדנו למחול
הרם קרן לעמך, כי כולנו צדיקים נצר מטעיך מעשה ידך להתפאר.

In Your Wrath, Recall Our Faith

Yael Levine

(HEBREW)

> In Your wrath, recall compassion. In Your wrath, recall
> the *Akedah*. In Your wrath, recall wholeheartedness. In
> Your wrath, recall love (*Selichot, Adot HaMizrach*).

In Your wrath, recall our faith. In Your wrath, recall our trust in You. In Your wrath, recall our heroism. In Your wrath, recall our devotion to You. In Your wrath, recall our thanksgiving to You. In Your wrath, recall our concessions. In Your wrath, recall our merits. In Your wrath, recall our benevolence. In Your wrath, recall our purity. In Your wrath, recall our awe. In Your wrath, recall our respect for all living creatures. In Your wrath, recall our Torah learning. In Your wrath, recall our good deeds. In Your wrath, recall our generosity. In Your wrath, recall our virtues. In Your wrath, recall our self-sacrifice. In Your wrath, recall our entreaties. In Your wrath, recall our righteous people. In Your wrath, recall our holiness. In Your wrath, recall our mercy for our fellows. In Your wrath, recall our joy in fulfilling your mitzvot. In Your wrath, recall our *teshuvah*, our repentance.

ברוגז אמונתנו תזכור

יעל לוין

(עברית)

בְּרֹגֶז רַחֵם תִּזְכֹּר. בְּרֹגֶז עֲקֵדָה תִּזְכֹּר. בְּרֹגֶז תְּמִימוּת תִּזְכֹּר. בְּרֹגֶז אַהֲבָה תִּזְכֹּר. (סדר סליחות, נוסח עדות המזרח)

בְּרֹגֶז אֱמוּנָתֵנוּ תִּזְכֹּר. בְּרֹגֶז בִּטְחוֹנֵנוּ בְּךָ תִּזְכֹּר. בְּרֹגֶז גְּבוּרָתֵנוּ תִּזְכֹּר. בְּרֹגֶז דְּבֵקוּתֵנוּ בְּךָ תִּזְכֹּר. בְּרֹגֶז הוֹדָיָתֵנוּ לְךָ תִּזְכֹּר. בְּרֹגֶז וַתְּרָנוּתֵנוּ תִּזְכֹּר. בְּרֹגֶז זְכוּיוֹתֵינוּ תִּזְכֹּר. בְּרֹגֶז חֲסָדֵינוּ תִּזְכֹּר. בְּרֹגֶז טַהֲרָתֵנוּ תִּזְכֹּר. בְּרֹגֶז יִרְאָתֵנוּ תִּזְכֹּר. בְּרֹגֶז כְּבוֹדֵנוּ כְּלַפֵּי הַבְּרִיּוֹת תִּזְכֹּר. בְּרֹגֶז לִמּוּדֵנוּ בַּתּוֹרָה תִּזְכֹּר. בְּרֹגֶז מַעֲשֵׂינוּ הַטּוֹבִים תִּזְכֹּר. בְּרֹגֶז נְדִיבוּתֵנוּ תִּזְכֹּר. בְּרֹגֶז סְגֻלָּתֵנוּ תִּזְכֹּר. בְּרֹגֶז עֲקֵדוֹתֵינוּ תִּזְכֹּר. בְּרֹגֶז פִּלּוּלֵנוּ תִּזְכֹּר. בְּרֹגֶז צַדִּיקֵינוּ וְצַדִּיקוֹתֵינוּ תִּזְכֹּר. בְּרֹגֶז קְדֻשָּׁתֵנוּ תִּזְכֹּר. בְּרֹגֶז רַחֲמֵינוּ עַל הַזּוּלַת תִּזְכֹּר. בְּרֹגֶז שִׂמְחָתֵנוּ בְּקִיּוּם מִצְווֹתֶיךָ תִּזְכֹּר. בְּרֹגֶז תְּשׁוּבָתֵנוּ תִּזְכֹּר.

A Prayer for Safety from Terror

The Editors

(ENGLISH)

Please, *HaKadosh Baruch Hu,*

Let us walk Your streets in peace
Knowing that You will keep us safe.

From those whose evil
Spills the blood of innocents –
Striking terror in our hearts
Here, in the beloved land You granted to Your people

Bring me and my loved ones,
Home,
Whole and unharmed,
Let us carry no fear
So we can build full lives
Here in Your holy land.

תפילה לביטחון מטרור

העורכות

(אנגלית)

אנא ממך, הקדוש ברוך הוא

עשה שנלך ברחובותיך בשלום
בידיעה שאתה שומר עלינו

מאלו שברשעתם
שופכים את דמם של החפים מפשע –
וממלאים את ליבנו בפחד
כאן, בארץ האהובה שנתת לעמך.

הבא אותי ואת אהוביי
הביתה
שלמים וללא פגע
עשה שלא נישא בליבנו פחד
כך שנוכל לבנות חיים מלאים
כאן בארצך הקדושה.

So That Your People May Be Rescued, Deliver through Your Right Hand, and Answer Us

Yael Levine

(HEBREW)

For the sake of the head of our patriarchs (Avraham), who
   redeemed his brother's son Lot from captivity,
In his merit, return the abductees held captive by Hamas to the
   bosom of the State of Israel.

For the sake of the head of our matriarchs (Sarah), who was taken
   to the homes of Pharoah and Avimelech,
In her merit, grant mercy upon the hostages, and bring them out of
   darkness and the shadow of death.

For the sake of the unblemished sacrifice (Yitzchak), whose soul
   departed on the altar and returned,
In his merit, redeem those who await Your deliverance from their
   chains and break their bonds asunder.

For the sake of she who sought *HaShem* (Rivka), who was taken to
   the house of Avimelech,
In her merit, have mercy and save our brothers and sisters, who are
   subject to distress and captivity.

For the sake of the chosen among the forefathers (Yaakov), who
   struggled with the angel of God and with men, and prevailed,
In his merit, bring the hostages out into freedom; from darkness
   into light and from servitude to redemption.

For the sake of the mainstay of the house (Rachel), who weeps for
   her sons and daughters who are no more,
In her merit, let the groans of the prisoners reach You, and release
   them with Your awesome power.

For the sake of the mother of children (Leah), who wept and
   prayed she would not be given in matrimony to Esau,
In her merit, proclaim liberty to the captives and the opening of
   prison to those who are bound.

למען ייחלצון ידידיך הושיעה ימינך ועננו

יעל לוין

(עברית)

לְמַעַן רֹאשׁ הָאָבוֹת (אַבְרָהָם) שֶׁפָּדָה בֶּן אָחִיו לוֹט מִן הַשֶּׁבִי,
בַּעֲבוּרוֹ הָשֵׁב הַחֲטוּפִים בִּשְׁבִי הֶחָמָאס לְחֵיק מְדִינַת יִשְׂרָאֵל.

לְמַעַן רֹאשׁ הָאִמָּהוֹת (שָׂרָה) שֶׁנִּטְּלָה לְבֵית פַּרְעֹה וְלַאֲבִימֶלֶךְ,
בַּעֲבוּרָהּ מַלֵּא רַחֲמִים עֲלֵיהֶם לְהוֹצִיאֵם מֵחֹשֶׁךְ וְצַלְמָוֶת.

לְמַעַן עוֹלָה תְּמִימָה (יִצְחָק) שֶׁנִּשְׁמָתוֹ פָּרְחָה עַל גַּבֵּי הַמִּזְבֵּחַ וְשָׁבָה,
בַּעֲבוּרוֹ פְּדֵה מִכִּבְלֵיהֶם וְנַתֵּק מִמּוֹסְרוֹתֵיהֶם מְחַכֵּי יְשׁוּעָתֶךָ.

לְמַעַן דּוֹרֶשֶׁת אֶת ה׳ (רִבְקָה) שֶׁנִּלְקְחָה לְבֵית אֲבִימֶלֶךְ,
בַּעֲבוּרָהּ רַחֵם וּגְאַל אַחֵינוּ וְאַחְיוֹתֵינוּ הַנְּתוּנִים בַּצָּרָה וּבַשִּׁבְיָה.

לְמַעַן בְּחִיר הָאָבוֹת (יַעֲקֹב) ששָׂרָה עִם מַלְאַךְ אֱ־לֹהִים וְעִם אֲנָשִׁים וְיָכַל לָהֶם,
בַּעֲבוּרוֹ הוֹצֵא הַשְּׁבוּיִים לִרְוָחָה; מֵאֲפֵלָה לְאוֹרָה וּמִשִּׁעְבּוּד לִגְאֻלָּה.

לְמַעַן עֲקֶרֶת הַבַּיִת (רָחֵל) הַבּוֹכָה עַל בָּנֶיהָ וּבְנוֹתֶיהָ כִּי אֵינָם,
בַּעֲבוּרָהּ תָּבוֹא לְפָנֶיךָ אֶנְקַת הָאֲסִירִים, וַהֲתִירֵם כְּגֹדֶל זְרוֹעֲךָ.

לְמַעַן אֵם הַבָּנִים (לֵאָה) שֶׁבָּכְתָה שֶׁלֹּא תַּעֲלֶה בְּגוֹרָלוֹ שֶׁל עֵשָׂו,
בַּעֲבוּרָהּ קְרָא לַשְּׁבוּיִם דְּרוֹר וְלַאֲסוּרִים פְּקַח קוֹחַ.

To the Gate of Mercy

Michal Eshdat

(HEBREW)

Abba (Father), look, see Your children.
Racing under fire,
Seeking only to sanctify Your name.
Teach me,
How to acquire such inconceivable courage...
And such unconditional love,
Which educates (me)...
How can they not ask to come back healthy,
Or even alive...
Only to bring their brothers back?!

Please,
Hear our prayer,
In the name of all of Israel,
And merit them to carry out their mission,
To redeem and to be redeemed.
And may we be blessed to grasp the edges of their robes,
And grow in courage
To deepen our mission,
     To become deserving before You,
          Until the arrival of the *Go'el* (Redeemer).

אל שער הרחמים

מיכל אשדת

(עברית)

ראה, אבא, ראה בניך.
דוהרים תחת אש,
מבקשים רק שמך לקדש.
למדני,
איך קונים כזו גבורה שאינה נתפסת
ואהבת חינם כזו,
שמחנכת
איך הם לא מבקשים לחזור בריאים,
ואפילו בחיים...
רק להשיב אחים?!

אנא,
שמע תפילתנו
בשם כל ישראל,
וזכם לעשות משימתם
לגאול ולהיגאל.
ונזכה לתפוס שיפולי גלימתם,
בגבורה להתגדל
להעמיק משימתנו,
כראויים לפניך,
עד ביאת גואל.

A Prayer for the Wellbeing and Prosperity of Jewish Refugees

Shira Lankin Sheps

(ENGLISH)

HaKadosh Baruch Hu,

I did not leave my birthplace as my ancestors did,
With empty cases and fear in their hearts,
Dusty shoes and backs cramped
with all the dark memories they carried.

I left my birthplace with clear eyes and a light heart,
Baggage swollen with hope,
all my earthly possessions,
and a dream.

The wings of my eagle were a smooth ride,
Free of complications,
And my mother and my motherland called me home.

We left prepared to land,
And we began to live realized prophecy
Thinking that we were at the end of the story.

But You've turned the page of history,
And now we are welcoming refugees to our shores,
Who made painful departures with fear-strained faces.
Running, with hatred rising once again
like a tidal wave behind them.

For all Your people who are running,
Carrying their children on their backs,
Please – make the sojourn swift and smooth.

Ensure there are houses to shelter them,
Enough food to feed their families,

תפילה לשלומם ושגשוגם של פליטים יהודים

שירה לנקין שפס

(אנגלית)

הקדוש ברוך הוא

לא עזבתי את מולדתי כמו אבותיי,
עם מזוודות ריקות ולב מלא פחד,
בנעליים מאובקות ועם גב מכווץ
תחת עול זיכרונות אפלים.

עזבתי את מולדתי בעיניים נוצצות ובלב קל,
תיקיי גדושים בתקווה,
בכל רכושי הגשמי,
ובחלום.

כנפי הנשר שלי היו מסע חלק, נטול סיבוכים,
ואימי ומולדתי קראו לי הביתה.

עזבנו מוכנים לנחיתה,
והתחלנו לחיות נבואה מתגשמת,
במחשבה שהגענו לסוף הסיפור.

אך אתה הפכת את עמוד ההיסטוריה,
ועכשיו אנו מקבלים את פניהם של פליטים
שעזבו את ביתם בכאב ועם פנים מלאות חרדה,
ונמלטו כששנאה עולה שוב כנחשול מאחוריהם.

עבור כל עמך הנסים
נושאים את ילדיהם על גבם,
אנא – עשה את מסעם זריז וחלק.

דאג שיהיו בתים לסוכך עליהם,
מספיק אוכל להאכיל את משפחותיהם,

Enough work to sustain their needs.
And neighbors to make them feel at home.

May we find each other again –
As we are ushered in from the four corners of the land.

May we finish this final chapter of suffering,
And turn the page to the final story of redemption –

Where we live together in peace.

מספיק עבודה לכלכלת צורכיהם.
ושכנים שיעזרו להם להרגיש בבית.

עשה שנמצא שוב אחד את השני
בשעה שאנו מתקבצים כאן מארבע כנפות תבל.

יהי רצון שנראה סוף לפרק הייסורים האחרון
ונהפוך את העמוד היישר לסיפור הגאולה השלמה –

היכן שנחיה יחד בשלום.

A Prayer for the Safety of Our Brothers and Sisters in the Diaspora

The Editors

(HEBREW)

Our God in heaven, protector and redeemer of Israel,
Behold Your sons and daughters all across the earth,
Note the ancient hatred reawakening
Even in places where we celebrated its demise.
See the venomous eyes of those who hate us, looking upon our
   brothers and sisters
See the hidden intentions in their hearts
And protect all Your sons and daughters
wherever they are.

My Lord,
Bestow Your good council unto the hearts of the leaders of the
   Jewish communities in the Diaspora,
Help them recognize dangers and protect Your flock
From all those who would hurt their bodies or their souls.

Endow our brothers and sisters with the wisdom needed to
   safeguard their own lives
Their children
And the openness of their hearts.

Imbue the spirits of the nations that surround them with goodwill
   and love
Not only for the salvation of Your people
But also to heal the world from its sickness of antisemitism.

You Who makes peace in Your heavens,
may You instill peace on this earth.

תפילה לשלום אחינו ואחיותינו בתפוצות

העורכות

(עברית)

א-לי שבשמיים, מגן ישראל וגואלו,
הבט על בניך ובנותיך המפוזרים על פני האדמה.
הבט וראה את השנאה העתיקה מתעוררת מחדש
גם במקומות שבהם חגגנו כבר
את גסיסתה.
ראה את מבטיהם הארסיים של שונאינו נחים על אחינו ואחיותינו
ראה את הכוונות המסתתרות בליבם
והגן על כל בניך ובנותיך
בכל מקום שהם.

א-לי,
תן עצה טובה בלב מנהיגי הקהילות היהודיות בתפוצות.
עזור להם לזהות נכונה סכנות ולשמור על צאן מרעיתך
מכל המבקשים לפגוע בגופם או בנפשם.

תן בלב אחינו ואחיותינו את הבינה לשמור על חייהם
על ילדיהם
ועל פתיחות ליבם.

תן רצון טוב ואהבה בלב העמים שסביבם
לא רק כדי להושיע את עמך
אלא גם כדי לרפא את העולם מחולי שנאתו.

עושה שלום במרומיו,
עשה שלום על פני האדמה.

Realities of War

מציאות המלחמה

Chayal Ba-Kotel | Micol Bayer

Blessings for Sons Going to War

Andi Arnovitz

(ENGLISH)

יברכך ה' וישמרך
May The Lord bless you and keep you

May the Lord bless you. Bless you with second chances and a future, with future children and hope and the sweet, sweet return to normal. Keep you calm so you do not lose your head, feel fear, or hesitate to do what is asked of you. Keep you safe: keep you safe from harm, from RPGs, from boobytraps and ambushes, from accidents and friendly fire and mines and every form of evil lying in wait there in enemy territory.

יאר ה' פניו אליך ויחונך
May the Lord make His face shine on you and be gracious to you

May the Lord shine light in the night when you go on attack, may you see clearly what your targets are, not confuse them for comrades. May the Lord be gracious and may you not be forced to kill innocent people because the enemy is firing from behind and among them. May that graciousness extend to your not seeing friends die, not witnessing death over and over. May that graciousness return you whole to us, whole in body, every part of you intact, and whole in mind.

ישא ה' פניו אליך וישם לך שלום
May the Lord turn His face toward you and give you peace

May that face give you a sense of purpose – may that face remind you of *all those faces* of all who have died in this horrible war – so that you never forget why you are there and for whom you are fighting. May that face be the face of righteousness and justice and also a sure calm that you are doing what is right and needed. And peace, may you go in peace and come home to us in peace. May this great sacrifice of your time, energy, youth, and being be one that gives you and all of Israel a lasting peace. May you get the rest you so crave and may a deep and sustained peace descend on you when this is over, and the peace of mind of knowing that you yourself are a great and lasting gift to the endurance of the Jewish people.

ברכת הבנים היוצאים למלחמה

אנדי ארנוביץ

(אנגלית)

יברכך ה׳ וישמרך

שה׳ יברך אותך. שהוא יברך אותך בהזדמנויות שניות ובעתיד, עתיד עם ילדים ותקווה ושיבה מתוקה מאוד לשגרה. שידאג שתישאר רגוע, כדי שלא תאבד את עשתונותיך, תפחד או תהסס לבצע את מה שידרש ממך. יהי רצון שהוא ישמור עליך מכל נזק ופגיעה, מטילי נ״ט, ממטענים ממולכדים וממארבים, מתאונות, מאש כוחותינו, ממוקשים ומכל סוגי הרוע שאורבים לך שם, בשטח האויב.

יאר ה׳ פניו אליך ויחונך

יהי רצון שהשם יאיר לך את הלילה כשתצא למתקפה על אויבינו, יהי רצון שתראה בבירור היכן נמצאות המטרות, ולא תפגע חלילה בעמיתיך. יהי רצון שה׳ יחון אותך ושלא תיאלץ להרוג חפים מפשע בגלל אויבים שיירו עליך מאחוריהם ומביניהם. יהי רצון שה׳ יחון אותך עוד מעבר לכך ותזכה לא לראות את חבריך נופלים, לא להיות עד למוות שוב ושוב ושוב. יהי רצון והשם יחון אותך לשוב אלינו הביתה בריא ושלם: שלם בגופך, עם כל איבריך בריאים ובמקומם, ושלם בנפשך.

ישא ה׳ פניו אליך וישם לך שלום

יהי רצון שפני ה׳ ייתנו לך תחושת שליחות. יהי רצון שתראה לנגד עיניך את פניהם של כל אלו שנפלו במלחמה האכזרית והקשה הזאת, כך שלעולם לא תשכח למה אתה שם ובשביל מי אתה נלחם. יהי רצון שפניו של הא־ל יהיו פני ישרותו וצדקתו ויקנו לך ביטחון בכך שאתה עושה את מה שנכון ונחוץ. וישם לך שלום - שתצא בשלום ותשוב אלינו בשלום. יהי רצון שההקרבה העצומה של זמנך, כוחך, נעוריך, וכלל היותך, תזכה אותך ואת כלל עם ישראל בשלום בר קיימא. יהי רצון שתזכה במנוחה שאליה אתה כה משתוקק, בשלום ובשלווה עמוקה בתום המלחמה, ובשקט נפשי שינבע מהידיעה כי הנך מתנה עצומה להמשכיותו ולעמידתו של עם ישראל.

A Prayer for the Safety and Wellbeing of Our Female Soldiers

The Editors

(ENGLISH)

Avinu She-ba-Shamayim,

Please protect the women,

Who use their talents,
their strength and action,
Ideas and strategies,
Wisdom and watchfulness,
To protect Your people,
In Your holy land.

Dressed in khaki and crowned with Your kingship,
They are warriors for Your name.

Keep their bodies and souls safe,
Let energy flow through their veins,
So that they may fight with cunning and fierceness like Yael,
Be wise and strong like Devorah,
And lead with forethought like Miriam.

May they always come home,
Escorted by the *Shechinah* (Divine Presence),
Celebrated and whole,
Heroines of Israel.

תפילה לשלומן וטובתן
של החיילות שלנו

העורכות

(אנגלית)

אבינו שבשמיים,

אנא הגן על הנשים
המשתמשות בכישרונותיהן
בכוחן ובמעשיהן
ברעיונותיהן ובאסטרטגיות שלהן
בתבונתן ובדריכותן
כדי להגן על עמך
בארצך הקדושה.

לבושות בחאקי ומעוטרות בתפארת מלכותך
הן לוחמות למען שמך.

שמור על ביטחון גופן ונפשן
והזרם כוח ומרץ לדמן
כדי שהן תוכלנה ללחום בעורמה ובתעוזה כיעל,
להיות חכמות וחזקות כדבורה,
ולהנהיג ולראות את הנולד כמרים.

אנא עשה שהן תמיד תשובנה הביתה
מלוות על ידי השכינה
נערצות ושלמות
גיבורות ישראל.

Women of Valor | *Yael Harris Resnick*

A Prayer for Female Soldiers Enlisting in the Army/Going to War

The Editors

(ENGLISH)

Protect me God,
Send the angels to escort me to the base and battlefield.

Shield me from all harm,
From bullets,
From traps,
From evil humans
Who wish to hurt my body and soul.

Strengthen me with the dreams of my foremothers,
The resilience of Jewish women through the generations,
Offer me their fortitude, wisdom, and understanding,

So that I can serve Your people
Protect them with everything You've given me,
And always return back home to my people,
Successful, unharmed and whole
In body
And in soul.

תפילה עבור חיילות לרגל
גיוסן/צאתן לקרב

העורכות

(אנגלית)

הגן עליי, א-לי,
שלח את מלאכיך ללוות אותי לבסיס ולשדה הקרב.

הגן עליי מכל פגע,
מקליעים,
מפחים וממלכודות,
מבני אנוש מרושעים
שרוצים לפגוע בגופי ובנפשי.

חזק אותי מכוח חלומותיהן
של אימותיי ואימות אימותיי,
תן בי את חוסנן של כה הרבה
נשים יהודיות לאורך הדורות,
תן בי את העוצמה שלהן, את חוכמתן ובינתן.

כך שאוכל לשרת את עמך
להגן עליהם עם כל מה שנתת בי ולי
ותמיד לחזור הביתה למשפחתי
עטורת הצלחות
ללא פגע,
שלמה בגופי
ובנפשי.

A Prayer for a Spouse at War

Yaffy Newman

(ENGLISH)

How shall we say words of *tefillah* to You, when those words are for our other halves?

How can we find the words to send them off, when we are sending them into danger?

God, we have not yet mastered the art of praying for something we do not want.

Nothing about this is a choice, so find the words we must.

We have not found the way to be whole when we send them away from home.

Is there a secret for sending the person we choose most in the world to war?

All while knowing, there's so much we won't know.

What we do know is that they must go.

We can see that we are all doing our part, even as it rips us to pieces.

There are those who ask us how we can survive with the lot You have given us.

And the answer is they cannot stop, so we cannot stop, God.

We continue, but we stay up all night shaking, yet again.

So we don't hold them back as they lace up their boots.

Or as they kiss us goodbye.

Nor when they turn their backs and disappear.

☙

תפילה לשלום בן זוג שיצא להילחם

יפי ניומן

(אנגלית)

כיצד נישא מילות תפילה אליך, כאשר המילים מיועדות עבור החצי השני שלנו?

כיצד נמצא את המילים להיפרד מהם ולשלח אותם, כשאנו משלחות אותם ללב הסכנה?

א־לוהים, טרם למדנו את אומנות התפילה עבור מה שאיננו רוצות.

אין כאן בחירה, אז אנחנו חייבות למצוא את המילים.

לא מצאנו את הדרך להיות שלמות כאשר אנו שולחות אותם הרחק מהבית.

האם יש סוד שעוזר לשלוח את האדם שבו אנו בוחרות מכל העולם כולו, למלחמה?

כל זאת תוך ידיעה, שיש כל כך הרבה שלא נדע.

ומה שאנו כן יודעות, הוא שהם חייבים ללכת.

אנו יכולות לראות שכולנו עושים ועושות את חלקנו, גם כשזה קורע אותנו לחלקים ולגזרים.

יש השואלים איך אנו שורדות תחת העול שנתת עלינו.

התשובה היא שהם לא יכולים להפסיק, אז גם אנו לא יכולות להפסיק, א־לוהים.

אנו ממשיכות, אך שוב ערות ורועדות כל הלילה.

כדי שלא נעכב אותם כאשר הם שורכים את הנעליים הצבאיות.

או כשהם נושקים לנו להתראות.

ולא כאשר הם מסתובבים ונעלמים.

In that moment, we commit to memory every last detail –
their smell,
the crinkle of their smile as they fight,
through the pain of parting.

We pray for them in our endless scrolling of the news –
hoping to never see their battalion featured.

We hide our exhaustion from them,
While our worry never rests,
We wait for the silence to break,
A message that they are okay,
An answer to our deepest prayers for at least another day.

We daven for Your strength to wash over us,
So we can be smiling when they make that quick call,
So they can stay focused,
Knowing that we are safe and well at home,
Because his focus can be the difference between life and death.

We pray to be held by faith every time someone knocks on our
    doors,
Not jumping to the worst conclusions,
But jumping into the safety net of your strength, *Hashem*.

Bless us with:

The patience to live daily life,
The fortitude to stand up and be strong,
The breaths to deal with disappointment or struggle,
The humility to take the help offered us,
The space to support other people in our lives
The wisdom to let go of what we cannot control.

Send our *tefillah* in the pockets of their uniforms,
The creases of their tactical gear,
The hollow barrel of their guns,
Send it into every pore of their skin so it permeates

באותו רגע אנו חורטות בזיכרוננו כל פרט ופרט -
הריח שלהם,
קמטי חיוכם כשהם נלחמים
בכאב של הפרידה.

אנו מתפללות עבורם תוך כדי הגלילה הבלתי נגמרת באתרי החדשות -
מקוות לא לראות את פלוגתם בכותרות.

אנו מחביאות מהם את התשישות,
בעוד הדאגות לא נחות אף פעם,
מחכות שהשקט יישבר,
וההודעה תבשר שהם בסדר,
תשובה לתפילותינו העמוקות ביותר,
לפחות לעוד יום.

אנו מתפללות שגבורתך תציף אותנו,
כדי שנוכל לחייך כאשר הם מתקשרים לדקה,
כדי שהם יוכלו להישאר ממוקדים,
ביודעם שאנו בבית, מוגנות,
כי היכולת שלהם להתמקד יכולה להיות ההבדל בין חיים ומוות.

אנו מתפללות להיאחז באמונה עם כל נקישה בדלת,
ולא לקפוץ למסקנות הגרועות ביותר,
אלא לקפוץ לתוך רשת הביטחון של כוחך, ה׳, במקום זאת.

ברך אותנו ותן לנו את:

הסבלנות לחיות את חיי היומיום,
הכוח לעמוד ולהיות חזקות,
נשימות עמוקות כדי להתמודד עם אכזבות וקשיים,
הענווה לקבל עזרה כשמציעים,
המרחב לתמוך באנשים נוספים בחיינו,
והחוכמה להרפות ממה שאינו בשליטתנו.

טמון את תפילתנו בכיסי מדיהם,
בקפלי הציוד הטקטי,
בקנה החלול של הרובים.
שלח אותה לכל נקבובית בעורם,

Every beat of their hearts,
Every step of their feet,
Until they reach a clear path home.

Spare their minds and souls from horror,
Shield their eyes from what they can't unsee,
Their hearts from grief,
Their bodies from danger.

We pray for their humanity.
We pray for them to come home whole.
We pray for us to become whole again, too.

כך שהיא תחלחל לתוך כל פעימה של ליבם,
לתוך כל צעד של רגליהם,
עד שהם יגיעו לדרך הסלולה הביתה.

חסוך מנפשם ומנשמתם אימה,
הגן על עיניהם ממראות שאי אפשר לשכוח,
על ליבם מצער
ועל גופם מסכָּנה.

אנו מתפללות על אנושיותם,
אנו מתפללות לשובם שלמים הביתה,
אנו מתפללות שנהיה שלמים שוב.

My Ode and Prayer to the Regular Soldiers, Guys Like My Son

Batya Hefter

(ENGLISH)

I realized that I was an Israeli mother of a *chayal* (soldier) the first time I found bullet shells in the dryer. In time, I learned to take his army clothes out of the dryer carefully, as routine as taking out the *platta* for Shabbat.

And when he was called up to the reserves, he knew he had a responsibility to serve. He was called up with thousands of other soldiers to defend our borders. Focused and resolved, he dug his army boots and gear out of the closet, and has been gone for many days.

He is a son, a brother, a friend, a student, a young man dreaming of a future. Israel relies on regular guys like him.

His name is not in the headlines and I pray it never will be.

The unromantic, devoted drudgery of service is the backbone that sustains the IDF.

> Young men and women stop their lives because they've been called up.

> For months.

Relationships, businesses, degrees buckle under the pressure.

For this unseen loss, there is no compensation.

This sacrifice needs a place.

I contact him daily. He answers when he can, and...

I try to keep my anxiety to myself.

During sleepless nights, I turn my inner conversation to You, Hashem, and sometimes find solace in the quiet darkness of those nights.

אודה ותפילה לחיילים הרגילים, כמו בני

בתיה הפטר

(אנגלית)

כשמצאתי מחסניות במייבש הכביסה, הבנתי בפעם הראשונה שאני אמא של חיל.

עם הזמן, למדתי להוציא את המדים שלו מהמייבש בזהירות. עד שזה הפך להיות דבר שבשגרה, כמו להעמיד פלטה לשבת.

כשקראו לו למילואים, הוא ידע שהוא מחויב לשרת. הוא היה אחד מאלפי חיילים שהתייצבו מיד להגן על גבולותינו. ממוקד ונחוש, הוא הוציא את המגפיים והציוד הצבאי מהארון, ועברו ימים רבים עד שראינו אותו שוב.

הוא בן, אח, חבר, סטודנט, בחור צעיר שחולם על עתידו. החוסן הישראלי מושתת על מלא בחורים רגילים כמותו.

שמו לא הופיע אף פעם בכותרות וכולי תפילה שאף פעם לא יופיע.

עבודת הפרך המסורה והבלתי רומנטית שלו ושל חבריו לנשק היא עמוד השדרה שמחזיק את צה"ל.

גברים ונשים צעירים שנקראו אל הדגל עצרו, כל אחד ואחד, את חייהם.

במשך חודשים ארוכים.

מערכות יחסים, עסקים, לימודים - חיים שלמים - כרעו תחת הנטל.

על הבלת"מים האלה אין פיצויים.

אבל גם הקרבה כזאת ראויה להכרה.

אני יוצרת קשר עמו מידי יום. הוא עונה כשהוא יכול, ו...

אני משתדלת לשמור את החרדות לעצמי.

בלילות חסרי שינה, אני פונה אליך, בוראי ויוצרו, מוצאת לפעמים נחמה בחשיכה השקטה.

Most of his service, he has lived in or near a tank.

I've learned to accept that he was living in makeshift barracks or running for the tank.

Before Pesach, his battalion was called to secure the Israel/Gaza border.

Leil HaSeder (Seder night) was the first time he entered Gaza. The first time he let me know that he was scared.

I spent *Leil Shimurim* praying that his tank wouldn't get hit by an RPG.

One day, he brought home a *karkov*, the stub case of a tank bullet. It sits in my garden and marks that place.

משך רוב תקופת השירות שלו, הוא חי וישן בתוך הטנק או לידו.

למדתי להכיל את תנאי השטח בהם הוא מתקיים, בנכונות מתמדת לעלות לטנק.

לפני פסח, הגדוד שלו נקרא להגן על הגבול בין ישראל לעזה.

בליל הסדר הוא נכנס לתוך עזה בפעם הראשונה. זאת הייתה גם הפעם הראשונה בה סיפר לי שהוא מפחד.

בליל השימורים שקעתי בתפילה שהטנק שלו לא ייפגע על ידי טיל נ"ט.

פעם אחת חזר הביתה עם קרקוב, התרמיל המקוצר של כדור טנק. הנחנו אותו בגני וסימנו את המקום.

Prayers upon the Safe Return of Our Loved Ones

Tamar Meir

(HEBREW)

A Prayer upon the Safe Return of My Husband

Master of the Universe, the Great, the Powerful, the Awesome,
You, who hold all living things in Your grasp.
How gratefully I stand before You today, for You have bestowed
    Your benevolence upon my beloved husband.
You stood with him as he left to protect *Am Yisrael* in this *milchemet
    mitzvah* (existential war), saving his life and protecting his path
    and his every step,
And returned him to his home alive and well.
Oh Lord, my God, may it be Your will that just as You have been
    alongside him until this day
That You continue to safeguard his body and spirit now and forever
So he may merit to fulfill his mission in Your world with goodness
    and joy,
Throughout the days and years to come.
And grant, our Father, that we witness together the joy of our
    children
And that of all of Israel, your beloved children.
Amen, so may it be.

A Prayer upon the Safe Return of a Wife

Master of the Universe, the Great, the Powerful, the Awesome,
You, who hold all living things in Your grasp.
How gratefully I stand before You today, for You have bestowed
    Your benevolence upon my beloved wife.
And stood with her as she left to protect *Am Yisrael* in this *milchemet
    mitzvah* (existential war), saving her soul and protecting her
    path and her every step.
And returning her in peace to her home.

תפילות בשוב יקירינו בשלום

תמר מאיר

(עברית)

תפילה בשוב האיש בשלום

ריבונו של עולם, הא־ל הגדול הגיבור והנורא,
אשר בידך נפש כל חי.
מודה אני לפניך שגמלת מטובך על אישי אהובי.
ובצאתו להגן על עמך ישראל במלחמת מצווה, היית עימו
וחילצת נפשו ושמרת דרכו והליכותיו,
והשבות אותו בשלום לביתו.
יהי רצון מלפניך ה׳ א־לוהיי, שכשם שהיית עימו עד היום הזה
כן תשמור גופו ונפשו מכאן ולהבא
ויזכה לעשות שליחותו בעולמך ברוב טובה ושמחה,
לאורך ימים ושנים.
וזכנו אבינו לראות יחד בשמחת ילדינו,
ובשמחת כל ישראל, בניך אהוביך.

אמן כן יהי רצון

תפילה בשוב הרעיה בשלום

ריבונו של עולם, הא־ל הגדול הגיבור והנורא,
אשר בידך נפש כל חי.
מודה אני לפניך שגמלת מטובך על רעייתי אהובתי.
ובצאתה להגן על עמך ישראל במלחמת מצווה, היית עימה
וחילצת נפשה ושמרת דרכה והליכותיה,
והשבות אותה בשלום לביתה.
יהי רצון מלפניך ה׳ א־לוהיי, שכשם שהיית עימה עד היום הזה
כן תשמור גופה ונפשה מכאן ולהבא

Oh Lord, my God, may it be Your will that just as You have been
    alongside her until this day
That You continue to safeguard her body and spirit now and forever
So she may merit to fulfill her mission in Your world with goodness
    and joy,
Throughout the days and years to come.
And grant us, our Father, to witness together the joy of our children
And the joy of all of Israel, your beloved children.
Amen, so may it be.

A Prayer upon the Safe Return of a Daughter

Master of the Universe, the Great, the Powerful, the Awesome,
You, who hold all living things in Your grasp.
How gratefully I stand before You today, for You have bestowed
    Your benevolence upon my beloved daughter.
You stood with her as she left to protect *Am Yisrael* in this *milchemet
    mitzvah* (existential war), saving her life and protecting her path
    and her every step,
And returned her to her home alive and well.
Oh Lord, my God, may it be Your will that just as You have been
    alongside her until this day
That You continue to safeguard her body and spirit now and forever
So she may merit to fulfill her mission in Your world with goodness
    and joy,
Throughout the days and years to come.
And grant us, our Father, to witness her joy and that of her friends,
    her brothers and sisters
And the joy of all of Israel, your beloved children.
Amen, so may it be.

A Prayer upon a Son's Safe Return

Master of the Universe, the Great, the Powerful, the Awesome,
You, who hold all living things in Your grasp.

ותזכה לעשות שליחותה בעולמך ברוב טובה ושמחה,
לאורך ימים ושנים.
וזכנו אבינו לראות יחד בשמחת ילדינו
ובשמחת כל ישראל, בניך אהוביך.

אמן כן יהי רצון

תפילה בשוב הבת בשלום

ריבונו של עולם, הא-ל הגדול הגיבור והנורא,
אשר בידך נפש כל חי.
מודה אני לפניך שגמלת מטובך על בתי אהובתי.
ובצאתה להגן על עמך ישראל במלחמת מצווה, היית עימה
וחילצת נפשה ושמרת דרכה והליכותיה,
והשבות אותה בשלום לביתה.
יהי רצון מלפניך ה' א-לוהיי, שכשם שהיית עימה עד היום הזה
כן תשמור גופה ונפשה מכאן ולהבא
ותזכה לעשות שליחותה בעולמך ברוב טובה ושמחה,
לאורך ימים ושנים.
וזכנו אבינו לראות בשמחתה ובשמחת כל חברותיה,
אחיה ואחיותיה
ובשמחת כל ישראל, בניך אהוביך.

אמן כן יהי רצון

תפילה בשוב הבן בשלום

ריבונו של עולם, הא-ל הגדול הגיבור והנורא,
אשר בידך נפש כל חי.

How gratefully I stand before You today, for You have bestowed
    Your benevolence upon my beloved son.
You stood with him as he left to protect *Am Yisrael* in this *milchemet
    mitzvah* (existential war), saving his life and protecting his path
    and his every step,
And returned him to his home alive and well.
Oh Lord, my God, may it be Your will that just as You have been
    alongside him until this day
That You continue to safeguard his body and spirit now and forever
So he may merit to fulfill his mission in Your world with goodness
    and joy,
Throughout the days and years to come.
And grant, our Father, that we witness together his joy and that of
    his friends and brothers
And that of all of Israel, your beloved children.
Amen, so may it be.

מודה אני לפניך שגמלת מטובך על בני אהובי.
ובצאתו להגן על עמך ישראל במלחמת מצווה, היית עימו
וחילצת נפשו ושמרת דרכו והליכותיו,
והשבות אותו בשלום לביתו.
יהי רצון מלפניך ה' א‑לוהיי, שכשם שהיית עימו עד היום הזה
כן תשמור גופו ונפשו מכאן ולהבא
ויזכה לעשות שליחותו בעולמך ברוב טובה ושמחה,
לאורך ימים ושנים.
וזכנו אבינו לראות בשמחתו ובשמחת כל חבריו ואחיו
ובשמחת כל ישראל, בניך אהוביך.

אמן כן יהי רצון

Warriors | *Ronit Friedman*

A Prayer for the Welfare of the Wounded

Rachel Sharansky Danziger

(HEBREW)

Lord, please, heal
Them –
All our/Your wounded,
All the heroines
All the heroes
Who bled for the sanctification of Your name.
Who fought like lions
Who clutched at life
Who survived the hatred of our/Your enemies,
And are now hanging between life and death
With their future in Your hands.
Adonai, Adonai, merciful and compassionate Lord
Here I stand before You,
To plead, to weep, to ask –
For a complete healing for Your wounded.
You are great in grace,
And full of truth
Spare them in Your great mercy,
But my Lord, help them
Also due to Your measure of justice.
For the wounded in spirit and those wounded in body
Were wounded fighting for Your nation.
God, my Shepherd, grant them
What they deserve,
For having been injured for the sake of Your flock.
Heal their bodies
Heal their spirits
Give them hope

תפילה לשלום הפצועים

רחל שרנסקי דנציגר

(עברית)

א־ל נא רפא נא
להם:
לכל פצועינו־פצועיך,
לכל הגיבורות
לכל הגיבורים
שדימַמו על קידוש שמך.
שלחמו כאריות
שנאחזו בחיים
ששרדו את שנאת אויבינו,
ותלויים כעת בין חיים למוות
ועתידם נתון בידיך.
ה׳, ה׳, א־ל רחום וחנון
הנני כאן לפניך,
להתחנן, לבכות, לבקש -
רפואה שלמה לפצועיך.
אתה רב חסד
ורב אמת
חוס עליהם ברוב חסדך,
אבל, א־לי, עזור להם
גם מכוח מידת צדקך.
כי פצועי הנפש ופצועי הגוף
נפצעו במלחמה על עמך.
ה׳, רועי, השב להם
כגמולם,
על שנפצעו למען עדרך.
רפא את גופם
רפא את נפשם
תן להם תקווה

And strength,
To ascend the steep slope of rehabilitation
And at the same time
To love
And rejoice.

וגם כוח,
לטפס במדרון השיקום הארוך
ובה בעת
לאהוב
ולשמוח.

Butterflies in Captivity 1 | Inbal Singer

Butterflies in Captivity 2 | Inbal Singer

A Prayer for the Captives

Nechama Goldman Barash

(ENGLISH)

God.

הנני

I close my eyes and try to see You seeing me.

I am so small. And yet

א־לוהי נשמה שנתת בי טהורה היא

You created me Lord with a pure soul.

You instilled in me the image that is You.

לך אמר ליבי בקשו פני את פניך אבקש

If you would only search for me, Lord, then I would search for You.

I need to know what I can never "know"

My prayers to You are tentative, searching, wondering.

ה׳ שמעה בקולי

Listen to my voice, God

תהיינה אוזניך קשובות לכל תחנוני

I humbly ask for Your ear, but what are my words?

The prayers in the prayer book are an endless loop

 of regular repetition two and three times a day.

Into the void they go

along with all hundreds and thousands and millions of prayers that
    sound the same.

Does the sameness create a cacophony of pleasant sound for You,
    Lord?

Can You distinguish my small lone voice within that deluge.

ממעמקים קראתי אליך

Respond to me, my Lord.

To me. The one who is present.

Hineni.

Let my name be a name of comfort. A balm. A healing.

Let my name be a source of healing when You hear it even if I am
    not worthy

תפילה למען השבויים

נחמה גולדמן ברש

(אנגלית)

א־לוהים.

הנני.

עוצמת את עיניי ומנסה לראות אותך מסתכל עליי.

כה קטנה אני, ועדיין,

א־לוהי נשמה שנתת בי טהורה היא.

בראת אותי, א־לוהים, עם נשמה טהורה,

בצלמך יצרת את צלמי.

לך אמר ליבי בקשו פני את פניך אבקש.

אם רק תחפשני א־לוהיי, מייד אחפשך.

צריכה אני לדעת, את מה שלעולם לא אוכל להבין.

תפילותיי מלאות היסוס, חיפוש, תהייה.

ה׳ שמעה בקולי.

שמעה לקולי, א־לוהיי.

תהיינה אוזניך קשובות לקול תחנוני

בענווה אבקשך להקשיב, אך איה מילותיי?

התפילות בספר התחינות הן מעגל ללא סוף,

חוזרות שוב ושוב בכל יום, פעמיים ושלוש.

נכנסות לחלל,

יחד עם מאות ואלפי ומיליוני תפילות זהות.

האם המקהלה יוצרת סימפוניה מלאת ערגה, א־לוהיי?

האם תצליח לבודד את קולי הבודד מתוך כל השאר?

ממעמקים קראתי אליך

ענני א־לוהיי.

הגב לי, לי, אני שנוכחת.

הנני.

הרשה לשמי לשמש נחמה, שרף, תרופה.

הרשה לשמי להיות מקור להחלמה כשהוא עולה על שפתיים, גם אם אינני ראויה.

נחמו נחמו עמי יאמר א־לוהיכם

For the names of those missing, suffering, wounded, ill of body and
    mind.

The list never ending.

I hurl their names upward like Hannah hurling her desperate plea
    for a child up to Heaven.

Do these names, rising high, clasp hold of one another and dance a
    mad desperate hora around Your throne?

Do You see them Lord?

Do they feel Your embrace in their darkness?

Do they float up to your throne and surround You?

Let them be safe, Lord.

Let them be free.

Let them feel our love.

Let them feel Yours.

המברך את עמו ישראל בשלום

Bless us all with peace.

Amen.

נחמו נחמו עמי יאמר א־לוהיכם
עבור שמות הנעדרים, הסובלים, הפצועים, החולים בגוף ובנפש.
הרשימה לא נגמרת.
אשפוך את שמותיהם לרקיע, כמו חנה בהתחננה לילד.
האם השמות העולים מעלה, מחזיקים ידיים בריקוד נואש מול כיסא כבודך?
האם אתה רואה אותם, א־לוהים?
האם הם מרגישים בחיבוקך בחושך?
האם הם מרחפים סביב כיסא מלכותך?
שמור עליהם, א־לוהים,
תן להם את החופש.
הרשה להם לחוש את אהבתנו.
ואת אהבתך אותם.
המברך את עמו ישראל בשלום.
ברך את כולנו לשלום.

A Prayer for the Release of the Hostages

Miriam Friedman

(ENGLISH)

Dear God, full of mercy
I lay my broken yellow-ribboned heart at Your feet
I fear that any move we humans make will be a grotesque misstep.
We are drowning in the devil's arithmetic.
Have we ever needed a miracle
More than at this moment?
With my tiny and insignificant voice
I make my own decree:
It's time
For You to come out of hiding.
Give us a miracle
You can split the sea?
Then You can split those tunnels,
Bring our sisters and brothers out whole,
Drown their captors in the rubble,
Gather them up from their cells,
Scattered among the four corners of Gaza,
Like You gathered us up from the four corners of the earth
And brought us home to Your land.
Bring them home
With a strong hand and an outstretched arm,
Carry them on the wings of eagles
To the embrace of their families,
To the embrace of their nation,
To the embrace of their land.
I want to hug each one,
Kiss their heads,
As I bow mine,
Entering a time of true freedom together.

תפילה לשחרור החטופים

מרים פרידמן

(אנגלית)

א־ל מלא רחמים
אני מניחה לרגליך את ליבי השבור, העטוף בסרט צהוב
חרֵדה שכל צעד שלנו, בני האדם, יהיה טעות איומה
אנו טובעים בחשבונות בלתי נסבלים
האם הזדקקנו אי פעם לנס
יותר מברגע זה?
בקולי הזעיר וחסר החשיבות
אני מכריזה
שהגיע הזמן
שתצא מהמסתור
ותעשה לנו נס.
אתה יכול לקרוע את הים?
אז בידיך הכוח לקרוע את המנהרות
להוציא מתוכן את אחיותינו ואת אחינו שלמים
להטביע את שוביהם בהריסות
לאסוף אותם מתוך התאים
המפוזרים בין ארבע רוחות עזה
כפי שקיבצתנו מארבע כנפות תבל
והבאת אותנו הביתה, לארצך.
החזר אותם לבתיהם ביד חזקה ובזרוע נטויה
שא אותם על כנפי נשרים
אל חיבוק משפחותיהם
אל חיבוק עמם
אל חיבוק ארצם
אני רוצה לחבק כל אחד ואחת מהם
לנשק את ראשיהם
ואת שלי להרכין
כשניכנס, יחד, לעידן של חירות אמיתית.

Save Her!
A Prayer for the Pure Neshamas
Trapped in Darkness

Sheva Chaya Shaiman

(ENGLISH)

She's trapped
They are underground
How long, how long
Until You break open the bonds
Turn on the lights
Free Your daughters, Your children
From the clasp of darkness and lies
Break open whatever is blinding my eyes from finding her
Taking her out
Bringing her home
To healing
To her true self
To the light of Your truth
To unity
To community

We want to shine
We want to shine Your light on this world
We want to dance
And see her face
Shining again
A new beginning
Another chance of life

Because she is a *bat melech* (daughter of a King)
Captured temporarily by the other side
Hidden away underground
In darkness

הצל אותה!
תפילה על הנשמות הטהורות השבויות בחשכה

שבע חיה שיימן

(אנגלית)

היא לכודה
הם מתחת לאדמה
כמה זמן כמה זמן יעבור
עד שתקרע את כבליהם
תדליק את האורות
תשחרר את בנותיך, ילדיך
מאחיזת החשכה והשקרים
תסיר את כל מה שמעוור את עיניי מלמצוא אותה
מלהוציא אותה
מלהביא אותה הביתה
אל הריפוי
אל האני האמיתי שלה
אל אור אמיתך
אל אחדות
אל קהילה

אנו רוצים להאיר
אנו רוצים להאיר את אורך בעולם
אנו רוצים לרקוד
ולראות את פניה
מאירות שוב
התחלה חדשה
עוד הזדמנות לחיות

היא בת מלך
שבויה זמנית בידי הסטרא אחרא
מוסתרת מתחת לפני האדמה
בחשכה

Can You hear our cries?!

Her cries

You hear it all

Her cries are our cries

And we won't stop
We can't fall asleep to it

We remember
And wail, scream, cry, and fight

Until she is freed
And so is Your light

Your *bat melech*

Underground

Must shine again

Dance again

Bring us all home to ourselves again

To shine
To sing
To dance
Together
In Your light, for Your light,
Free
Freed
Freeing

The whole world from darkness
Bringing through Your light

האם אתה שומע את צעקותינו?

אתה שומע הכול

צעקותיה הן צעקותינו

ואנו לא נפסיק
לא נירדם

אנו זוכרים
ומייללים, צורחים, בוכים ונלחמים

עד שהיא תשוחרר
ואיתה - אורך

בת המלך שלך

מתחת לפני האדמה

חייבת להאיר שוב

לרקוד שוב

להחזיר את כולנו הביתה אל עצמנו

להאיר
לשיר
לרקוד
ביחד
באורך, עבור אורך
חופשיים
משוחררים
משחררים

את העולם כולו מהחשכה
בכך שנביא את אורך

A Prayer for the Families of the Hostages

The Editors

(ENGLISH)

Elokim,

We cannot truly comprehend
The pain and the fortitude of someone whose loved one has been
  stolen,
Ripped away in the early hours of the morning,
when they should have still been asleep safely in bed.
Dragged to hell,
With barely a whisper of goodbye.

For many months we've watched the mothers,
Fathers,
Sisters,
Brothers,
Spouses,
Children,
Of our hostages
Weep and wail,
Rage and riot,
Arms wide open,
Spines straight,
Red-eyed,
Fighting for their loved ones' lives.

They speak strong words,
They do not sleep or rest,
They grow weary but do not stop.
They comfort us,
They call out to us,
They call out to You.

תפילה על משפחות החטופים

העורכות

(אנגלית)

א־לוהים,

אינֵנו יכולים לתפוס
את הכאב ואת החוסן של מי שיקיריהם נחטפו,
נקרעו מעליהם בשעות הבוקר המוקדמות,
כשהם עוד היו אמורים לישון בבטחה במיטותיהם,
נגררו אל הגיהינום
בלי יותר מלחישת פרידה.

במשך חודשים ארוכים התבוננו על אימותיהם
אבותיהם
אחיותיהם
אחיהם
בני ובנות זוגם
ילדיהם
של חטופינו
בוכים ומיללים,
זועמים ומפגינים,
זרועותיהם פתוחות לרווחה
גוום זקוף
ועיניהם אדומות
לוחמים על חיי יקיריהם.

הם משמיעים מילים נחושות
הם לא נמים ולא נחים
הם מתעייפים אך לא עוצרים.
הם מנחמים אותנו
הם קוראים לנו
הם קוראים לך.

Please answer their prayers –
Bring our people home.
Spare their broken hearts,
Give them strength,
Make their families whole again.

Hold their families in Your loving hands,
Hold the wounds that can never be healed,
The lives lost,
The evil they have seen,
The abuse they have survived.

Hold them for the rest of their lives,
Be gentle with them,
Bless their endeavors,
And reunite them with their loved ones,
So that they know no more sorrow.

אנא, ענה לתפילותיהם
והשב את אנשינו הביתה בשלום.
חוס על לבבותיהם השבורים
תן להם כוח
עזור למשפחותיהם להיות שוב שלמות.

אחוז את משפחותיהם בידיך האוהבות,
אחוז את הפציעות שלא נרפאו מעולם
את החיים שאבדו
את הרשע שהם ראו
את ההתעללות שהם שרדו.

החזק אותם כל ימיהם
הֱיֵה עדין כלפיהם
ברך את פועלם
ותן להם להתאחד מחדש עם יקיריהם
כדי שלא ידעו עוד צער.

נוף כיפת הברזל - נס גדול היה פה | *Shira Greenspan and Family*

A Song of Praise upon Being Delivered from the Missiles of Our Enemies
6th of Nisan, 5784

Yael Ziegler

(HEBREW)

How much favor has the Eternal One bestowed upon us!

If He had rescued us from the flames of the Shoah and not granted us a state, it would have been enough for us, DAYENU.

If He had granted us a state, but not fought our wars for us, DAYENU.

If He had fought our wars for us and not gathered in our exiles, DAYENU.

If He had gathered in our exiles, but not reunited Jerusalem, DAYENU.

If He had reunited Jerusalem, but not expanded our dwelling places, DAYENU.

If He had expanded our dwelling places and not transformed the desert into a lake of water, DAYENU.

If He had transformed the desert into a lake of water, and not strengthened Your sons and daughters to be scholars of *HaShem*, DAYENU.

If He had strengthened Your sons and daughters to be scholars of *HaShem*, and not fulfilled Zechariah's prophecy (as told by Rabbi Akiva), DAYENU.

If He had fulfilled Zechariah's prophecy and not brought out treasures from its seas, DAYENU.

If He had brought out treasures from its seas, and not rescued us from the hands of our enemies who were poised to end us, DAYENU.

שיר הלל ביום הצילנו מכף אויבינו ו׳ בניסן תשפ״ד

יעל ציגלר

(עברית)

אִלּוּ הוֹצִיאָנוּ מִשְּׂרֵפוֹת הַשּׁוֹאָה וְלֹא נָתַן לָנוּ מְדִינָה,
דַּיֵּנוּ.

אִלּוּ נָתַן לָנוּ מְדִינָה וְלֹא נִלְחַם לָנוּ אֶת מִלְחֲמוֹתֵינוּ,
דַּיֵּנוּ.

אִלּוּ נִלְחַם לָנוּ אֶת מִלְחֲמוֹתֵינוּ וְלֹא קִבֵּץ אֶת הַגָּלוּיוֹת,
דַּיֵּנוּ.

אִלּוּ קִבֵּץ אֶת הַגָּלוּיוֹת וְלֹא אִחֵד אֶת יְרוּשָׁלַיִם,
דַּיֵּנוּ.

אִלּוּ אִחֵד אֶת יְרוּשָׁלַיִם וְלֹא הִרְחִיב אֶת מְקוֹם אָהֳלֵנוּ,
דַּיֵּנוּ.

אִלּוּ הִרְחִיב אֶת מְקוֹם אָהֳלֵנוּ וְלֹא שָׂם מִדְבָּר לַאֲגַם־מַיִם,
דַּיֵּנוּ.

אִלּוּ שָׂם מִדְבָּר לַאֲגַם־מַיִם וְלֹא חִזֵּק אֶת יְדֵי בָּנַיִךְ וּבְנוֹתַיִךְ לִהְיוֹת לְמוֹדֵי ה׳,
דַּיֵּנוּ.

אִלּוּ חִזֵּק אֶת יְדֵי בָּנַיִךְ וּבְנוֹתַיִךְ לִהְיוֹת לְמוֹדֵי ה׳ וְלֹא קִיֵּם אֶת נְבוּאוֹתָיו שֶׁל זְכַרְיָה (כְּדִבְרֵי רַבִּי עֲקִיבָא),
דַּיֵּנוּ.

אִלּוּ קִיֵּם אֶת נְבוּאוֹתָיו שֶׁל זְכַרְיָה וְלֹא הוֹצִיא מִיַּמֶּיהָ אוֹצָרוֹת,
דַּיֵּנוּ.

אִלּוּ הוֹצִיא מִיַּמֶּיהָ אוֹצָרוֹת וְלֹא הִצִּילָנוּ מִיְּדֵי אוֹיְבֵינוּ שֶׁעָמְדוּ עָלֵינוּ לְכַלּוֹתֵנוּ,
דַּיֵּנוּ.

If He had rescued us from the hand of our enemies who were poised to end us, and not given us heroic soldiers, swifter than eagles and mightier than lions, DAYENU.

If He had given us heroic soldiers, swifter than eagles and mightier than lions, and not yet granted us complete redemption, it would have been enough, DAYENU.

אִלּוּ הִצִּילָנוּ מִיְּדֵי אוֹיְבֵינוּ שֶׁעָמְדוּ עָלֵינוּ לְכַלּוֹתֵנוּ, וְלֹא נָתַן לָנוּ עַם גִּבּוֹרֵי חַיִל
אֲשֶׁר מִנְּשָׁרִים קַלּוּ וּמֵאֲרָיוֹת גָּבֵרוּ,
דַּיֵּנוּ.

אִלּוּ נָתַן לָנוּ עַם גִּבּוֹרֵי חַיִל אֲשֶׁר מִנְּשָׁרִים קַלּוּ וּמֵאֲרָיוֹת גָּבֵרוּ וְעוֹד לֹא הֵבִיא
לָנוּ גְּאֻלָּה שְׁלֵמָה,
דַּיֵּנוּ.

A Song of Thanksgiving

Anne Gordon

(HEBREW)

Raise a shout for God, all the earth
For the salvation in the skies.
Raise a shout for the army of Israel, for the soldiers of the air, and
    all who aided them.
Serve God with joy –
Come before Him with exclamations of rejoicing.
Know that the Lord is God,
And in one night that was, and in one night that was lost,
He overturned the threat from the nation of Iran and its rulers
From grief and fear
(And a little black humor)
To a deep breath,
To a shrug of the shoulders,
To blessings upon salvation and a song of thanksgiving,
(And a quick return to routine).
He made us and we are His –
His people, the flock He tends.
Enter His gates with thanksgiving, His courtyards with praise.
Give thanks to Him and bless His name,
For God is good and His kindness is eternal.

And His people will turn to Him eternally,
Upon any and every threat from this nation or another,
From grief and fear,
To prayer and faith
And with hope for a peace that lasts forever
(Plus a little black humor),
For His faithfulness lasts from generation to generation.

מזמור לתודה

חנה גורדון

(עברית)

מזמור לתודה
הריעו לה׳ כל הארץ
על ההצלה שהתחוללה בשמיים.
הריעו לצבא מדינת ישראל, לחיל האוויר ולכל תומכיהם
עבדו את ה׳ בשמחה בואו לפניו ברננה
דעו כי ה׳ הוא הא־לוהים.

ובן לילה היה ובן לילה אבד
האיום מאומת האיראנים וממשלתם,
נהפכו
היגון והאימה
(ומקצת ההומור השחור)
לנשימה עמוקה
למשיכת כתפיים
לברכות הגומל ומזמור לתודה
(וחזרה מהירה לשגרה).

הוא עשנו ולו אנחנו עמו וצאן מרעיתו
בואו שעריו בתודה חצרותיו בתהילה
הודו לו ברכו שמו
כי טוב ה׳ לעולם חסדו.

ולעולם יפנה עמו אליו
בעקבות כל איום מאומה זו או אחרת
והוא יהפוך יגון ואימה
לתפילה ואמונה
ותקווה לשלום עולמי
(עם קצת הומור שחור)
כי עד דור ודור אמונתו.

Kavanot *for* "Hashkivenu" *during the Swords of Iron War*

Yael Levine

(HEBREW)

Lie us down to sleep, Lord, in peace – For nights free of sirens and of rockets.

And raise us up, our King, to continued life – For days with no news of fallen or wounded; without terror attacks, sirens, or missiles.

And remove from us every enemy, plague, sword, famine and agony –

Enemy – Those enemies encircling us, including Hamas and Hezbollah.

Plague – These are the wounds of IDF soldiers in Gaza, including the winter-time infections through which some warriors lost their lives.

And sword – This is the war of the Swords of Iron, in which we are engaged, in Gaza and on the other fronts.

And famine – This is the starvation inflicted upon the Israeli hostages held in captivity.

And agony – This is the misery enveloping the families of the fallen of Swords of Iron, the families of the kidnapped and of those injured in terror attacks, the wounded and their loved ones, and all of *Am Yisrael* in Israel and abroad.

Defend us, and deliver us for the sake of Your Name.

כוונית ברכת "השכיבנו" לחרבות ברזל

יעל לוין

(עברית)

הַשְׁכִּיבֵנוּ ה' אֱ־לֹהֵינוּ לְשָׁלוֹם - לְלֵילוֹת בְּלֹא אַזְעָקוֹת וּבְלֹא טִילִים.

וְהַעֲמִידֵנוּ מַלְכֵּנוּ לְחַיִּים - לְיָמִים לְלֹא יְדִיעוֹת עַל נוֹפְלִים וּפְצוּעִים, בְּלֹא פִּגּוּעִים, בְּלִי אַזְעָקוֹת וְטִילִים.

וְהָסֵר מֵעָלֵינוּ אוֹיֵב דֶּבֶר וְחֶרֶב וְרָעָב וְיָגוֹן -

אוֹיֵב - אֵלּוּ אוֹיְבֵינוּ מִסָּבִיב, וּבִכְלָלָם חָמָאס וְחִזְבָּאלְלָה.

דֶּבֶר - אֵלּוּ הַפְּצִיעוֹת שֶׁל חַיָּלֵי צַהַ"ל בְּעַזָּה, וְכֵן הַזִּהוּמִים בַּחֹרֶף שֶׁמֵּהֶם מָצְאוּ אֶת מוֹתָם חַיָּלִים אֲחָדִים.

וְחֶרֶב - זוֹ מִלְחֶמֶת הַמִּצְוָה שֶׁל חַרְבוֹת בַּרְזֶל שֶׁאָנוּ שְׁרוּיִים בָּהּ בְּעַזָּה וּבִשְׁאַר הַחֲזִיתוֹת.

וְרָעָב - זֶה הָרָעָב שֶׁבּוֹ הִרְעִיבוּ וּמַרְעִיבִים בַּשֶּׁבִי אֶת הַחֲטוּפִים וְהַחֲטוּפוֹת מִיִּשְׂרָאֵל.

וְיָגוֹן - זֶה הַצַּעַר שֶׁבּוֹ נְתוּנִים מִשְׁפְּחוֹת הַשְּׁכוֹל שֶׁל מִלְחֶמֶת חַרְבוֹת בַּרְזֶל, מִשְׁפְּחוֹת הַחֲטוּפִים וְהַחֲטוּפוֹת, מִשְׁפְּחוֹת נִפְגְּעֵי פְּעֻלּוֹת הָאֵיבָה, הַפְּצוּעִים וּמִשְׁפְּחוֹתֵיהֶם, וְעַם יִשְׂרָאֵל כֻּלּוֹ בָּאָרֶץ וּבַתְּפוּצוֹת בָּעֵת הַזּוֹ.

הָגֵן בַּעֲדֵנוּ, וְהוֹשִׁיעֵנוּ לְמַעַן שְׁמֶךָ.

A Prayer for Our Daughters and Ourselves

Shira Pasternak Be'eri

(ENGLISH)

Our God and God of our foremothers, bless us and our daughters to follow in the footsteps of the ordinary women who became extraordinary when they faced unimaginable circumstances on October 7 and during the ensuing war.

Grant us the valor of Inbal the security coordinator, who led the quick response team of her kibbutz in combat, holding off the enemy for hours and saving her entire community.

Bless us with the devotion of mothers like Shahar and Hadar, who heroically sacrificed their lives while ensuring the safety of their children.

Bestow upon us the sensitivity of Tamar, who remained on the phone with two young children for 12 hours as they hid in a closet after the murder of their parents and the abduction of their sister, supporting them and bringing them to safety.

Grant us the compassion and fortitude of Shari, who served in the rabbinate's reserves and identified the bodies of scores of women, preparing them for burial with love and respect, and later giving them voice by bearing witness to their mutilation and desecration.

Give us the courage of Amit, who fought her captors like a lioness during her abduction and bravely recounted her experiences of sexual assault after her release from captivity, speaking for all the victims who could not speak for themselves.

Bless us with the ingenuity and presence of mind of abducted Nurse Nili, who tended to the elderly and wounded in captivity, improvising treatments, identifying the most necessary medications, obtaining them, and distributing them based on need.

תפילה על בנותינו ועלינו

שירה פסטרנק בארי

(אנגלית)

א־לוהינו וא־לוהי אמותינו, ברך אותנו ואת בנותינו ללכת בדרכי אותן נשים שהפכו לגיבורות בהתמודדן עם תנאים שאין הדעת סובלת אותם, בשמחת תורה ובמלחמה המתחוללת מאז.

אנא, תן בנו את האומץ של ענבל רכזת הביטחון, אשר הובילה את כיתת הכוננות בקיבוצה אלי קרב, הדפה את המחבלים שעות ארוכות והצילה קהילה שלמה.

ברך אותנו במסירותן של אימהות כשחר והדר, אשר הקריבו את חייהן בגבורה בהגינן על חיי ילדיהן.

הענק לנו את רגישותה של תמר, ששוחחה עם שני ילדים צעירים מרחוק במשך חצי יממה, עת שהם מצאו מחסה בארון כשהוריהם מוטלים הרוגים ואחותם חטופה ביד זרים, ותמכה בהם במסירות ובאהבה עד שהובאו למקום מבטחים.

פרוש עלינו את רחמנותה וכוחה של שרי, ששירתה במילואים ברבנות הצבאית והכינה לקבורה מאות גופות נשים קדושות באהבה ובכבוד אין־קץ והעניקה קול לנרצחות על ידי מסירת עדות על ההשחתה והחילול שעברו.

הענק לנו מגבורתה של עמית, שלחמה כלביאה בעת חטיפתה, ובשחרורה תיארה באומץ את שבגופה ובנפשה שלחו יד, ודיברה בשם כל אותן הקורבנות שקולן אבד.

ברכנו בתבונה ובתושייה של האחות החטופה נילי, אשר טיפלה בשבי בקשישים ובפצועים, אלתרה טיפולים, זיהתה את צורכי סובביה, השיגה תרופות נחוצות משוביה וחילקה אותן בחוכמה.

Instill in us the religious commitment of Private Agam, the surveillance spotter taken hostage from Nahal Oz, who was forced to cook and clean by her captors, but refused to light a fire on the Sabbath in violation of Jewish law.

Bestow upon us the wisdom and grace of Rachel, who became our teacher after her son was stolen, instilling in us the mantra that hope is mandatory and inspiring us and the world with the teachings of the sages.

Grant us the generosity of spirit of Iris, who found it in her heart to forgive the soldiers who mistakenly killed her abducted son when he was on the brink of freedom, despite the fact that his hands were raised in surrender. By loving them and absolving them of blame, she enabled the troops to continue their battles and their lives.

May we have the forbearance and positivity of Merav, who focuses on the light while fighting for the return of her daughter, speaking with moderation and remaining true to herself while connecting with those who are different.

Confer upon us the tenacity of the heroic wives and partners of reservists, who juggle family, careers, worry, and exhaustion, tending to the needs of their children, households, and returning husbands. And bless all those who support them.

Lastly, fill us with the faith and conviction of the bereaved wives and mothers of the fallen, who inspire us with their powerful commitment to their land and people. And may we never know anything resembling their pain.

Our God and God of our foremothers, may we and our daughters draw inspiration from these women, who show us that our potential is far greater than we can imagine. May we carry their example with us as we push our own boundaries, transforming our sorrows into sources of strength, facing the future with hope and resilience, and dealing with our challenges with courage, compassion, and unwavering faith.

טע בנו את מסירותה של התצפיתנית אגם אשר נשבתה מנחל עוז, וברוב חסידותה, את אש תבשילי שוביה מיאנה להבעיר בשבת הקדושה.

חוננו בחוכמתה של רחל, אשר למורה הייתה לנו לאחר חטיפת בנה. ״התקווה היא הכרחית״, היא שבה והורתה, ועוררה בנו ובעולם כולו השראה כשמדברי חכמים שיננה.

ברכנו בגדולת הנפש של איריס, אשר בנדיבות לב מחלה לחיילים שהרגו בשוגג את בנה החטוף כאשר עמד על סף החופש לאחר בריחתו, כשידיו מונפות אל על בכניעה. מכוח אהבתה וסליחתה היא אפשרה לכוחותינו להמשיך במשימותיהם ובשטף חייהם.

זכנו בסובלנות ובחיוביות של מירב, המתמקדת בטוב במאבקה להשבת בתה, מתבטאת במתינות ונותרת נאמנה לעצמה בעוד שהיא מתחברת לשונים ממנה.

חוננו בנחישותן של בנות זוגם של משרתי המילואים, הנושאות בה בעת בעול המשפחה והפרנסה, בחששות ובתשישות, ומטפלות בצורכי ילדיהן ובתיהן ובבעליהן החוזרים מן הקרב. וברך נא את כל מי שהיו להן לסעד.

ולבסוף, שַׂבענו באמונת הנשים והאימהות ששכלו את אהוביהן, המעוררות בנו השראה על ידי מחויבותן העוצמתית לארץ וליושביה. חוס ורחם, שלא נדע לעולם כאב כמו שלהן.

א־לוהינו וא־לוהי אמותינו, יהי רצון שנזכה אנו ובנותינו לקבל השראה מאותן הנשים, המראות לנו כי היכולת הטמונה בנו רבה מעבר לכל דמיון. ברכנו לשאת את דוגמתן עימנו כשאנו דוחפות את עצמנו מעבר למגבלותינו, הופכות את צרותינו למקור כוח, עומדות בפני העתיד עם תקווה וחוסן, ומתמודדות עם כל אתגר מתוך גבורה, חמלה ואמונה איתנה.

Homefront

תפילות לחיים בעורף

Aishet Chayelet | *Leah Luria*

A Psalm of Foremother Blessings

Sarah Sassoon

(ENGLISH)

This is the psalm of my foremothers
– all the secret wisdom they knew by heart.

My foremothers chanted blessings while they
stirred their psalms in a pot.

I stir my prayer over a pot of onion, garlic, and ginger.
The aroma arises, swirls with all I cannot say
for my son to come home
for a full table
for many mouths to feed.

There are so many
gnashing teeth at night.
        so many
grinding furies and fears.

God of my foremothers
God of no language
God of words that create worlds
God of no image
of all names
of knowing
what happens when we die

I turn to You

God of mountains
of olive trees and myrtle trees
of cyclamens that grow through cracks
of fire
of the stove
of garlic ginger and onion

מזמור ברכות אמהותיי

שרה ששון

(אנגלית)

זה מזמור התהילים של אמהותיי
- כל חוכמת הסוד שהן ידעו בעל פה.

אמהותיי דקלמו ברכות תוך כדי
בחישת מזמוריהן בסיר.

אני בוחשת את תפילתי מעל סיר בצל, שום וזנגוויל.
הניחוח עולה, מסתחרר עם כל מה שאין ביכולתי לומר
שבני ישוב הביתה
שהשולחן יהיה מלא
שיהיו הרבה פיות להאכיל.

יש כל כך הרבה חריקות שיניים
בלילות
כל כך הרבה פחדים
וכעסים נטחנים יחדיו.

א־לוהי אמהותיי
א־לוהי האין־שפה
א־לוהי המילים שיצרו עולמות
א־לוהי האין־גוף
של השמות כולם
של הידיעה
מה יהיה כשנמות

אני פונה אליך

א־לוהי ההרים
עצי הזית וההדסים
הרקפות המבצבצות מבין החריצים
האש
התנור
השום, הזנגוויל והבצל

of the wetness of birth in blood and bone
of bringing up a child
of letting a child go.

God let me live
in this moment.
Let me know
the magnificence
of Your home inside
this beating heart
this throat that sings
this tongue unstuck
these eyes that seek to see
You.

You who know
when we bless the small things
we are blessed.

I want to bless You
for Your word
creates us.

I want to bless You
for the purple and pink sweet peas,
the roses that bloom more when cut back.

I want to bless You
who heals the hearts
of those who hate.

Who heals my heart
so I forgive my neighbor
so I forgive myself.

I bless my search for You
Oh God who makes me bleed

רטיבות הלידה בדם ועצם
גידול הילד
ושחרור הילד.

א־לוהים תן לי לחיות
ברגע זה.
תן בי הבנה של
הדר
ביתך בתוך
הלב הזה הפועם
בגרון הזה המזמר
הלשון הזו שהשתחררה
העיניים האלו המבקשות
לראותך.

אתה הוא שיודע
שכאשר מברכים על הדברים הקטנים
אנחנו מתברכים.

אני רוצה לברך אותך
כי במילתך
אנחנו נבראים.

אני רוצה לברך אותך
על פרחי הטופח הוורודים והסגולים,
על הוורדים הפורחים עוד יותר כשגוזזים אותם.

אני רוצה לברך אותך
המרפא לבבות
של שונאים.

המרפא את לבבי
שאסלח לשכני
שאסלח לעצמי.

אני מברכת על חיפושי אחריך
א־לוהיי הגורם לי לְדַמֵּם

who makes my womb
close or open
in its time.

The shape of a womb is a pomegranate.
The shape of pain are the lessons learned.
They are all our children.

We birth in so many ways
– according to Your will.

This is the psalm my foremothers sang to me
faith stirred into a feast of pots
circled on my stomach
Haya Haya Haya Life Life Life
in praise, in thanks, for posterity.

הפותח או סוגר
את רחמי
בעיתו.

צורת רחמי היא רימון.
צורת הכאב היא השיעורים שלמדנו.
כולם ילדינו.

אנו יולדות בדרכים כה רבות
– לפי רצונך.

אלה מזמורי התהילים אשר שרו לי אמהותיי
אמונה מעורבבת לתוך סעודת הסירים
משורטטת במעגלים על בטני
חיה חיה חיה חיים חיים חיים
בהלל, בהודיה, לעולמים.

A Prayer to Hold All the Pieces

Chana Vered Coren

(ENGLISH)

I'm praying to hold all the pieces,
The many opposing parts.
I'm praying to stretch myself far open wide
To make space for our heavy hearts.

I'm praying to hold all the pieces,
The shattered and splintered shards,
I'm praying to release them out from the depths,
For their light to illuminate the dark.

I'm praying to hold all the pieces,
The devastating loss of lives.
I'm praying for parents, sisters, and brothers,
For children, husbands, and wives.

I'm praying to hold all the pieces,
The constriction that threatens to reign.
I'm praying to always remember,
Our loved ones in darkness and pain.

I'm praying to hold all the pieces;
The hate, the chaos, the noise.
I'm praying to open myself far and wide
To create space to hold life's many joys.

I'm praying for the strength to keep moving
Step by step, left right left, here right now.
I'm praying for the wisdom to keep believing
Even when sometimes I just don't know how.

I'm praying for the courage to keep feeling,
Just enough, bit by bit, at the right time.
I'm praying to draw from the Eternal Strength,

תפילה להיאחז בכלים

חנה ורד קורן

(אנגלית)

אני מתפללת להיאחז בכלים,
בכל החלקים המנוגדים.
מתפללת להתמתח עד פתיחות אינסופית
לפנות מקום לליבותינו הכבדים.

אני מתפללת להיאחז בכלים,
אותם שברים מנופצים ומנותצים,
מתפללת לשחרר את כולם ממעמקים,
כך שאורם יאיר את החושך.

אני מתפללת להיאחז בכלים,
אובדן החיים המזעזע.
מתפללת על הורים, אחים, אחיות,
על ילדים, בעלים ורעיות.

אני מתפללת להיאחז בכלים,
החנק שמאיים להשתלט.
מתפללת לזכור תמיד
את אהובינו שבאפלה ובייסורים.

אני מתפללת להיאחז בכלים,
השנאה, הכאוס, הרעש.
מתפללת להיפתח לכל כיוון
ליצור מרחב שיכיל את כל שמחות החיים.

אני מתפללת לכוח להמשיך לנוע
צעד צעד, שמאל ימין שמאל, כאן ועכשיו.
מתפללת לחוכמה להמשיך להאמין
גם כשלעיתים איני יודעת איך.

אני מתפללת לאומץ להמשיך להרגיש,
רק מספיק, טיפין טיפין, בעיתו.
אני משתדלת לשאוב מהכוח העליון

The legacy that is yours and mine.

I'm praying to be rooted in trust,
To hold in mind a vision of what could be.
I'm praying to remember the promise passed down,
Through generations of women, to me.

Please bless me to hold all the pieces,
To release control and accept I don't know.
Please bless me to hold all the pieces,
To find freedom in letting go.

Please bless me to hold all the pieces,
To yearn, to seek, to pray.
Please bless me to hold all the pieces,
To trust that God is leading the way.

מהמורשת שלך ושלי.

אני מתפללת להשתרש באמון
להתרכז בחזון של מה שיכול להיות.
מתפללת לזכור את ירושת ההבטחה שעברה
מדורי דורות של נשים ועד אליי.

ברכני – שאמשיך להיאחז בכלים
לוותר על שליטה ולקבל את מה שאיני יודעת.
ברכני שאיאחז בכלים כולם
ואמצא את החופש שבהרפיה.

ברכני שאיאחז בכלים
אערוג, אחפש ואתפלל.
ברכני שאיאחז בכלים
ואבטח בה׳ שינהיג את דרכי.

A Prayer of the Wives of Reservists

The Editors

(HEBREW)

Hashem,
You, who see my tears on the pillow each night
And the effort behind my smile each morning,
The exhaustion I fold into my laundry
Into the dough
Into my work –
Protect my beloved.
Protect my family,
And God,
Please protect me too.
Protect my heart,
Which carries more than I can sometimes hold.
Protect my body,
Which I'm using past the limits of its endurance.
Protect my spirit,
Lest it weaken and break under this burden
Which I carry
For my people.

Hashem,
The life we've built together unravels daily,
To enable my beloved to serve our people – and You,
Help us hold onto the threads that stretch between us.
Return my beloved home safely
And help us weave our lives back together
With calm, health, and success,
Soon in our days.

תפילה לנשות המילואימניקים
העורכות
(עברית)

ה',

אתה, הרואה את דמעותיי על הכרית מדי לילה
ואת המאמץ שמאחורי החיוך מדי בוקר,
את העייפות שאני מקפלת לתוך הכביסה
לתוך העיסה
לתוך עבודתי –
שמור על אהובי
שמור על משפחתי,
וא-לוהים,
שמור בבקשה גם עליי.
שמור על ליבי,
שנושא יותר ממה שאני יכולה להכיל לפעמים.
שמור על גופי,
שאני מותחת מעבר לגבול יכולתו.
שמור על רוחי,
שלא תיחלש ולא תישבר תחת העול הזה
שאני נושאת
עבור עמי.

ה',

החיים שבנינו ביחד נפרמים מדי יום
כדי לאפשר לאהובי לשרת את עמך ואותך.
עזור לנו להיאחז בחוטים המתוחים בינינו
השב את אהובי הביתה בשלום
ועזור לנו לארוג את חיינו מחדש
בשלווה, בבריאות ובהצלחה
במהרה בימינו.

A Prayer for the Mothers Supporting Their Daughters Whose Husbands Are in the Army

Carmit Feintuch (Efrati)

(HEBREW)

Our God and God of our fathers, Avraham, Yitzchak and Yaakov, and our mothers Sarah, Rivka, Rachel and Leah:

Grant me the wisdom to know how best to support my adult daughter, to continue to be a home for her, even when her home is no longer here. To be a person for her to lean on when her husband is away, and she is alone, worried and missing him.

To care for her needs and those of her children, in a manner that will fill in for her partner who is not currently home and to ease things for her. To do so with sensitivity, with a generous heart, and with young, fresh strength.

To be a sympathetic ear and a vessel able to hold all the fears and anxieties, the short temper and the difficulties wrought by loneliness and terror. Let me not deny those fears and let me lessen the anxieties, so I can carry them with her, with courage. Grant me the strength to hold hope and to sow it, to believe and speak positively in a manner that will generate some calm and give her the rest that she so dearly needs.

Allow me to be a steady anchor for her although I myself never faced this type of challenge, unlike the many times when I have lived through the things she is going through. Allow my life experience and my love to act in a positive, blessed manner, full of grace.

Until his return from this war, healthy and whole in body and spirit.

Grant them the strength to make up for what they have missed, to grow their relationship with love and joy, for many happy years to come.

Make me like Naomi, who blessed Ruth, who was as a daughter to her: "My daughter, I shall seek rest for you, which shall be good for you."

תפילה לאימהות המלוות את בנותיהן שבן זוגן בצבא

כרמית פיינטוך (אפרתי)

(עברית)

א־לוהינו וא־לוהי אבותינו, אברהם יצחק ויעקב ואימותינו שרה, רבקה, רחל ולאה

תן בי את הבינה לדעת כיצד לתמוך בבתי הבוגרת, להמשיך ולשמש לה בית גם כשביתה כבר לא פה. להיות משענת טובה בשעה שהיא בודדה מאִישָׁהּ, דואגת ומתגעגעת.

לדאוג לצרכיה ולצורכי ילדיה באופן שישלים מעט את בן הזוג שכעת אינו בבית ולהקל עליה. לעשות זאת ברגישות, בלב נדיב ובכוחות צעירים ורעננים.

להיות לאוזן קשבת ולכלי המכיל את הפחדים והחרדות, את קוצר הרוח ואת הקושי שהבדידות והאימה יוצרים. שלא אתכחש לפחדים ואקליל את החרדות, שאוכל לשאת אותם איתה, באומץ. תן לי את הכוחות להחזיק תקווה ולטעת תקווה, להאמין ולדבר טוב באופן שייצר מעט שקט וייתן בה מנוחה שהיא כה זקוקה לה.

תן לי להיות לה לעוגן יציב הגם שלא עברתי מעולם את הניסיון הזה, בניגוד לרוב הפעמים שבהן עברתי כבר את מה שהיא עוברת. תן לניסיון חיי ולאהבתי לפעול פעולה טובה ומבורכת, מלאה בחן ובחסד.

עד לשובו מהמלחמה בשלום, בגופו ובנפשו.

תן בהם את הכוחות להשלים את מה שהחסירו, ולהצמיח את יחסיהם באהבה ובשמחה לשנים רבות וטובות.

עשני כנעמי המברכת את רות, שהייתה לה כבת: "בתי, הלא אבקש לך מנוח אשר ייטב לך".

Kalaniyot (2) | *Micol Bayer*

A Prayer for Volunteering with Soldiers

Romi Sussman

(ENGLISH)

They come in tired, hungry, hot.
Soldiers on a break.
Sometimes they are young soldiers, on a break from their regular
    service.
Sometimes they are reserve soldiers, with spouses, children, jobs
    waiting for them back home.
I offer them what I have to give – food, drinks, bits of comfort.
And with every offering, the food within my hands becomes a
    prayer.
As I hand over the cold drinks, I whisper –
May their days protecting us be sweet.
May their sorrows melt away.

As I hand over cake –
May their worries dissipate in the face of their strengths,
as the sugar blends into the flour.

As I pour soup –
May they feel all the love and warmth
we have to give throughout the country,
across the spectrums;
May they know we are with them.

As I make *café shachor* (black coffee) –
May You enable them to be as strong
and as bold as the coffee is dark and thick.

As I cut vegetables and arrange them on platters –
May they remain able-bodied;
may they return home spiritually,
physically
and mentally whole.

תפילה להתנדבות עם חיילים

רומי ססמן

(אנגלית)

הם מגיעים מותשים, רעבים, מיוזעים.
חיילים בהפסקה.
לפעמים הם חיילים צעירים, בהפסקה משירותם הסדיר.
לפעמים הם מילואימניקים עם בנות זוג, ילדים, תפקידים שמחכים בבית.
אני מציעה להם את מה שיש לי לתת -
אוכל, שתייה, מעט נוחות.
ועם כל הצעה כזאת, האוכל המונח בידיי
הופך לתפילה.

אני מגישה את המשקאות הקרים וממלמלת -
יהי רצון שימי שמירתם עלינו ימתקו להם.
יהי רצון שצערם יתמוסס.

אני מגישה להם עוגה -
יהי רצון שכל דאגותיהם יתפוגגו בפני כוחותיהם,
כשם שהסוכר נעלם לתוך הקמח.

אני מוזגת מרק -
יהי רצון שהם ירגישו את מלוא האהבה והחום
שיש לנו להעניק להם, בכל רחבי המדינה,
מכל קצוות הקשת.
יהי רצון שהם יֵדעו שאנחנו איתם.

אני מכינה קפה שחור -
עשה אותם חזקים ונועזים
כשם שהקפה כהה ועשיר.

אני חותכת ירקות ומסדרת אותם על מגשים -
יהי רצון שהם יישארו בריאים וחסונים,
ויחזרו הביתה שלמים ברוחם,
בגופם
ובנפשם.

As I cut slices of cake or
arrange brownies on trays –
May You remember these days of service,
of the sacrifice these soldiers made,
and sweeten their long futures with order and joy.

Hashem, they do so much for Your people.
Each of them gives us strength when we feel weak;
protection when we are vulnerable.
May You safeguard the well-being of them all,
my own sons among them.

May my prayer, our prayers, be enough to protect them.
Just as the food will sustain them through the next shift,
may my prayers for these
tired,
brave,
beautiful
soldiers
reach the heavens
and sustain them through
the long nights
and days ahead.

May it be so.
May it be enough.

אני פורסת עוגה או
מסדרת בראוניז על מגשים -
יהי רצון שתזכור להם את ימי שירותם,
את ההקרבה שלהם,
ותמתיק להם את עתידם הארוך עם סדר ואושר.

ה', הם עושים כל כך הרבה למען עמך.
כל אחד מהם נותן לנו כוח כשאנו חלשים,
הגנה כשאנו פגיעים.
שמור על רווחת כולם
ועל בניי בתוכם.

יהי רצון שיספיקו תפילותיי, תפילותינו, להגן עליהם.
כשם שהאוכל יחזק אותם במשמרתם עד ההפסקה הבאה,
יהי רצון שתפילותיי עבור החיילים האלה
העייפים,
האמיצים,
היפהפיים
יגיעו עד שערי שמיים
ויחזקו אותם
בלילות
ובימים הארוכים
שעוד לפניהם.

כן יהי רצון.
שזה יספיק.

Parenting in War

הורות במלחמה

God of the Children

Nina Tokayer

(HEBREW)

Let the six-pack of water in the shelter remain full for years
Let them sleep peacefully, even through intercepted rockets above
Keep them safe, but never detached
Strong, but never indifferent
May they continue to pray for the wounded and believe in miracles

God of the children
Let them grow healthy and trusting
Even in a world still upended
Even while everything is changing
Grant them strength to grow from this too

Let me serve as their safe haven and lighthouse
And from within the pain let them also learn to support and assist
Let us manage to banish the shadows
Though we too feel fear at times
Let us love without end, and never stop celebrating life

God of the children…
Show me that this is possible,
that they have the strength and can
Go through this journey, larger than life
Just as I grew up in Jerusalem at the century's birth
With sirens in Emek Refaim
And a mother who said never give in
And we'll continue to travel the land…

God of the children
Let us grow healthy and trusting
Even in a world upended
When instability reigns
Grant us strength to grow from this too.

א-לוהי הילדים

נינה טוקייר

(עברית)

ששישיית המים במקלט תישאר מלאה שנים
שיישנו בשלווה גם כשבשמיים מיירטים
שיהיו שמורים אך לא מנותקים
חזקים אך לא אדישים
שימשיכו להתפלל על הפצועים ולהאמין בניסים

א־לוהי הילדים
תן להם לגדול בריאים ובוטחים
גם כשהעולם עוד הפוך
גם כשהכול משתנה
תן להם כוח לצמוח גם מזה

שאהיה עבורם חוף מבטחים ומגדל אור
ושמתוך הכאב ילמדו גם איך לתמוך ולעזור
שנצליח להבריח את הצללים
למרות שגם אנחנו פוחדים לפעמים
שנאהב המון, ולא נפסיק לחגוג את החיים

א־לוהי הילדים...

תראה לי שזה אפשרי, שיש בהם עוצמות והם יכולים
לעבור את המסע הזה כמו גדולים
כמו שאני גדלתי בירושלים בשנות האלפיים
עם סירנות בעמק רפאים
ואימא שאמרה שלעולם לא נכנעים
ונמשיך לצאת לטיולים...

א־לוהי הילדים
תן לנו לגדול בריאים ובוטחים
גם כשהעולם עוד הפוך
גם כשהכול משתנה
תן לנו כוח לצמוח גם מזה

Fierce Love | *Jennifer Lifshutz Lankin*

A Prayer for Parenting through Anxiety

Shira Lankin Sheps

(ENGLISH)

I can feel them quivering in my arms,
Their heart beating through my breastbone,
Eyes darting everywhere,
Struggling to find breath,
A feeling too big for such a little body.

My lap is full,
The sirens are ringing,
And I turn to You,
Shomer Yisrael (Protector of Israel)
To be a safe place in a season of anxiety.

Teach me to be an anchor in rough seas,
A cool oasis among searing sand,
A bright northern star ever-constant,
A warm hearth waiting at home.

Help them feel safe in my embrace,
Despite the noise outside,
Comforted by my caress,
Held by my hands.

Let them feel it in the food I offer,
In the gentleness of my fingertips,
The way I wake them to face another day,
In my lullabies that murmur of Your wonders.

Help me soothe them when my own heart is racing,
When I too am struggling to breathe.
When my feet are running,
When my body shelters them.
Help me care for them,
When I don't know where to turn but to You.

תפילה להורות בעיתות חרדה

שירה לנקין שפס

(אנגלית)

אני יכולה לחוש אותם רועדים בין ידיי,
את ליבם מכה נגד חזי,
עיניהם מתרוצצות מצד לצד,
והם נאבקים לנשום,
רגשות גדולים מדי לגוף כה קטן.

חיקי מלא,
האזעקות קורעות את האוויר,
ואני פונה אליך
שומר ישראל
להיות מקום בטוח עבורנו בעונה הזו, גדושת החרדה.

למד אותי להיות עוגן בים הגועש,
נווה מדבר קריר בלב חולות לוהטים,
כוכב צפון אמין שעומד במקומו בשמיים,
אח חמימה שממתינה בבית.

עזור להם להרגיש בטוחים בתוך חיבוקי,
למרות הרעש מבחוץ,
מנוחמים על ידי ליטופיי,
אחוזים בבטחה בידיי.

עזור להם לחוש זאת באוכל שאני מציעה להם,
בעדינות של קצות אצבעותיי,
באופן שבו אני מעירה אותם לקבל את פניו של יום חדש,
בשירי הערש שלי, שממלמלים על פלאיך.

עזור לי להרגיע אותם כשליבי שלי דוהר,
וגם אני נאבקת לנשום,
כשכפות רגליי רצות,
כשגופי מגן על שלהם.
עזור לי לטפל בהם
כשאיני יודעת לאן לפנות
מלבד אליך.

A Prayer for Reuniting with a Child Home from War

Nathalie Levy Riess

(ENGLISH)

Avinu Malkenu,
Dear Father, Master of the Universe,
I stand here as Your daughter, as a mother, just like Sarah *Imenu*
 (our mother)
Who saw how You delivered Yitzchak, her only son, from being a
 korban (sacrifice).
I want to thank You for the open miracle of having my child _____
 back from war
After being confronted with our worst enemies,

Thank You,
For the strength You gave them,
For the stamina that kept them going,
For the faith in You and themselves that they were ready for
 whatever came their way,
For making my child Your messenger on the battlefield
Armed with mitzvot,
And for helping my child carry the burdens that are unbeknownst
 to me.

Keep them and all our soldiers strong,
Give them and all our soldiers good physical and mental health.
May they always serve You with purpose
And fight for the sake of Your name.

תפילה למפגש מחודש עם ילד ששב מהמלחמה

נטלי לוי רייס

(אנגלית)

אבינו מלכנו,
אב יקר, מלך העולם.
הנני עומדת לפניך כבתך, כאם, כמו שרה אימנו
שראתה כיצד גאלת את בנה יחידה יצחק מלהיות קורבן,
מודה אני על הנס הגלוי של חזרת בני/בתי _______ מהמלחמה
לאחר עימות עם האויבים הגרועים ביותר של עמנו.

תודה, א־לי,
על הכוח שנתת בהם
על כוח הסבל שעזר להם להמשיך ללכת
על האמונה בך ובעצמם, שהם מוכנים לכל מה שייקרה בדרכם,
על כך שעשית את בני/בתי כלי לשליחותך בשדה הקרב
חמוש/ה במצוות,
ועל כך שאתה עוזר לבני/בתי לשאת גם את המשאות שעליהם אינני יודעת.

שמור עליהם ועל כל חיילינו חזקים,
תן להם ולכל חיילינו בריאות איתנה, בגוף ובנפש
יהי רצון שהם תמיד יעבדו אותך בדבקות,
ויילחמו למען שמך.

A Prayer for My Son

Sarah Sassoon

(ENGLISH)

Dear God of no name
protect him
hold him
help him believe
in the angels I send
through You

if each blade of grass has an angel whispering grow grow
how much more so each child

we need a battalion of angels now

please send the army of light
please send a barrage of words
to create a new world

dear God I know You made a world of nouns
and it is within the blade of grass
and the fallen pomegranate flower
in which Your glory lies

glory glory glory
i want to praise You
in grief

glory glory glory
i want to hail You
in my sorrow

blood and bone
dust and death

it is all Yours
the bullets and the bread
the men who make both

תפילה על בני

שרה ששון

(אנגלית)

אנא א־לי ששמו נעלם,
הגן עליו
החזק אותו
עשה שיאמין במלאכים
שאני שולחת אליו
דרכך.

אם אכן לכל עשב ועשב יש מלאך משלו שלוחש לו "גדל, צמח"
על אחת כמה וכמה לכל ילד.

אנחנו זקוקים לגדוד מלאכים עכשיו

אנא א־לי, שלח אלינו צבא של אור.
אנא שלח אלינו מטח של מילים
ליצור מהן עולם חדש.

אנא א־לי, הרי יודעת אני
שבראת עולם מלא בשמות עצם
רוח אפיך שוכנת בכל עשב ועשב.
ובפרח הרימון שנשר מענף
שיכנת את כבודך.

קדוש קדוש קדוש
אני רוצה לשבח אותך
ממעמקי הצער.

קדוש קדוש קדוש
אני רוצה לקרוא בשמך
מתוך יגוני.

דם ועצמות,
עפר ומוות.

כולם שלך,
גם הקליעים וגם החלה הקלועה,
וגם האנשים שיצרו את שניהם.

and the women

we are all in Your image
can You not stamp something new
for us to learn to change

to hold love and light, a chamomile flower
whole bunches growing wild in the valleys

what is the symbol of hope
but a dove
a bird that is loyal and knows the way home

a bearer of home

i don't know how to carry my son
    i don't know how to bear my bones
when bones are shattering

i want to sing a song of salvation

pray as my grandmother prayed by lighting candles
pray as i am looking for the words to move the hearts of humanity

i am looking for the honey in the rock
for lies to be pestled and mortared
for a raven to return with an olive branch too

two doves were brought and sacrificed as a guilt-offering

what can i offer to protect my son

i bake bread
i bake for the blessings and give away the bread

to the angels on high singing
i join my voice
sing of green grape vines heavy with hope
sing of how we roll our griefs in its leaves
how we share and heal

וגם הנשים

כולנו ברואים בצלמך
וכי אין ביכולתך לטבוע בנו משהו חדש
כך שנוכל להשתנות

לאחוז אהבה ואור, כמו פרח קמומיל שצומח, קבוצות קבוצות, בגיא.

מה הוא סמל של תקווה
אם לא היונה, שהיא ציפור נאמנה היודעת את דרכה הביתה.

שנושאת את ביתה על כנפיה.

אינני יודעת איך לשאת עליי את בני.
אינני יודעת איך לשאת את עצמותיי
כשעצמות מתנפצות.

אני רוצה לשיר שיר של ישועה

להתפלל כפי שסבתי התפללה, דרך הנרות שהיא הדליקה
להתפלל בעודי מחפשת את המילים להניע את לב בני האדם.

אני מחפשת את הדבש בתוך הסלע
שקרים שאוכל לטחון בעלי ומכתש
על מנת שיחזור גם העורב - ועלה זית בפיו.

שני בני יונה היו מובאים ומוקרבים לך כקורבן אשם.
מה אוכל להקריב כדי להגן על בניי?

אני אופה לחם.
אני אופה לשם ברכות
ומוסרת את הכיכרות.

את קולי אצרף לקולם של המלאכים
ששרים שירה במרומים.
אשיר על ענפי הגפנים הירוקים, על משקל התקווה שהם נושאים
אשיר על איך שאנו גוללים את צערנו בעליהם
איך שאנחנו משתפים את הכאב
ומתרפאים.

sing of how the land blooms
with sons and daughters
with generosity
mint and sage and rue

אשיר על פריחת אדמתנו,
שמצמיחה בנים ובנות,
בנדיבות,
נענע, ומרווה ופיגם

Let My Children Yet Live Nameless

Adina Kopinsky

(ENGLISH)

A mother's prayer on Yom HaZikaron
>*Tzefirah: The siren that sounds on Memorial Day, at which*
>*Israel stops and stands silently in memory of those who have*
>*fallen in war or terrorism. That includes drivers, who pull*
>*to the side of the road to stand next to their cars for the*
>*duration of the siren.*

Give me no heroes – no stories to write –
gift me no plaques on synagogue walls

>let my children stand alone
>on the side of some highway

as the solitary note of the siren
says only *pause* only *maybe – someone –*

like a rope bridge stretched to stillness
the *tzefirah's* sound does not – itself – change –

>but in its travel from valley to hill to vineyard,
>forms and re-forms in an echo

of the first exhale, the first
prayer a mother is bound to say:

You have bestowed on me all that is good –
>*all that is good –*
>>*all that is good –*
>>>Selah.

שילדיי יוסיפו לחיות ללא שם

עדינה קופינסקי

(אנגלית)

(תפילת אם ליום הזיכרון)

אל תיתן לי גיבורים שום סיפורים לכתוב
אל תעניק לי לוחות זיכרון על קירות בית הכנסת

תן לילדיי לעמוד לבדם
בשולי איזו דרך

כשקולה היחיד של הצפירה
אומר רק עצור רק אולי - מישהו -

כגשר חבלים שנמתח עד דממה
קול הצפירה - עצמה - לא משתנה -

אך בחולפו מעמק להר לכרם
הוא מתעצב ומתעצב מחדש לכדי הד

של הנשיפה הראשונה, ראשית
התפילות שאם חייבת לומר:

שֶׁגְּמָלַנִי כָּל טוֹב -
כל טוב -
כל טוב -
סלה.

A Prayer *for Gratitude When a Child Is Saved by a Miracle*

Nathalie Levy Riess

(ENGLISH)

Ribbono shel Olam,

My God and the God of our fathers,
I stand here today as Your humble daughter,
As a mother, who is also scared, insecure, and frightened from the
    threats that are posted
Upon *Klal Yisrael*, and my children and family in particular
Not for my sake I ask for deliverance, not in entitlement I pray for
    Your guardianship
Not in my name I beseech You and ask You to protect my children,
But for Your exalted name,
For making Your name greater and Your miracles known.
I know that I ask as if I deserve deliverance,
And I ask for forgiveness for my arrogance.
I grieve demanding protection when so many families are mourning
    their loved ones,
As if my family is any different.

You know what is best for Your children.

Hashem, You answered me on the day that I called You,
Performing open miracles for my children
And for that, I want to say,
Todah, todah, todah. (Thank you)
I will never have enough words to praise and thank You
Not only for me but for my children and the future of *Am Yisrael.*

I stand here in complete humility, awe, and gratitude for Your mercy,
For the miracle of saving my child from danger and threat

תפילת הודיה על הצלת הילד בנס

נטלי לוי רייס

(אנגלית)

ריבונו של עולם
א־לוהיי ואלוהי אבותיי
הנני עומדת לפניך בענווה, כבתך,
וכאם, החוששת, דואגת, ומפחדת מהאיומים המופנים
כלפי כלל ישראל, ובפרט כלפי ילדיי ומשפחתי
לא למעני אני מבקשת ישועה, ואיני מתחננת להגנתך מכוח זכויותיי
לא בשמי אתחנן אליך ואבקש ממך לשמור על ילדיי,
אלא עבור שמך הגדול,
להאדרת שמך ולפרסום ניסיך,
אני יודעת שאני מבקשת בקשות כאילו אני ראויה לישועה,
סלח לי, בבקשה, על יומרתי.
צר לי על כך שאני דורשת את הגנתך, כאשר משפחות כה רבות
מתאבלות על אהוביהן,
והרי משפחתי אינה שונה מהן.

אתה יודע מה הטוב לילדיך.

ה׳, ענית לי ביום קוראי אליך,
וחוללת ניסים גלויים לילדיי
ועל כך אני רוצה לומר
תודה, תודה, תודה.
לעולם לא יהיו לי די מילים להלל ולהודות לך,
לא עבורי בלבד, אלא עבור ילדיי ועבור העתיד של עם ישראל.

אני עומדת כאן בענווה מוחלטת, ביראת כבוד ובהכרת תודה על רחמיך,
על הנס שחוללת כשהצלת את ילדיי מסכנה ומאיום.

And I recommit myself to Your *Kiddush Hashem* (sanctification of
    the Name of God)
And spreading the miracles You performed for my family

May it be Your will that just like we experienced Your loving hands
Protecting us, shielding us, holding us,
All families will experience open miracles
And those who are mourning be comforted in Your shelter.
May we all merit the speedy redemption,
When You will be One, and Your name will be One.

אני מתחייבת מחדש לקדש את שמך
ולפרסם את הניסים שחוללת עבור משפחתי

יהי רצון מלפניך, שכמו שאנו זכינו להרגיש את ידיך האוהבות
שומרות, מגינות ואוחזות אותנו
כך כל המשפחות יחוו את ניסיך הגלויים
והמשפחות האבלות יתנחמו באורך.
יהי רצון שנזכה לגאולה שלמה במהרה,
וביום ההוא, ה', תהיה אחד, ושמך יהיה אחד.

We Heard You, Now Hear Us: A Grandmother's Prayer

Toby Klein Greenwald

(ENGLISH)

How did our family begin?
I heard Your command
And went forth from the place of my birth
In the west
To the land shown to Abram.

And the parents of the man who would become my partner
Heard Your command
And went forth from the place of their birth
That reduced their families to ashes.
They found refuge
In the land shown to Abram.

We met and were fruitful and multiplied
As You commanded.

And Abram became Abraham and Sarai became Sarah
And they were promised that many nations
Would come forth from them.
And they would fill the land.

And then our fruits of that command
Raised their eyes

As You commanded
And they filled the land.
They went to the north and the south and the east and the west
They walked the land to its length and to its breadth
And they settled among the dunes of the Negev
And among the forests of the hills of Judea
And among the sacred streets of Jerusalem

שמענו לך, עתה שמע לנו: תפילת סבתא

טובי קליין גרינולד

(אנגלית)

איך התחילה משפחתנו?
שמעתי את הציווי שלך
והלכתי מארץ מולדתי
במערב,
אל הארץ אשר הראית לאברם.

והורי האדם שעתיד להיות שותפי לחיים,
שמעו את הציווי שלך
ועזבו את ארץ מולדתם
שהפכה משפחותיהם לאפר.
מצאו מנוח
בארץ אשר הראית לאברם.

נפגשנו, פרינו ורבינו
כפי שציווית.

אברם נקרא שמו אברהם, ושרי נקראה שרה
והבטחת להם המון גויים
שמהם יצאו
וימלאו את ארצם.

ופירות ציווייך שגידלנו,
נשאו עיניהם
כפי שציווית
ומילאו את הארץ.
ימה וקדמה, צפונה ונגבה,
הם צעדו לאורכה ולרוחבה.
התיישבו בחולות הנגב
ביערות הרי יהודה
ברחובות ירושלים אפופת הקדושה

And among the rolling hills of Benjamin
And put down stakes in a future home
On Mount Gilboa.

And they too were fruitful and multiplied
As You commanded

They had grown and flourished
In a loving village
On the cusp of Bethlehem
Where Ruth and Naomi lived and loved

Now they want their own fruits
To grow and to flourish
To feel the gentle sand and the fertile dirt and the cobalt waters
Flow through their fingers
Under a sapphire sky
They want to plant and to prosper and to love
And to live.

We heard You.
Now hear us

Sustain them,
Nurture them from above,
And above all,

Keep them safe.

בגבעות בנימין המוריקות
ונטעו יחד לבית עתידי
על הר גלבוע.

וגם הם, כמונו, פרו ורבו
על פי ציווייך.

צמחו ופרחו
בקהילה מחבקת
בגבול בית לחם
שם חיו ואהבו רות ונעמי

ועתה מבקשים הם
שפירותיהם יפרו וירבו

ירגישו את החול הרך, האדמה העשירה והמים הצלולים
זורמים בין אצבעותיהם
תחת שמי ספיר
הם מבקשים לנטוע, לשגשג, לאהוב
ולחיות.

שמענו לך.
עתה, שמע לנו.

שא אותם,
ברך אותם מלמעלה,
ומעל הכול,

שמור עליהם.

May They Live in Peace

Rachel Secunda

(ENGLISH)

A prayer for my children's futures.
On the days my children were born, I thought I knew what their
    futures held.
And on the day You led us to Israel, it became completely unknown
    to me.
Now, a few years in, I am filled with fear when I catch glimpses of
    what could be.
I watch them run and play with friends and wonder how each of my
    children will serve You.
Which of these children's names will history remember, and why?

A plea.
May the futures of my children, our children, all of the children be
    bright and peaceful.
May peace come so swiftly and suddenly that we are caught off
    guard and our rejoicing never end.
May we know no fear of driving on deserted roads.
May we never slow our cars to stop at a checkpoint.
May my children be called up in a service of peace, and not war.

A song of rejoicing.
I pray that in the future we teach about these broken years in school
    so that they will not be forgotten.
Bless me with grandchildren who will ask about this time because
    all that will be left is the memory of a war that seemed like it
    would never end.

A prayer from the darkness.
I tremble at the thought of a Jewish future mired in grief and loss
    and what that means for my children.

שיחיו בשלום

רחל סקונדה

(אנגלית)

תפילה על עתיד ילדיי.

ביום הולדת ילדיי, חשבתי שידעתי מה צפוי בעתידם.

וביום שבו הובלת אותנו לישראל, הכול הפך ללא נודע.

ועכשיו, שנים מספר אחר כך, הבזקים חטופים של מה שעלול להיות
ממלאים אותי בפחד.

אני מביטה בהם רצים ומשחקים עם חבריהם ותוהה איך כל אחד מהם
יעבוד אותך.

איזה משמות ילדיי ההיסטוריה תזכור, ומדוע?

תחינה.

שעתיד ילדיי, שהעתיד של כל ילדינו, שהעתיד של כל הילדים, יהא זוהר
ושקט.

שהשלום יבוא בפתאומיות ובמהירות שיפתיעו אותנו, וימלאו אותנו שמחה
אין קץ.

שלא נדע לעולם את הפחד מנהיגה בדרכים נטושות.

שלא נאט מול מחסומים ומעברי גבול.

שילדיי יגויסו לשרת בעיתות שלום ולא בעיתות מלחמה.

שיר רינה.

אני מתפללת שבעתיד נלמד את תלמידינו על שנים שבורות אלו, כדי שלא
נשכח אותן.

ברכני בנכדים שישאלו על תקופה זאת, כי כל מה שייוותר ממנה יהיה
הזיכרון של מלחמה שהרגשנו שלא תיגמר לעולם.

תפילה מתוך האפלה.

אני רועדת כשאני חושבת על עתיד יהודי מגואל באבל ויגון, ועל משמעותו
עבור ילדיי.

God, please do not let Jewish history make my sons stand at the
    graves of their friends.
I am not privy to Your knowledge of how things will play out.
But please protect me, my children, all of us, from this pain.

A prayer for who I want my children to be.
God, teach them to be kind and caring.
Show them the good even in the darkness.
Give them dreams of new futures.
Strengthen them.
May they be humble.
May they be a light unto the nations.

Like dreamers.
Ready to live long and fulfilled lives.
Ready for the day when we set down our guns.
Ready for a future filled with peace.

אבינו שבשמיים אל נא תיתן להיסטוריה היהודית להעמיד את ילדיי מעל
לקברי חבריהם.
קטונתי מלדעת, כמוך, כיצד ישתלשלו המאורעות.
אך אנא, שמור עליי, על ילדיי ועל כולנו מהייסורים האלה.

תפילה על מי שאני רוצה שילדיי יהיו.
א-לי, למד אותם חמלה וחסד.
הראה להם את הטוב גם באפלה.
ברך אותם בחלומות על עתיד חדש.
חזק אותם.
עשה שיהיו ענווים.
עשה שיהיו אור לגויים.

שיהיו כחולמים.
מוכנים לחיים ארוכים של הגשמה.
נכונים ליום שבו נניח את נשקינו.
מזומנים לעתיד של שלום.

A Mother's Prayer for a Future without War

Sarah Tuttle-Singer

(ENGLISH)

O God, my heart.

Maybe it's the way he asks for a sip of coffee now, and the way he likes it, or how his dad gave him that buzz cut and I can see the shape of his face, sharper than before. Maybe it's how he's almost as tall as I am, with lean legs and strong arms, how he's lost that softness, that powdered doughnut sweetness, and now, when he gets hurt, he swallows his tears because "only babies cry."

I don't know what it is, God, but my heart trembles.

In another place, perhaps I would just notice these changes and smile with a bit of wistfulness, watching him grow, knowing that for every inch he gains, a new thread of silver weaves into my hair. The days would fade into new dawns, one after the other, and I'd marvel at the passing of time, at his becoming, at my own.

But here in our homeland, I look at him differently.

They say that all Jewish mothers in Israel, at some point, look at their children knowing we'll have to give them away – not like in any normal country, because we are not a normal country. Here, our sons and daughters will lace up combat boots, pick up rifles, and entrust their lives, one by one, to their unit, to a pair of dog tags.

And maybe it's because we're getting closer to that age, that age when he'll have to serve, or face a lifetime of being marked as different, in a society that drinks in stories of heroes like mother's milk. Or maybe it's because he told me he's afraid – afraid he'll have to kill someone almost as much as he's afraid of being killed himself.

How can we hide our children from the truth, O God, when every hour the news cuts through the music on the radio with another bulletin? How can we shield them when everyone here knows someone who's been killed or wounded in a war or an attack? How can we protect

תפילת אם לעתיד ללא מלחמות

שרה טאטל-סינגר

(אנגלית)

הו א־לוהים, הו ליבי.

אולי זה האופן שבו הוא מבקש לגימה מהקפה עכשיו, והאופן שבו הוא אוהב אותו, או איך שאביו גילח את שערו ואני רואה את צורת פניו, חדה מתמיד. אולי זה איך שהוא גבוה כמעט כמוני, עם רגליים רזות וזרועות חזקות, איך שהוא איבד את כל הרכות ההיא, מתיקות־הסופגנייה־המסוכרת שלו, ועכשיו, כשהוא נפגע, הוא בולע את דמעותיו כי "רק תינוקות בוכים".

אני לא יודעת מה זה, א־לוהים, אבל ליבי רועד.

במקום אחר, אולי הייתי מבחינה בשינויים האלה וסתם מחייכת לי בכמיהה ובקצת עצב, והייתי מתבוננת בו גדל, בידיעה שעם כל סנטימטר שמתווסף לקומתו, חוט כסף חדש נשזר בשערי. הימים היו דוהים אל זריחות חדשות, בזה אחר זה, ואני הייתי מתפעמת מחלוף הזמן, מהתהוותו, ומשלי.

אבל כאן, במולדת שלנו, אני מסתכלת עליו אחרת.

אומרים שכל האימהות היהודיות בישראל מגיעות לרגע שבו הן מסתכלות על ילדיהן ויודעות שיצטרכו למסור אותם – לא כמו בכל מדינה נורמלית, כי אנחנו לא מדינה נורמלית. כאן, בנינו ובנותינו נועלים נעלי קרב, מכתפים רובים, ומפקידים את חייהם, בזה אחר זה, בידי היחידה שלהם, בידי דסקית זיהוי.

ואולי זה כי אנחנו מתקרבים לגיל ההוא, הגיל שבו הוא יצטרך לשרת או להתמודד עם חיים שלמים שבהם הוא ייתפס כשונה בחברה שיונקת סיפורי גבורה כמו חלב אם. או אולי זה כי הוא אמר לי שהוא מפחד - מפחד שהוא יצטרך להרוג מישהו, כמעט במידה שהוא מפחד להיהרג.

איך נוכל להסתיר את ילדינו מהאמת, הו א־לוהים, כשבכל שעה החדשות קוטעות את המוזיקה ברדיו עם עוד מבזק? איך נוכל להגן עליהם כשכל אחד כאן מכיר מישהו שנהרג או נפצע במלחמה או בפיגוע? איך נוכל להגן עליהם

them when just living here, just being here, is writing history with our every breath and the stakes can be terrifyingly high?

And I look at him, God, and I see him still a kid, truly a kid – not a baby, but still not grown. My kid who pretends to believe in the tooth fairy because he loves the ancient coins I leave him, but still sleeps with a stuffed whale; who won't hold my hand in public unless we're alone; who comes home from school and tells me what his friends say about those who want to harm us. And when I sit him down to explain it isn't true, I can see the struggle in his eyes because fear is big and hungry and has sharp teeth.

O God, my heart ACHES.

I am afraid that we're holding on to the last thread of sanity, and that this whole thing is about to unravel into a maw of darkness.

I am afraid for his soft skin, for his sweet little face. I am afraid to look those other mothers in the eye, the ones who weep over open graves, knowing it could be any of us.

God protect us.

Please, God, let this be the last generation where we have to give our sons and daughters like this. Let it be different – and soon.

For I am terrified that, one day, he'll look at his own little boy or girl and feel this same cold dread that I'm feeling now. And that, God, is almost too unbearable for words.

Please. Please. Let the strife end.

Yet, O God, even in the midst of my fear, my heart yearns and I hold onto hope.

I hope for a day when our children will grow up in a land where peace is not just a prayer but a promise, where the weight of war is lifted from their shoulders, and they can walk freely, hand in hand, into a future bright with possibility. I hope for a time when we will look at them with pride, not for the battles they've fought, but for the lives they live in harmony and love.

Please, God, let that day come soon. Amen.

כשבעצם החיים כאן, בעצם השהות כאן, אנו כותבים את ההיסטוריה עם כל נשימה ומסתכנים במחירים מחרידים?

ואני מסתכלת עליו, א־לוהים, ורואה שהוא עדיין ילד, ממש ילד - לא תינוק, אבל גם לא מבוגר. הוא ילדי, שמעמיד פנים כאילו הוא עדיין מאמין בפיית השיניים, כי הוא אוהב את המטבעות העתיקים שאני מחביאה לו, אבל באמת ישן עדיין עם בובת לווייתן. ילדי, שלא יחזיק את ידי בציבור אלא אם כן אנו לבדנו, שבא הביתה מבית הספר ומספר לי מה חבריו אומרים על מי שרוצים לפגוע בנו. וכשאני מושיבה אותו ומסבירה לו שזה לא נכון, אני יכולה לראות את ההתחבטות בעיניו, כי הפחד גדול ורעב ויש לו שיניים חדות.

הו א־לוהים, ליבי כואב.

אני מפחדת שאנו נאחזים בחוט השפיות האחרון ושכל המציאות הזו עומדת להיפרם לתוך מלתעות האפלה.

אני מפחדת, חוששת, לעורו הרך, לפניו הקטנות, המתוקות. אני מפחדת להביט בעיניים לאימהות האחרות ההן - אלו שבוכות מעל קברים פתוחים - בידיעה שכל אחת מאיתנו יכולה להיות אחת מהן.

א־לוהים, הגן עלינו.

אנא, א־לוהים, עשה שזה יהיה הדור האחרון שבו ניאלץ למסור כך את בנינו ובנותינו. הנח למציאות להשתנות - ובקרוב.

כי אני מפחדת שיום אחד, הוא יסתכל על בנו או בתו הקטנים וירגיש את אותו פחד קר שמשתק אותי עכשיו. וזה, א־לוהים, כמעט בלתי נסבל מכדי לנסח במילים.

אנא. אנא. תן לסכסוך להסתיים.

ועדיין, הו א־לוהים, גם בלב האימה שאני חשה, ליבי משתוקק, ואני נאחזת בתקווה.

אני מייחלת ליום שבו ילדינו יגדלו על אדמה שבה שלום אינו רק תפילה אלא הבטחה, שבה משקל המלחמה יוסר מעל כתפיהם, והם יוכלו להתהלך בחופשיות, יד ביד, לתוך עתיד זוהר ועשיר באפשרויות פתוחות. אני מייחלת לזמן שבו נביט עליהם בגאווה, לא בגלל הקרב שהם נלחמו בו אלא בגלל החיים שהם חיים, בהרמוניה ובאהבה.

אנא, א־לוהים, הנח ליום הזה להגיע בקרוב. אמן.

Mourning

אבלות

A Widow's Prayer

Talia Haber

(ENGLISH)

You have to listen. אבי יתומים ודיין אלמנות (Father of orphans and
　　judge of widows), I am angry, hurt, and lonely.

Please help me raise my children to תורה, חופה ומעשים טובים
　　(Torah, the wedding canopy, and good deeds)
Please help me remarry another *bashert* for me and my kids.

Please help me guide my children to the right teachers and friends.
Please help me teach them על פי דרכו (according to his way)
Please give me wisdom to know how to help each of my children.

Please give me the focus to be calm, the courage to laugh, and the
　　humility to pray.
Please help me be the strong, compassionate, involved mother they
　　need.

My husband didn't come home. Please bring the rest of them home:
　　hostages, soldiers, families – bring them back.

I hope I am doing the right thing. I am sorry I did not pray sooner.

תפילת אלמנה

טליה הבר

(אנגלית)

אתה חייב להקשיב. אבי יתומים ודיין אלמנות. אני כועסת, כאובה ובודדה.

אנא עזור לי לגדל את ילדיי לתורה, לחופה ולמעשים טובים.
אנא עזור לי להתחתן בשנית עם עוד באשערט עבורי ועבור ילדיי.

אנא עזור לי להדריך את ילדיי אל המורים הנכונים והחברים הנכונים.
אנא עזור לי לחנך כל אחד מהם על פי דרכו.
אנא, תן בי בינה לדעת כיצד לסייע לכל אחד מילדיי.

אנא תן בי את המיקוד שיאפשר לי להיות רגועה, את האומץ לצחוק ואת הענווה להתפלל.
עזור לי להיות האם החזקה, החומלת והמעורבת שלה הם זקוקים.

בעלי לא חזר הביתה. אנא השב את כל השאר הביתה: חטופים, חיילים, משפחות
- החזר אותם אלינו.

אני מקווה שמעשיי נכונים. אני מצטערת שלא התפללתי מוקדם יותר.

ה' ישמרך מעתה ועד עולם | Inbal Singer

Yizkor

Liat Jackman

(HEBREW)

Yizkor

A memorial candle.
A warm sensation.
Perhaps it means
He's present?

The day arrives.
Time for *Yizkor.*
First the general
Then the private one.

The holy martyrs of the Shoah,
The fallen of Gush Etzion,
Terror attacks,
Soldiers in the army.

The holy martyrs,
The soldiers
The murdered
From the last war.

Wait
Is my son there too?!
Is this real?
Has this happened to me?

My Father, I'm used to
A simple *Yizkor*
After *shiva.*
It's not easy
But it's with the congregation around me.

יזכור

ליאת יכמן

(עברית)

יזכור

נר נשמה.
הרגשה חמימה.
אולי זה אומר,
הנה הוא נמצא?

מגיע היום.
זמן ליזכור.
קודם הכללי
ואז הפרטי.

קדושי השואה,
חללי גוש עציון,
פעולות איבה,
חיילים בצבא.

את הקדושים,
את החיילים,
את ההרוגים
במלחמה האחרונה.

רגע
שם גם בני??!
זה אמיתי?
זה קרה לי?

אבי, אני רגילה
יזכור פשוט
אחרי שבעה.
גם לא קל
אבל בתוך הקהל.

But not just in war.
Not just a soldier.
But also,
Personally,
My
Son.

Each remembrance of mine
Brings tears,
Flowing, flowing.
Blending together.

Sweet boy,
A true friend,
A *talmid chacham* (Torah scholar)
A *gibor chayil* (hero of valor)

He works on his *middot* (character),
Full of talent,
A pure *neshamah* (soul),
With a strong spirit.

Remember, our Father,
Remember.
He was taken from us
And there is an empty space.

We ask
And pray,
Give *tzedakah*
And sigh.

Gather in those of ours who are distant,
Build our *Mikdash* (Temple),
We will offer sacrifices,
And bring offerings,
We will draw close to You
And see Your Divine spirit.

גם במלחמה.
גם כחייל.
וגם
באופן פרטי,
הבן
שלי!

כל אזכור
מוציא דמעות,
זורמות, זורמות.
מתערבבות.

ילד חמוד,
חבר אמיתי,
תלמיד חכם,
גיבור חיל.

עובד על המידות,
בעל כישרונות,
נשמה טהורה,
רוח איתנה.

זכור, אבינו,
זכור.
נלקח לנו
ויש מחסור.

מבקשים
ומתפללים,
צדקה נותנים
ונאנחים.

קבץ נידחינו,
בנה מקדשנו,
נקריב קורבנות,
נביא עולות,
נתקרב אליך,
נראה שכינתך.

Yizkor for My Son

Adina Suslovich

(ENGLISH)

יזכור א־לוהים את בני יקירי ברכיה יצחק בן אברהם ועדינה שרה

Remember, the one I have not forgotten and never will forget
Remember his smile, his pure soul
His absence that is a scar on my heart
In his merit, I will give *tzedakah*, to help those in need, as he did in
    his lifetime
In his merit, I will learn Torah, as he did before he died
In his merit, does he need our actions?
Our actions that will never make up for all the *chesed* he never got a
    chance to do
All the Torah he did not yet learn
The family that he never grew

Hashem, his soul is with You for safekeeping
We pray for You to remember, we will never forget
These acts that we are doing in his merit today are a merit for us
An opportunity to feel connected and to continue his goodness in
    this world

יזכור לבני

עדינה סוסלוביץ

(עברית)

יזכור א־לוהים את בני יקירי ברכיה יצחק בן אברהם ועדינה שרה

זכור, את האחד שלא שכחתי ולעולם לא אשכח
זכור את חיוכו, את נשמתו הטהורה
את חסרונו המצלק את ליבי.
לזכותו אתן צדקה כדי לעזור לנזקקים, כפי שהוא עשה בימי חייו
לזכותו אלמד תורה, כפי שעשה לפני מותו
לזכותו, אבל האם הוא זקוק למעשינו?
מעשינו שלעולם לא יחפו על כל החסד שהוא לא זכה להספיק לעשות
על כל התורה שהוא עדיין לא למד,
על המשפחה שהוא לא גידל.

ה׳, נשמתו צרורה איתך למשמרת,
אנו מתפללים שתזכור, אנו לא נשכח לעולם
מעשים אלו שאנו עושים לזכותו היום הם זכות עבורנו
הזדמנות להרגיש מחוברים ולהמשיך את חסדיו בעולם הזה.

Yizkor for My Mother

Adina Suslovich

(ENGLISH)

יזכור א־לוהים את אימי מורתי

There is no need to remember all that you have taught me, it has
    become a part of who I am
But to remember will remind me to appreciate all you have given
    and taught me
You taught me to
        Think of others besides myself
        To stand up for what's true and right
        To learn Torah, to delve deeply, not by rote, but by
        questioning
        How special my children and my family are
Please watch over all the souls of our family; in this world and
    already in the next.
I know you are not alone there –
Be comforted in the fact that I am not alone here
I am surrounded by those you loved who love me
We remember you together as part of us all.

יזכור לאימי

עדינה סוסלוביץ'

(אנגלית)

יזכור א-לוהים את אימי מורתי

אין צורך לזכור את כל שלימדת אותי, הרי זה כבר הפך לחלק ממי שאני
אך ההיזכרות תזכיר לי להעריך את כל מה שנתת לי ולימדת אותי
את לימדת אותי
לחשוב על האחר
להילחם על מה שנכון ואמיתי
ללמוד תורה, לעומק, לא כמצוות אנשים מלומדה, אלא על ידי חקירה
כמה מיוחדים הם ילדיי ומשפחתי
אנא שמרי על נשמות משפחתנו, בעולם הזה ובעולם הבא.
אני יודעת שאינך לבד שם –
התנחמי בכך שגם אני איני לבדי כאן.
אני מוקפת במי שאהבת ואוהבים אותי
אנו זוכרים אותך יחד, כחלק מכולנו.

How Much Longer?
A Grieving Mother's Prayer

Liat Jackman

(HEBREW)

Another fallen soldier.
Another hole in the family.
Hashem – how much longer
Until this decree ends?

There are miracles as well,
And people are saved.
But there are also
Painful stories.

How much longer will there be accusations?
How much longer will there be these decrees?
How much longer will evil
Be allowed to raise its head?

A world of confusion
What is good is and what is bad.
But we are meant
To stand against it.
To stand for the good,
And kill off the bad.

We must unite,
It's not a time for accusations.
The enemy stands before us,
Bloodthirsty and vicious.

Hashem!
Grant our leaders wisdom.
Grant them courage.
Grant them knowledge.
Grant them humility.

עד מתי?
תפילת אם שכולה

ליאת יכמן

(עברית)

עוד חלל.
עוד חור במשפחה.
עד מתי ה׳,
תעבור הגזירה?

יש גם ניסים,
אנשים ניצלים.
אבל יש גם
סיפורים כואבים.

עד מתי האשמות?
עד מתי הגזירות?
עד מתי הרשעה
תוכל להרים את ראשה?

עולם מבולבל,
מה טוב ומה רע.
אבל אנחנו אמורים
לעמוד כנגדה.
לעמוד למען הטוב,
להרוג את הרע.

צריכים להתאחד,
זה לא זמן להאשמות.
יש מולנו אויב,
צמא דם ואכזר.

ה׳!
תן למנהיגינו חוכמה.
תן להם עוז.
תן להם דעת.
תן להם ענווה.

See Your nation
As they return to You.
Wishing to stand
Against this evil.

You took good ones.
You took precious ones.
You took Your sons
Who were worthy.

We are begging,
Trying to keep Your mitzvot
With love
Despite the weeping.

Please, listen to our cries!
Hear our shouts!
Send a speedy *geulah* (redemption)
To Your aching nation.

Ephraim: (written in his diary shortly before entering Gaza)
War: A moment of power.
A moment of assessment.
A moment of truth and judgment.
But Hashem *is with us*
As we try to battle the war of truth against falsehood.
The difficulty to be patient can rise sky-high.
We want to move ahead and continue living.

ראה את עמך,
חוזרים אליך.
רוצים לעמוד
כנגד הרע.

לקחתָ טובים.
לקחתָ מחמדים.
לקחתָ בניך
שהיו ראויים.

אנחנו מתחננים,
מצוותיך מנסים
לקיים באהבה,
למרות הבכיה.

אנא הקשב לשוועתנו!
שמע לצעקותינו!
גאולה שלח במהרה
לאומתך הכאובה.

אפרים (נכתב ביומן אישי לקראת הכניסה לעזה):
מלחמה: רגע של עוצמה.
רגע של מבחן.
רגע של אמת ודין,
אך ה׳ עימנו
משתדלים להילחם את מלחמת האמת נגד השקר.
הקושי שבסבלנות מרקיע שחקים.
רוצים להתקדם ולהמשיך בחיים.

No More Names

Rachel Weinstein

(ENGLISH)

Elokim –
Every morning I wake up wondering if there will be more names.
I carefully scan the news
 hoping I won't read the most dreaded words:
"Cleared for publication."

Do I know their names?
Do they look familiar?
Did they live in my town?

Thank God, I say.
Thank God, I didn't know them.
Thank God, they weren't mine.
Thank God, I can dive head-first into the illusion that I am not
    affected,
Pretending that my children, my family, my circle is safe.
That my people are safe.

I stand at the precipice of a slippery slope
I remind myself that I don't have to lose myself in a sea of tears
I misplace my soul for self-soothing
My humanity feels bruised and battered.

It's not my child, but they are all our children.

Torn, twisted, wounded, and scared
I turn to You,
 asking You to help me
 because nothing, it seems,
 is fair in love
 and war
 and loss and life.

לא עוד שמות

רחל וינשטיין

(אנגלית)

א-לוהים –
כל בוקר אני מתעוררת ותוהה אם יהיו עוד שמות.
סוקרת בזהירות את החדשות
בתקווה לא להיתקל במילים המאיימות:
"הותר לפרסום".

האם אני מכירה את שמותיהם?
האם הם נראים לי מוכרים?
האם הם בני עירי או יישובי?

ברוך ה', אני ממלמלת.
ברוך ה' שלא הכרתי אותם.
ברוך ה' שהם לא שלי.
ברוך ה' שאני עוד יכולה לצלול ישר לתוך האשליה שזה לא נוגע לי,
להעמיד פנים שילדיי, משפחתי ומכריי בטוחים כולם.
שלאנשי שלומי שלום.

אני עומדת על קצה מדרון חלקלק
מזכירה לעצמי שאיני חייבת לאבד את עצמי בתוך ים של דמעות
מדחיקה את נפשי כדי להרגיע את עצמי
והאנושיות שלי חבולה ומוכה.

אין זה ילדי, אך כולם הם ילדינו.

קרועה, מעוותת, פצועה ומפוחדת
אני פונה אליך,
מבקשת ממך לעזור לי
כי שום דבר אינו הוגן
באהבה
במלחמה
באובדן
בחיים.

God on High, it seems we're all a bit unsteady and unsure.

Please help me find a way to contain the sorrow that lay in my heart
and my lungs.

Please help it grow, but not burst.

Please don't let the pain consume me, but don't let me ignore it.

Let it flow through me, so that I remember never to forget.

And please help me find myself in the midst of all this loss.

Knowing, or not, those who have gone before us, for us.

א-לוהים שבשמיים, נראה שכולנו לא מאוד יציבים ולא מאוד בטוחים.
אנא עזור לי למצוא דרך להכיל את הכאב שבליבי ובריאותיי.
אנא עזור לו לגדול בלי להתפרץ.
אנא אל תניח לכאב לכלות אותי, אך גם אל תניח לי להתעלם ממנו.
תן לו לזרום דרכי, כך שאזכור לעולם לא לשכוח.
ועזור לי בבקשה למצוא את עצמי, בלב כל האובדן הזה.
בין שאני מכירה את אלו שהלכו לפנינו, עבורנו,
ובין שלא.

Please, No More Need for Memorials

Sally Mayer

(ENGLISH)

The sticker of him in uniform with his smiling face
With the motto by which he lived
The will from a boy too young to write one
Offering *chizuk* (strength) from beyond the grave

The poster with her smile, behind it her determination
To rush to help no matter where that led
The dreams he wrote down and carried in his vest
Now ours to to live out in his stead

The bookmark with his precious smile
So the world will never forget him
The *siyum* in the merit of his speedy release
Uniting all in studying Your Torah

A face on a card each week as we light candles
Not enough *Shabbatot* to light for each one
An empty seat at our tables
To remember who hasn't yet come home

They led the way with their bravery and self-sacrifice
And their noble families with their grace
They command us to keep living, and live better
While never forgetting that face.

So many worlds ended on that dark day and since
So many so fast we can't keep up
So many to still pray for, for freedom, for healing
So please, no more need for memorials

So many stickers and bookmarks and camps *le-zichram* (in their
    memory)
Enough learning projects until *mashiach* comes

אנא, שלא יהיה צורך בעוד הנצחות

סאלי מאיר

(אנגלית)

מדבקה עם תמונתו במדים ובחיוך
והמוטו שלאורו הוא חי.
צוואה מילד צעיר מכדי לכתוב אותה
המעניקה חיזוק ממעבר לקבר.

פוסטר עם החיוך שלה, ומאחוריו נחישותה
למהר לעזור לכל האנשים
החלומות שכתב ושמר בכיס מדיו,
כעת עלינו בעבורו להגשים.

סימנייה עם חיוכו הקסום,
כדי שהעולם אף פעם לא ישכח אותו.
ה"סיום" למען שחרורו המהיר,
שמאחד את כולם בלימוד תורתו.

פנים על כרטיס כל שבוע בהדלקת הנרות,
ואין מספיק שבתות כדי להדליק לכולם.
כיסא ריק בכל כיכר, בכל בית,
כדי לזכור את מי שטרם שב לשולחן.

הם מובילים את הדרך בגבורתם ובהקרבתם,
ומשפחותיהם האציליות בחינן.
הם מצווים עלינו להמשיך בחיים, ולחיות טוב יותר,
אך לעולם לא לשכוח את פניהם.

עולמות כה רבים תמו באותו יום שחור, ומאז,
כה רבים וכה מהר, אי אפשר להכיל במחשבות.
כל כך הרבה עדיין צריכים תפילות לחופש, לריפוי
אנא, שלא יהיה צורך בעוד הנצחות.

יש כל כך הרבה מדבקות, סימניות וקייטנות לזכרם
עד בוא גואל נלמד את המשניות

Enough yellow ribbons to reach Your *Kisei HaKavod* (Heavenly
    Throne)
Please, no more need for memorials

Please look down at us as we continue their legacy
Please fill all the chairs and heal all the wounds
Please collect all our tears and have mercy
And please, please, no more need for memorials.

מספיק סרטים צהובים להגיע עד כיסא כבודך
אנא, שלא יהיה צורך בעוד הנצחות.

שא עיניך למאמצינו להמשיך את מורשתם,
אנא מלא את הכיסאות ורפא את הפציעות,
אנא אסוף את דמעותינו והתמלא רחמים.
ואנא, אנא, שלא יהיה צורך בעוד הנצחות.

Forest of Dancing Souls | Sefira Lightstone

Women's
Life Cycle

חיי אישה

A Prayer for Finding a Partner during Wartime

The Editors

(ENGLISH)

HaKadosh Baruch Hu, Master of the world,
I know that You move mountains to bring two souls together,
To build a Jewish home within Israel.

And while You are rearranging the whole world,
Its order and systems,
War and politics demanding Your attention,

I ask that You not forget about me.

Bring my partner to me, whole and ready,
Whether coming from the battlefield,
On the wings of eagles,
From far away,
Or just next door.

Show me clearly whom You intend for me,
And may their heart be kind and loving,
May we be true partners in values and temperament
And in fulfilling, together, our purpose in the world.

Please bless our *chuppah,*
And all the fruits of our lives together.

תפילה למציאת הזיווג הנכון בזמן המלחמה

העורכות

(אנגלית)

הקדוש ברוך הוא, אדון העולמים,
אני יודעת שאתה מעלה הרים ומורידם כדי לשדך בין נשמות,
כדי לבנות עוד בית נאמן בישראל.

ובשעה שאתה משנה את סדרי הבריאה כולה,
ומנער את כל מערכות העולם,
ועניני ממשלות ומלחמה מצויים לפניך,
ודורשים את תשומת ליבך,

כולי תפילה - שלא תשכח אותי.

זמן לי את זיווגי הנכון,
מוכן ושלם, בין אם משדה הקרב,
על כנפי נשרים מרחוק,
או מהרחוב הסמוך.

הראה לי בבירור את מי שייעדת לי,
ויהי רצון שאמצא שם לב טוב ואוהב,
שנהיה שותפים בערכים ומתאימים במזג,
ונמלא יחדיו את ייעודנו בעולם.

ברך את חופתנו
ואת כל פירות חיינו ביחד.

A Prayer for Our Agunot Sisters in Our Time of Crisis

The Editors

(ENGLISH)

God,

Do not let our national tragedy
Swallow up the cries
Of women who are being
Chained to their husbands.

Do not dismiss the person-to-person,
Acts of cruelty;

The effort to extort,
To demean,
To torture,
To abuse,
Your daughters.

Grant the sense and wisdom to all parties;
The courts,
The advocates,
The judges,
To release all our *agunot* into the embrace of their communities.

Free to live good lives
Filled with love and safe and peaceful homes
the way You intended them to be.

תפילה על אחיותינו העגונות בעת משבר זו

העורכות

(אנגלית)

א־לי,

אל נא תניח לטרגדיה הלאומית שלנו
לבלוע את צעקתן
של נשים המוחזקות
בעגינותן על ידי בעליהן.

אל תתעלם ממעשי אכזריות
בין אדם לחברו

מניסיונות לסחוט
להשפיל
לענות
ולהתעלל
בבנותיך.

הענק היגיון ותבונה לכל העוסקים בדבר
בתי הדין,
הטוענים,
הדיינים,
כך שהם ישחררו את כל העגונות אל חיק קהילותיהן.

חופשיות לחיות חיים טובים
מלאים באהבה, בבתים בטוחים ושלווים
כפי שהתכוונת שתחיינה.

A Prayer for Fertility

The Editors

(ENGLISH)

Avinu She-ba-Shamayim,

I come before You,
With an empty womb,
Trembling bones,
Broken heart,
Living in a cycle of waiting.

See me as Sarah, our mother,
Whose voice You told Abraham to heed

As Rivkah, who prayed,
And was blessed twice.

As Leah, who wept,
Whose womb You opened.

As Rachel, who persisted,
And became a mother of Israel.

The world spins in suffering,
Our enemies sharpen their teeth on lies,
Your people cry out in need.
I beg You,
Hear us all
Help us all

But hear my voice, as well.
My private plea,
despite the many needs,
despite the clamor.

Answer my prayers,
To bring a baby into this world,

תפילה לפוריות

העורכות

(אנגלית)

אבינו שבשמיים,
אני באה לפניך
עם רחם ריק,
עצמות רועדות,
ולב שבור.
אני חיה
במחזוריות של המתנה.

ראני כשרה אימנו
שלקולה אמרת לאברהם להקשיב.

כרבקה שהתפללה
ובורכה כפליים.

כלאה שבכתה
ואת רחמה פתחת.

כרחל שהתעקשה
והפכה לאם בישראל.

העולם הולך וסובב בייסורים
צרינו שננו לשקר לשונם
עמך קורא אליך בשעת צרתו.
אני מתחננת בפניך
שמע את כולנו
עזור לכולנו
אבל שמע גם את קולי
גם את תחינתי הפרטית
למרות הצרכים המרובים
למרות המהומה.

היעתר לתפילותיי
להביא תינוק לעולם

And raise children to the *chuppah* and good deeds,
To recognize Your presence in the world,
And live according to Your words.

Let my body round with life,
My breasts swell with nourishment,
Bring my child into the world, healthy and whole,
Filling me with gratitude.

Please, end my waiting.

ולגדל ילדים שיזכו להגיע לחופה ולמעשים טובים,
לזהות את נוכחותך בעולם,
ולחיות על פי דברך.

עשה שגופי יתעגל סביב חיים חדשים
ששדיי יימלאו חלב.
הבא את ילדי לעולם, בריא ושלם,
כך שליבי יימלא בהכרת תודה.

אנא, שים קץ להמתנה שלי.

A Prayer for Hope and Health in Pregnancy

The Editors

(ENGLISH)

I imagine the life growing in my womb,
Fluttering with possibilities and potential,
Living in a warm world,
Unburdened by what unfolds here in the light.

Still so close to You,
Yet also close to a life of human experiences,
Living in the in-between of planes of existence.
The spaces of what will be and what hasn't come to be, yet.

And I, who have traversed this land,
To have seen the beauty and pain it offers,
Feel my own heart flutter with uncertainty,
Watching realities burn and new possibilities planted.

So what can a parent do but ask for a better world,
Than the one I have known,
A place where my child will know all the wonders
Of everything You promised us.

So bless us, *Abba* (Father),
Shelter us from chaos,
From enemies,
From fear.

In this precarious time,
Please gift me the help that I need,
So that I can feel my hand held,
My back supported,
My belly full,
My soul contented.

תפילה לתקווה ולבריאות במהלך היריון

העורכות

(אנגלית)

אני מדמיינת את החיים המתפתחים בתוך רחמי
עתירי עתידים אפשריים ויכולות צפונות
חיים בעולם חמים
חופשיים מעול כל מה שמתפתח כאן, באור.

עדיין קרובים כל כך אליך
אבל גם קרובים כל כך לחיים של חוויות אנושיות,
חיים במרווח בין מישורי הקיום.
החללים של העתיד לבוא ומה שטרם נוצר, בינתיים.

ואני, שהתהלכתי ברחבי הארץ הזאת
להביט על היופי והכאב שהיא מציעה,
מרגישה גם את ליבי שלי דוהר, עתיר בחוסר ודאות
למראה המציאויות העולות בלהבות והאפשרויות החדשות הניטעות
במקומן.

אז מה יכול לעשות הורה חוץ מלבקש עולם טוב יותר
מהעולם שאותו הכרתי,
מקום שבו ילדי יכיר את כל נפלאות
כל אשר שהבטחת לנו.

אז ברכנו, אבא,
הגן עלינו מכאוס,
מאויבים,
מפחד.

בימינו הבלתי יציבים
אנא חונני בעזרה שאני זקוקה לה
כך שארגיש את ידי מוחזקת
את גבי נתמך
את בטני מלאה,
ואת נפשי שקטה.

To be added if spouse is away at war:

Protect my precious child's father,
Shield his every step,
Bring him safely home to us,
So that we can welcome this new life into the world together,
And raise our child hand in hand.

Grant us all only health and well-being,
Make the process smooth and easy,
Without stress or suffering,
Filled with joy and hope for the future.

להוסיף אם בן הזוג יצא למלחמה:

הגן על אבי ילדי היקר,
שמור על כל אחד מצעדיו,
השב אותו אלינו הביתה.
כך שנזכה להכניס חיים חדשים אלו לעולם ביחד
ולגדל את ילדנו יד ביד.

❧

ברך את כולנו רק בבריאות וברווחה,
עשה את התהליך קל וחלק עבורנו,
ללא לחץ או ייסורים,
עתיר אושר ותקווה לעתיד.

A Blessing for End of Life

Etta BenDavid

(ENGLISH)

God,
I am tired. I know my time left in this world is limited and I am
    scared.
I don't like feeling vulnerable and so I pray to You now for strength
    and support as I approach the Unknown.

Remind me, God, that You are with me and I am not alone.
Please do not let me be a burden on those who love me and care for
    me.
Help us all to confront difficult conversations with openness,
    honesty and kindness.
Guide me to complete all my tasks and arrange my affairs before
    leaving this world.

As my thoughts, feelings, hopes, and fears tangle and blurr,
open my lips, God,
so I may articulate what I need to say.

Grant me the courage to reconcile the ruptured relationships in my
    life
and to ask for forgiveness from those I've hurt.
Enable me to express my love, thanks and forgiveness to those who
    have
sustained me, loved me and challenged me.

It is so painful to hold this heavy feeling that I will never hold them
    again.

Comfort us through this painful time and continue to comfort my
    family in their grief.

ברכה לקראת סוף החיים

אטה בן דוד

(אנגלית)

ריבונו של עולם
אני עייפה. ידוע לי כי הזמן שנותר לי בעולם הזה מוגבל, ואני מפחדת.
הרגשת הפגיעות קשה לי, ולכן אני מתפללת אליך עכשיו, בתקווה לכוח ותמיכה
במסעי לקראת הלא נודע.

הזכר לי, א-לי, שאתה עימדי ואני לא לבד.
אנא, דאג שלא אהיה לעול על אוהביי ומטפליי.
עזור לנו לצלוח שיחות קשות בפתיחות, בכנות ובטוב לב.
הנחה אותי כך שאסיים את כל המוטל עליי לפני לכתי מן העולם הזה.

כשכל מחשבותיי, רגשותיי, תקוותיי ופחדיי מתערבבים ומתערפלים
ה' שפתיי תפתח
שאזכה לנסח את מה שאני צריכה לומר.

הנחל בי את האומץ לאחות את כל מערכות היחסים הקרועות בחיי
ולבקש סליחה מאלו שבהם פגעתי.
אפשר לי לבטא את אהבתי, הכרת תודתי ומחילתי
לכל מי שהחזיקו אותי, אהבו אותי ואתגרו אותי.

כמה כואב לשאת בליבי את התחושה הכבדה שלעולם לא אחזיק אותם יותר.

נחם אותנו בשעה קשה זו והמשך לנחם את משפחתי באבלה.

In pain, our tradition teaches us to seek out purpose. And so I ask
for Your help, God, to bestow upon me the gift to bless my loved
ones.
May they have the strength, wisdom, and support to navigate and
repair this harsh and hateful world I leave behind.
Stay close to them and remind them all to seek You out; to shine
light on all the blessings and beauty that exist in their midst.

As I take an accounting of my years,
help me to find and appreciate the meaning of my life.

Be with me to reflect with joy on the love and wisdom I've received
and imparted.

Reassure me that I made a difference in the lives of others; that my
choices and contributions were meaningful, and that my actions,
kindness, and blessings will be my legacy.

Please hear all the prayers of my heart and mind and those of Your
people who call to You.
I urge You, God, in my time of need and in the midst of war, to
watch over and protect this land You've given us and promised
us.
Shield our soldiers, return our hostages safely and secure our
victory.
May our grandchildren live in peace.

Quiet my fears of what lies ahead for me.
Shield me from pain, regrets and anger.
Accept my *vidui* (confession) and forgive me, God, for my
wrongdoings.
May I be reunited with those I've loved and lost.

I thank You, *Hashem*, for the life You have given me and the
blessings You have showered upon me. Thank You for escorting
me on this journey.

המסורת שלנו מלמדת אותנו לחפש תכלית כשאנו סובלים. אני מבקשת את
עזרתך, א־לי - הענק לי את היכולת לברך את אהוביי.
שיזכו לכוח, לתבונה ולתמיכה בניווט דרך העולם הקשה וגדוש השנאה
שאני עוזבת, ובתיקונו.
עמוד לידם והזכר להם לתור אחריך,
ולהאיר את כל הברכות והיופי החיים בתוכם.

בשעה שאני מתבוננת לאחור על שנותיי,
עזור לי למצוא ולהעריך את משמעות חיי.

היה עימי, הבט עימי באושר על האהבה והחוכמה שזכיתי לקבל ולתת.

הרגע אותי, שכנע אותי שחוללתי שינוי לטובה בחייהם של אחרים,
שבחירותיי ותרומותיי היו בעלות משמעות, ושמעשיי, חסדיי וברכותיי
יהיו לי למורשת.

אנא שמע את כל תפילות ליבי ושכלי ואת אלו של כל בני עמך הקוראים
אליך.
אני מפצירה בך, ריבונו של עולם, בשעת צרתי ובזמן מלחמה, שתשגיח על
הארץ שנתת והבטחת לנו ותגן עליה.
הגן על חיילינו, החזר את כל חטופינו בשלום, והנחל לנו ניצחון.
ויהי רצון שנכדינו יחיו בשלום.

השקט פחדיי מהעתיד לבוא
הגן עליי מפני כאב, חרטות וכעס.
קבל את הווידוי שלי וסלח לי, ה׳, על כל חטאיי.
יהי רצון שאזכה להתאחד עם אלה שאהבתי ואבדו לי.

אני מודה לך ה׳, על החיים שנתת לי ועל הברכות שהרעפת עליי. תודה
שליווית אותי לאורך כל המסע הזה.

May Your presence be a comfort to those who call to You, as I do
   now.
In the name of God, may it be Your will,
On my right, [the angel] Michael
On my left, [the angel of strength] Gabriel
In front of me [the angel of light] Uriel,
Behind me [the angel of healing] Rafael,
Above my head, above my head, *Shechinat E-l* (the Presence of
   Hashem)

יהי רצון שנוכחותך תהיה נחמה לכל הקוראים בשמך כפי שאני קוראת
עכשיו.
בשם ה׳ א־לוהי ישראל
מימיני מיכאל
ומשמאלי גבריאל
ומלפני אוריאל
ומאחוריי רפאל
ועל ראשי שכינת א־ל.

Women's Mitzvot

מצוות נשים

A Prayer before Entering the Mikveh

Rachel Sharansky Danziger

(HEBREW)

Lord above,
You, who distinguished water from water,
You, who examines our innermost thoughts –
Gaze upon me.
Notice me.
Note how the pain storms through me.
Ignore the barriers of "it''ll be fine" and "I'm strong"
With which I bandage over
All the screams and the bleeding.
And which I hold onto
in order to function each day.
See the wells of pain
And the rivers of sorrow;
The tears my heart cries
for the suffering of my people.

I come before You this day,
Free of barriers,
Free of masks,
To seek Your mercy
For my brothers and sisters.

My God,
Have mercy on our kidnapped.
Have mercy on our wounded.
Have mercy on our soldiers.
Have mercy on the broken of heart among us.
Grant us one and all healing and consolation,
And for our fallen –
Eternal rest within the wings of the *Shechinah* (Divine Presence),
As is fitting for heroes who fell

תפילה לקראת טבילה במקווה

רחל שרנסקי דנציגר

(עברית)

א-לי שבשמיים,
אתה, שהבחנת בין מים למים,
אתה, שבוחן כליות ולב -
הבט עליי.
הבחן בי.
ראה כמה סוער בי הכאב.
התעלם מחציצות ה"יהיה בסדר" וה"אני חזקה"
שבהן אני מחפה
על כל מה שצועק ומדמם.
שבהן אני נאחזת
כדי לתפקד מיום ליום.
ראה את מעיינות הכאב
ונהרות הצער
את דמעות לבבי
על שבר בת עמי.

אני באה לפניך היום,
חפה מחציצות,
חפה ממסכות,
לבקש את רחמיך
על אחיי ואחיותיי.

א-לי,
רחם על חטופינו.
רחם על פצועינו.
רחם על חיילינו.
רחם על שבורי הלב שבנו.
המצא לכולנו רפואה ונחמה,
ולחללינו
מנוחה נכונה על כנפי השכינה,
כראוי לגיבורים

Sanctifying your name.

To Be Added If Spouse Is Away at War:

Protect my beloved,
Who is guarding Your people
with his comrades and friends.
In the merit of the mitzvah of immersing
that I am keeping
here at home,
Bring him, and all our soldiers,
Safely home to us.

My God,
As I immerse myself before You
In waters which return me to my origins,
Return us to You as before,
And purify us
As this mikveh
Will purify me.

My Lord, You who are the Mikveh of all Israel,
And who taught us
To love one another
And form a covenant between us.
Recall, please, Your covenant with us,
Your love for us.
And birth for us
From Your infinite mercy,
A future.

שנפלו על קידוש שמך.

❧

להוסיף אם בן הזוג בחזית:

שמור על אהובי
העומד עם רעיו על משמר עמך
ובזכות מצוות הטבילה שאני מקיימת
כאן בבית
השב אותו,
ואת כל חיילינו,
הביתה בשלום

❧

א־לי, בשעה שאני טובלת לפניך
במים שמשיבים אותי אל ראשיתי,
השב אותנו אליך כקדם,
וטהר אותנו
כפי שהמקווה הזה
יטהר אותי.

א־לי, אתה הוא מקווה ישראל,
ואתה הוא שלימדת אותנו
לאהוב זה את זה
ולכונן בינינו ברית.
זכור בבקשה את בריתך עימנו
את אהבתך כלפינו
ומרחם רחמיך
הולד לנו עתיד.

A Prayer for Challah

Shira Lankin Sheps

(ENGLISH)

Avinu She-ba-Shamayim

I hold within my hands the soft offerings of Your bread,
That you commanded us to bake and burn,
The scent fills our homes with the warmth of Your *Shechinah*.

We offer You:
The fruit of the fields,
The souls who sew them,
The sweat that harvests,
The hands that grind,
Knead,
Shape,
And prepare this bread for You.

With floured cheeks,
Damp eyes,
Sore knuckles,
Faithful hearts,
Bowed heads,

I offer this sweet sacrifice,
Bringing the holy Shabbat into my home,
Embedding the dough with my prayers,
A prayer for _____

My whispered offering is sent right up to Your holy seat,
Joining the spread of Your Shabbat table,
A modest contribution to the glory that is Your seventh day.

May all Your people be blessed with rest and peace,
And even in this time of war and struggle,
Please offer us a taste of the splendor

תפילה על החלה

שירה לנקין שפס

(אנגלית)

אבינו שבשמיים,

מחזיקה אני בין ידיי את העולה הרכה של לחמך
שאותה ציוויתנו לאפות ולשרוף,
הניחוח מציף את ביתנו בחום שכינתך.

אנו מניחות בפניך:
את פרי השדות
את הנשמות שזרעו בהם
את זיעת קצירתם
את הידיים שטוחנות
ולשות
שנותנות צורה
ומכינות את הלחם הזה לך.

בלחיים מקומחות
עיניים דומעות
מפרקים כואבים
לבבות נאמנים
ראשים מורכנים,

אני מביאה את הקורבן המתוק הזה,
מכניסה את השבת הקדושה אליי הביתה,
מטביעה את תפילותיי בעיסה,
תפילה ל_______

עולתי החרישית נשלחת אל כיסא כבודך,
למקומה על שולחן השבת שלך,
תרומה צנועה להדר יומך השביעי.

יהי רצון שיתברכו כל עמך במנוחה ושלום,
ואפילו בעת זו, עת מאבק ומלחמה,
אנא הגש לנו טעימה משֶגֶב

of the world to come.
So that we can hold on,
Week by week,
Loaf by loaf,
With faith in Your promised good.

העולם הבא.
כך שיהיה לנו במה להיאחז.
שבוע אחר שבוע
כיכר אחר כיכר
עם אמונה בטובך
שהבטחת לנו.

A Prayer to Recite upon Lighting Shabbat Candles

Anne Gordon

(HEBREW)

May it be Your will, O Lord our God and God of Israel
That You have compassion on me and on my household and on all
    of the Jewish people
And that you give us and all Israel good lives, and long lives
Lives without terrorists and without war
Lives of happiness and wealth
And peace.
And remember us and all of the captives and their families,
All of the soldiers – the reservists and those on active duty,
A remembering that is good and blessed.
And redeem us with a redemption of salvation and mercy and
    health and comfort.
And allow Your *Shechinah* (Presence) to dwell among all of the
    Jewish people, wherever they may be
And also on the land of Israel and on our presence on our land.
May we merit to raise sons and daughters
Who are wise
And discerning,
Who love God
And fear Him,
And may they no longer know war.

תפילה בשעת הדלקת נרות שבת

חנה גורדון

(עברית)

יהי רצון מלפניך ה׳ א־לוהינו וא־לוהי ישראל
שתחונן אותי ואת ביתי ואת כל עם ישראל
ותתן לנו ולכל ישראל חיים טובים וארוכים
חיים בלי מחבלים ובלי מלחמה
חיים של אושר ועושר
ושלום.
ותזכור אותנו ואת כל החטופים ומשפחותיהם
ואת כל החיילים, המילואימניקים והסדירניקים
בזיכרון טובה וברכה.
ותפקדנו בפקודת ישועה ורחמים ובריאות ונחמה
ותשכן שכינתך על כל עם ישראל בכל מקום שהם
ועל מדינת ישראל, שתהא ראשית צמיחת גאולתנו
וזכנו לגדל בנים ובנות,
חכמים וחכמות
נבונים ונבונות
אוהבי ה׳
ויראי א־לוהים
ושלא ידעו עוד מלחמה.

Shabbat

שבת

Shabbos Blessing | Sheva Chaya Shaiman

Nesting in Your Light: A Shabbos Piyut

Sheva Chaya Shaiman

(ENGLISH)

I am present
Surrounded by light

Breathing in
I am filled with light
Beyond my lungs
Rays and rays of light shine to every limb

The song I sing is born with this breath
My heart opens in trust
Knowing my Source is light, truth, and love

How mind-blowing is Your creation, *Hashem!?!*

Wisdom imbued with beauty
Truth echoing
Harmony dancing
Through the colors and spices
Of our Shabbos delicacies

It is all Your light
Shining through space and time
Your eternal echo

Returning
Every seven days
Bathing in Your light
In Your love

Joining the chorus of creation

Seeing my song is a part of a vast eternal symphony

As words of thanks and praise glide through my lips

קן בתוך אורך: פיוט לשבת

שבע חיה שיימן

(עברית)

אני נוכחת
מוקפת באור

נושמת
מלאה באור
מעבר לריאותיי
קרני אור נוהרות לכל איבר

השיר שאני שרה נולד עם הנשימה הזו
ליבי נפתח, מלא אמון
בידיעה שאני נובעת ממקור שכולו אור, אמת ואהבה

מה מופלאה בריאתך, ה׳!

חוכמה שזורה ביופי
אמת מהדהדת
הרמוניה רוקדת
דרך הצבעים והתבלינים
של מעדני השבת שלנו

ובכול, אורךָ
נוהר דרך החלל והזמן
הֵדְךָ הנצחי.

חוזרת
מדי שבעה ימים
שטופה באורך
באהבתך

מצטרפת למקהלת הבריאה

רואה את שירי כחלק מסימפוניה עצומה ונצחית

מילות תודה והלל גולשות דרך שפתיי

I feel assured
Held
Filled with joy

Living ALIVE

Connected to You

Leaning

All of me

Supported by You

Sitting

Breathing

Resting

Nesting

In Your presence

In Your light

אני מרגישה בטוחה
עטופה
מלאה בשמחה

בחיים. חיה.

מחוברת אליך
נשענת

כל כולי

נתמכת על ידך

ישובה

נושמת

נחה

מקננת

בנוכחותך

באורך

A Prayer for Needing Technology or Weapons during War on Shabbat

The Editors

(ENGLISH)

Hashem,
Please restore the sanctity of Shabbat to me,
When I no longer need to use technology or weaponry,
For the purpose of saving lives.

I know that I am living according to Your laws and intentions,
But it distresses me,
And I miss the serenity of Shabbat in peaceful times.

Restore to us days when
We can rest again,
Knowing that we are safe
And our lives are no longer at risk.

Bring us new days of peace
Where we live with Your sweetness,
Holy and whole,
Forever.

תפילה על הצורך בטכנולוגיה ובנשק בשבת במהלך מלחמה

העורכות

(אנגלית)

ה',

אנא השב לי את קדושת השבת,
שלא אצטרך יותר להשתמש בטכנולוגיה או בנשק
כדי להציל חיים.

ידוע לי שאני חיה בהתאם לחוקיך ולרצונך,
אך אני חשה מצוקה,
ומתגעגעת לשלוות השבת בימי שלום.

השב לנו ימים שבהם
שוב נדע מנוחה,
בידיעה שאנחנו מוגנים
ושחיינו אינם בסכנה.

הבא עלינו ימים של שלום
שבהם נתענג על מתיקותך,
קדושים ושלמים
לעד.

A Prayer for Shabbat When a Loved One Is in Danger

The Editors

(ENGLISH)

HaKadosh Baruch Hu,
Please imbue my restless heart with the spirit of Shabbat,
Soothe my agitation with Your *Shechinah* (Presence),
Fill me with hope and peace,
And stop my worry from raging.

Hold me while I wait for news of the safety of my loved one,
Show me that all will be all right,
Make Shabbat a balm for my weary soul,
And not a torture of minutes spent in waiting.

Fill it with delight and song,
With peace and rest.
And bring them home to me strong and full of joy,
Soon in our days.

תפילה לשבת כשאדם אהוב מצוי בסכנה

העורכות

(אנגלית)

הקדוש ברוך הוא,
אנא עגן את ליבי חסר השקט
ברוחה של השבת,
שכֵּך את עצבנותי בעזרת שכינתך,
מלא אותי בתקווה ובשלווה,
והשקט את דאגתי הגועשת.

אחוז אותי בשעה שאני ממתינה לחדשות על שלום אהוביי,
הראה לי שהכול יהיה בסדר,
הפוך את השבת לתרופה לנפשי היגעה,
ולא לעינוי של דקות ארוכות החולפות בהמתנה מתוחה.

מלא אותה בעונג ובשיר,
בשלום ובמנוחה.
והבא אותם אליי הביתה
חזקים ומלאי שמחה,
במהרה בימינו.

A Mother's Havdalah

Jessica Levine Kupferberg

(ENGLISH)

May it be a good week.
May the cinnamon and clove linger.
May our nails reflect light for days, bent to finger
When fists clutch.

May we open our phones with a sigh of relief.
May the week bring bursts of joy;
May we not add to our grief –
It has already been too much.

May we hear good news.
May the world be safer for the Jews
and all of mankind.

May our children reach all their destinations.
May they hug nuance and handle complications
With faith, smarts, and grit
With kindness, strength, and wit –
And please,
God,
May they come home safely –
May all our children come home safely –
No more "cleared for publication"s.

May their skin not need to thicken any more.
May anxiety sleep curled up on the floor
And not notice when they leave
To do great and normal things –
    There are too many dark possibilities
    that each new week brings –
But please,
Help me focus on the good,

הבדלת האם

ג'סיקה לוין קופפרברג

(אנגלית)

שיהיה שבוע טוב.
שיתמהמהו הקינמון והציפורן.
שישקפו ציפורנינו אור לאורך ימים, על אצבעות מתקפלות
ונסגרות לאגרוף.

שנפתח כל טלפון באנחת רווחה
שהשבוע יביא פרצי אושר
שלא נוסיף דאבה –
כי רבה היא מדי.

שנזכה לבשורות טובות
והעולם יהיה מקום בטוח יותר ליהודים
ולכל האדם.

שיגיעו ילדינו למחוז חפצם בשלום
שיחבקו כל הבדל דק ויתמודדו עם סיבוכים
באמונה, בחוכמה ובנחישות
בטוב לבב, בכוח ותבונה
ואנא
ריבונו של עולם
שיחזרו בשלום הביתה –
שיחזרו כל ילדינו בשלום הביתה –
בלי הותר לפרסום.

שלא יזדקקו לעור הפיל שלהם
שהחרדות יתכרבלו להן וישנו על הרצפה
מבלי לשים לב לצאתם
לדרך למעשים גדולים ויומיומיים –
ישנן אפשרויות חשוכות רבות מדי
שמזמן להם כל שבוע חדש –
אך אנא
עזור לי להתמקד בטוב,

Not the what-ifs, but the should.
Help me give them what they need
And let them go and still believe
I will be here when they return.

May I separate from them – enough
So they have space to grow
Up and away;
May I give myself enough
So I can mother,
So I can find the words to say
What they need to hear –
What *You* need to hear –
So I can find words to pray.

Sometimes – sometimes –
I wish they could just stay home.

Just give me one more moment
of light
before I check
my phone.

לא במה-אם, אלא בצריך-להיות.
עזור לי להעניק להם את הנחוץ
ותן בידם ללכת ולהאמין תמיד
שאהיה כאן עדיין בשובם.

שאתרחק מהם – מספיק
כדי להשאיר להם מקום לגדול
מעלה מעלה וממני והלאה.
שאתן לעצמי מספיק
כדי להיות אמא
כדי שאוכל למצוא את המילים להגיד
את מה שהם צריכים לשמוע
את מה שאתה צריך לשמוע –
כדי שאמצא מילים להתפלל.

לפעמים – לעיתים –
אני רוצה שיישארו פשוט בבית.

אנא ממך עוד רגע
של אורה וששון
לפני שאדליק
את הטלפון.

Whispered Words

רחשי לב

Compassion | *Avigail Sapir*

A Prayer for Focus

Rachel Sharansky Danziger

(HEBREW)

My God,
On the days in which I am tempted to gaze 'round
With wary eyes,
And allow my heart to fill with fear –
Help me to look at my loved ones
And recall what is in my hands to control:
To encourage
To support
To embrace
To listen
To sow small seeds of encouragement in beating hearts.
That's all!
This is what is in my hands to do.
Help me to plant
What I am meant to plant,
And leave all that remains in Your hands.

תפילה למיקוד

רחל שרנסקי דנציגר

(עברית)

א-לי,
בימים שבהם אני מתפתה להביט מסביב
בעיניים חוששות,
ומרשה לליבי לרוות פחד -
עזור לי להביט על אהוביי
ולזכור את שנתון בידיי:
לעודד
לתמוך
לחבק
להקשיב
לזרוע זרעי עידוד קטנים בלבבות.
זהו!
זה בידיי.
עזור לי לזרוע את מה שעליי לזרוע,
ולהפקיד את כל השאר בידיך.

A Prayer for Patience

Shira Lankin Sheps

(ENGLISH)

Avinu She-ba-Shamayim,

I know that in Your expanse –
Time moves at a different pace.
In the smallness of the human experience,
We cannot begin to see our lives through Your eyes.

Our mountains are specks of dust in Your celestial landscape.
Our oceans are droplets in the seas of Your universes.
Our struggles are surely list items in Your great book of who will
     live
And who will die.

In the mysteries of Your grand tapestry
Threads woven and knotted,
Loosened and pulled tight –
A masterpiece of cause and effect,
That in the limits of our human understanding
We cannot see.

We watch chess pieces move across the board,
Empires rise and fall,
Ideas rot from the inside out,
Morality turn itself into mockery,
And our hands search for purchase as a flood comes through
Once more.

Waiting and watching has become unbearable,
Our nights are tunneled into darkness,
Airless and sour,
Dreams drenched in violence,
We sleep on the edge of despair,

תפילה לסבלנות

שירה לנקין שפס

(אנגלית)

אבינו שבשמיים,

ידוע לי כי במרחביך
הזמן עובר בקצב אחר.
בקטנות הניסיון האנושי,
נשגב מאיתנו לראות את חיינו דרך עיניך.

ההרים שלנו הם ככתמי אבק בנוֹפְךָ השמיימי.
האוקיינוסים כטיפות בימי עולמותיך.
מאבקינו הם סעיפים ברשימות ספרך הגדול שקובע מי יחיה
ומי ימות.

במסתרי מארגך הגדול
חוטים קשורים וארוגים,
פרומים ומתוחים -
מופת של סיבה ותוצאה,
שבמגבלות הבנתנו האנושית
איננו יכולים לראות.

אנו מביטים בחיילי השחמט נעים על הלוח,
אימפריות עולות וקורסות,
רעיונות הנרקבים מהפנים אל החוץ,
מוסריות שהופכת את עצמה לפרודיה,
וידינו מחפשות מאחז כשהמבול שוב
עובר מעלינו.

ההמתנה והציפייה הפכו בלתי נסבלות,
לילותינו הם מנהרות לתוך האפלה,
חסרי אוויר וחמוצים,
החלומות ספוגים באלימות,
ישנים אנחנו על סף הייאוש,

Going to sleep with empty beds at home,
Waking to blood-soaked pillows.

We open our eyes in the mornings,
Fearful of what the day might bring,

So please –
Bless us with patience,

To ride the waves of this storm
Sure of reaching the safety of the shore.

Bless us with the gift of understanding,
Give us a glimpse of what You mean,
Of the wonders You have planned.

Fortify us with faith
That the flooding will stop
And the dove will come home to roost
In peace.

Plant within us the truth,
Let us feel carried and comforted,
While you reshape the world once more.

Bless us with the patience to wait,
For our prayers to be answered.

For our people to all return home,
For the redemption You promised,
When You flooded the skies with colors,
That whispered, "Never again."

נרדמים עם מיטות ריקות בבית,
וקמים לכריות ספוגות בדם.

אנו פוקחים את עינינו בבקרים,
חרדים ממה שיביא יום.

אז אנא -
ברכֵנו בסבלנות.

לרכוב על גלי הסערה
בביטחון שנגיע לחוף מבטחים.

ברכֵנו במתנת ההבנה
תן לנו להציץ על כוונותיך
על כל הנפלאות המסתתרות בתוכניתך.

חזקנו באמונה
שהשיטפון יעצור
והיונה תחזור לקנן
בשלום.

טע בתוכנו אמת,
שנרגיש מחובקים ומנוחמים,
בזמן שאתה שוב מעצב את עולמך מחדש.

ברכֵנו בסבלנות להמתין
שייענו תפילותינו.

שיחזרו כל אנשינו הביתה
לגאולה אשר הבטחת
כששטפת את הרקיע בצבעים
שלחשו "לעולם לא עוד".

Holding Fear

Ariella Zeitlin Hoffman

(ENGLISH)

God,
As I stand in the deepest darkness of my soul
Please allow one drop of light in.

One drop that I will catch on to, swing from, hang on to

One moment that I will pull on, pull down, and cherish.

One moment where we hold each other and do Your work together.

Give me access to Your channel, Your strength that gives me
    lightness in my step
from somewhere far above
and beyond
and around me

Use me as a Divine fragment and help me take that light and make
    it grow.

Nourish that seedling You planted within me,
Fill me from inside and
Raise me,
roots strong,
leaves outstretched to Your light.

And as I grow, open my eyes

And help me see Your light shrink the darkness

Folding around me, wisping into nothingness.

Help me raise my face and find that I am safe.

Able to hold my fear, to keep it for when it will serve me, motivate
    me, and push me to what I need

לחיות עם הפחד

אריאלה צייטלין הופמן

(אנגלית)

א-לוהים
בעומדי עמוק בתהומות נשמתי
אנא אפשר לטיפת אור אחת לחדור.

טיפה אחת שבה איתפס, שבה איתלה, ובה איאחז

רגע אחד שאותו אמשוך, אאמץ אליי, אנצור.

רגע אחד שבו נחזיק זה את זה ונעשה את מלאכתך ביחד.

תן לי גישה לערוצך, לכוחך הנותן קלילות בצעדיי
מאי שם למעלה
הרחק ומעבר
ומסביבי.

השתמש בי כחלק א-לוהי, ועזור לי לקחת את אותו האור ולהגביר אותו.

הזן את הזרע ששתלת בתוכי,
מלאני מבפנים
רוממני,
עם שורשים חזקים,
ועלעלים הנמתחים אל אורך.

וככל שאגדל, פקח את עיניי,

ועזור לי לראות את אורך מגמד את החושך

עוטף אותי, נעלם אל תוך האין.

עזור לי להרים את פניי, ולראות שאני בטוחה.

מסוגלת להחזיק את הפחד, לשמור עליו עבור הזמנים שבהם הוא ישרת
אותי, ישמש לי השראה וידרבן אותי אל מה שאצטרך

Ground me so that I will not waver
For what is fear when You are with me?

לא אירא רע כי אתה עימדי

My *Abba* (Father), You are my every breath
I will lack nothing because You are carrying me.

And I will be a great warrior of Israel in my
Heart and in my soul and through Your name.

I will be a binder and connector
The lion You planted in me.

And in Your Name I will roar.

And in Your Name I will live and love as Your child.

Hold me, *Abba*.

קרקע אותי כדי שלא אהסס
שכן מהו הפחד כשאתה עימדי?

לא אירא רע כי אתה עימדי

אבא שלי, אתה כל נשימה מנשימתי
לא אחסר דבר, כי אתה נושא אותי.

אהיה לוחמת אמיצה למען ישראל
בליבי, בנשמתי ובשמך.

אהיה זו שקושרת ומחברת,
האריה שנטעת בי.

ובשמך אשאג.

ובשמך אחיה ואוהב, כילדתך.

החזיקני, אבא.

A Prayer for Times of Rage

Shira Lankin Sheps

(ENGLISH)

Elokai,

I stand before you
A quivering piece of kindling.

With fire on my tongue
And clenched fists.

Because everywhere I see life is combusting.

Shooting through the skies,
Burning up houses, forests, and bodies,

Chanting on the streets,
Voices singeing our safety,

Our blessings are fading,
From smoke inhalation.

My heart is the bellows that pumps oxygen into my roaring blaze

My vision is hazy through the thick smog,

My breathing labored from the injustices pressed upon my chest,

And I want to scream out through the howling of the flames all
    around me.

Can You pave a path through the walls of fire blocking our way
    forward?

Why have You brought hell down to earth?

Days and nights tortured by what may be,
What is,
And what we cannot know.

תפילה לעיתות זעם

שירה לנקין שפס

(אנגלית)

א-לוהיי,

אני עומדת לפניך
רועדת כולי, מוכנה להתלקח

אש על לשוני
ואגרופים קפוצים.

כי בכל מקום סביבי אני רואה חיים מתלקחים

יריות ברקיע
בתים נשרפים, יערות, גופים

צעקות ברחובות
קולות חורכים את ביטחוננו

ברכותינו דועכות
משאיפת עשן.

ליבי הוא מפוח, שמזין חמצן אל הדלקה השואגת בי

מבטי אבוד בתוך ערפיח,

נשימתי מאומצת תחת משקל העוולות הלוחצות על חזי,

ואני רוצה לצעוק מבעד ליללת הלהבות הבוערות סביבי

האם תוכל לסלול לנו נתיב קדימה
מבעד לחומות האש החוסמות את הדרך?

למה הבאת עלינו את הגיהינום הזה,

כאן עלי אדמות?

ימים ולילות מעונים על ידי כל מה שעלול להיות
כל מה שהנו
כל מה שאיננו יכולים לדעת.

We're confronted with a new narrative
Depraved and twisted,
Of schemers and sympathizers,
Presenting good as evil,
And evil as a new, unrecognizable morality.

Their voices screech out
Into this massive wave of heat,
Dangerous and sparking,

While I watch,
Gaze searing, blood aflame.
Seeking cooler waters,
To save me from their lies and my indignance.

So I beg –
Open the skies in any season.
Bring us heavy clouds of protection,
Saturated with restoring rains,
Offering our people a future.

Cooling air blaring forth,
Soothing and softening reality,
'Till the rain clears a path forward.

A restoration of goodness and Godliness,
Of even temperatures and tempers.

Our bodies reverberating with reverence and joy,
Our faces carefree and awash with contentment,
Our voices once again strong and singing your praises

Ever after, in peace.

אנו עומדים בפני נרטיב חדש
מושחת ומעוות
של זוממים ותומכיהם
שמציגים טוב כרע
ורע כמוסריות חדשה,
בלתי ניתנת לזיהוי.

קולותיהם המצווחים
חודרים אל גל החום הזה,
מסוכנים כניצוצות,

בעודי מביטה,
מבטי צורב, דמי בלהבות,
מחפשת מים קרים יותר
להציל אותי משקריהם -
ומכעסי.

אני מתחננת,
פתח את השמיים בכל עונה
הב לנו עבים כבדים של הגנה
רוויי גשמים מרפאים
שייתנו לעמנו עתיד.

אוויר צונן שיזרום אלינו,
ישכך וירכך את מציאות חיינו,
עד שהגשם יפנה לנו נתיב קדימה.

התחדשות של רצון טוב ויראת שמיים
של מזג אוויר ומזג פנימי, נוחים

כך שגופינו ירעדו מיראת קודש ושמחה
פנינו יהיו חפות מדאגות, שטופות סיפוק
וקולנו שוב יעלה, חזק,
בשירנו את שבחיך

לעולמי עד, בשלום.

Take My Worries

Alana Ruben

(ENGLISH)

Dear *Hashem,*
We walk on this earth only with Your assistance and the guidance of
    Torah.
Your Torah teaches us what is good:
Life,
Laws,
and Kindness.

With great energy, we give to the world
our gifts,
visions,
and creative offerings.

We desire to build a world of connection
and love.

We question which of our bonds
will weather this war.

We suffer from others' false judgments
and cowardly silence.

Friends have betrayed us.

Please God carry for me my rage,
sadness,
despair,
and fear
when my feelings are too great for my small human body to bear.
I pass to You God, the Omnipotent One,
what I have no power to control or fix.

קח את דאגותיי

אלנה רובין

(אנגלית)

ה' היקר,

אנו הולכים על אדמה זו רק בעזרתך ובעקבות התורה.

תורתך מלמדת אותנו את הטוב:

חיים,

חוקים,

וחסד.

עם אנרגיה חזקה, אנו נותנים לעולם

את מתנותינו,

חזיונותינו

ויצירותינו.

אנו שואפים לבנות עולם של חיבורים

ואהבה.

אנו תוהים אילו מהקשרים שלנו

ישרדו את המלחמה.

אנו סובלים מכך שאחרים שופטים אותנו שלא כהוגן

או משתתקים בחרדה מבישה.

חברים בגדו בנו.

אנא א־לוהים, שא למעני את הכעס,

העצב,

הייאוש,

והחרדה

כאשר רגשותיי חזקים מדי עבור גופי האנושי הקטן.

אנו מעבירה אליך, א־לוהים הכל יכול,

את אשר אין לי שליטה עליו, ואין ביכולתי לתקן.

There's so much now in the world that overwhelms
my mind,
heart,
and body.

Please God help me feel Your hand on my shoulder
so I can walk forward with
faith,
strength,
and courage.

I need to feel Your presence in my life
to overcome my fears.

Even with strong faith in Your goodness
and eternal nature,
my frail human form
shakes at times from worries.

I pass to You
now all my worries
so I am free
to care for my tasks
in this world.

יש כל כך הרבה בעולם שמציף
את מוחי,
ליבי
וגופי.

בבקשה א-לוהים עזור לי לחוש את ידך
על כתפי
כדי שאוכל לצעוד קדימה
באמונה,
כוח,
ואומץ.

אני צריכה לחוש את נוכחותך בחיי
כדי להתגבר על פחדיי.

אפילו עם אמונה איתנה בטובך
ובנצחיותך,
צורת האדם השבירית שלי,
נרעדת לעיתים מדאגות.

לכן, אני מוסרת לך
כעת את כל דאגותיי
כדי שאהיה חופשייה
לבצע את משימותיי
בעולם הזה.

A Prayer for My Pain

Sheva Chaya Shaiman

(ENGLISH)

They broke my jaw
Those thoughts
Holding me captive
My mouth locking down in pain

I'm calling out to You
And I'm held
Releasing
Letting go
Letting tears flow
Trusting the breaking

My *neshamah* wants to live
to shine

Hashem, please help her shine through!
Must her delicate coat break?
Please take the pain!

HaNeshamah Lach ve-ha-guf po'alach
(The soul is Yours and the body, Your actions)

My *neshamah* wants connection
Light
Truth.

So I try
A bit more
To center
Even though drowning in pain

Abba! (Father)

Searching for You, *Hashem*

תפילה על כאבי

שבע חיה שיימן

(עברית)

הן שברו את לסתי,
המחשבות האלה
החזיקו אותי בשבי
עם פה נעול מכאב

אני קוראת אליך
ואני מרגישה מחובקת
אני משחררת
מרפה
מניחה לדמעות לזלוג
נותנת את אמוני בשבירה

הנשמה שלי רוצה לחיות
לזהור

אנא השם, עזור לה לזהור מבעד לכול!
האם המעיל הדק שלה חייב להישבר?

אנא, קח את הכאב!

הנשמה לך והגוף פועלך

הנשמה שלי רוצה חיבור
אור
אמת.

אז אני מנסה
עוד קצת
למרכז את עצמי
אף שאני טובעת בכאב.

אבא!

אני מחפשת אותך, השם

Still searching for *You*

Ana Abba (please Father), please turn these tears into tears of joy

But for years, I have been
Clenching my jaw all night
Breaking my own teeth
So much pain
No way to think
Or understand it

Just breath
Hashem, breathe in newness, connection, Your light, Your love!
Tapping into our collective pain
Am Yisrael reeling
Feeling
Shattered and lifted

Transforming

Elevating

Grieving

Breathing

Breathing

In Your light, *Hashem*
Your blessed Name

Trying to see the good
Yes
Seeing the good

I'm going there

Be there

Thrive there

Breathe

אני עדיין מחפשת אותך

אנא, אבא, הפוך את דמעותיי לדמעות שמחה

במשך שנים,
קפצתי את לסתי מדי לילה
שברתי את שיניי
כה הרבה כאב
שום דרך לחשוב
או להבין אותו

רק נשימה
השם, אנא הנשם אותי עם חידוש, חיבור, אורך, אהבתך!
מחוברים לכאב הקולקטיבי שלנו
עם ישראל הלום
מרגיש שבור ונישא

משתנה

מתעלה

מתאבל

נושם

נושם

באורך השם,
שמך המבורך

מנסה לראות את הטוב
כן
רואה את הטוב

אני הולכת לשם

אהיה שם

אשגשג שם

אנשום

Pain | *Sheva Chaya Shaiman*

A Prayer for Stillness

Shira Lankin Sheps

(ENGLISH)

Elokai,

I take the richness of Your air into my lungs,
Briny or balmy,
Arid or cut with cold,
And let it soak into me.
Purposeful and pure,
Healing and heavy.

I can hear the din beyond,
The rumbles and ruptures,
Trembles and tribulations.

The ground shakes,
The skies roar,
And here I sit in stillness.

There were moments when I ran,
Barefooted and heart beating,
Arms full of whoever I could carry.

But now I ask for You to still
The quaking in my bones.

For while the world shakes around me,
The earth shattering from its core,
I ask You to bless me with stillness.

Together let's create a place inside,
Untouched and unsullied by pain.

A quiet place –
Of serenity and silence –
A place where I can go

תפילה לשקט

שירה לנקין שפס

(אנגלית)

א־לוהיי,

אני שואפת את עושר אווירך אל ריאותיי,
מלוח או מבושם,
יבש או חותך מרוב קור,
ונותנת לו להיספג.
תכליתי וטהור,
מרפא וכבד.

אני יכולה לשמוע את ההמולה בחוץ,
הרעידות והקרעים,
רטטים ומצוקות.

האדמה רועדת,
השמיים שואגים,
ואני כאן יושבת בדממה.

היו רגעים שבהם רצתי,
יחפה ובלב דוהר,
זרועותיי מלאות במי שהצלחתי לשאת.

אבל כעת אני מבקשת שתשקיט
את רעידת עצמותיי.

וכשהעולם מתערער סביבי,
וכדור הארץ מתנפץ מליבתו,
אני מבקשת ממך לברך אותי בשקט.

בוא ניצור יחד מקום פנימי,
שבו הכאב לא ייגע, ואותו לא יסאב.

מקום שקט -
של שלווה ודומייה -
מקום שאליו אוכל ללכת

To keep my sanity solid.

Where I can notice small things;

The salt of the sea,
The gleam of your golden city,
The rustling of the branches,
The blush of the sunset

A place where holding an awareness for the wonders of Your world
Reminds me that we are but a speck;
A grain of sand
A star in the sky
A blip of history and time.

So halt the clock,
Stop the sun in the sky
And bless me with stillness.

Give me a pause from the violence within and without,
And bless me with stillness.
With breath,
And the moment to sit in oneness with You.

כדי לשמור על שפיותי.

היכן שאוכל לשים לב לפרטים הקטנים:

מלח הים,
זוהר עירך הזהובה,
רשרוש הענפים,
סומק השקיעה.

מקום שבו המודעות לנפלאות עולמך
מזכירה לי שאנו רק רבב:
גרגיר חול,
כוכב בשמיים,
הבהוב קצרצר במרחבי ההיסטוריה והזמן.

אז עצור את השעון,
עצור את השמש בשמיים,
וברך אותי בדממה.

הענק לי הפוגה מן האלימות בפנים ובחוץ,
וברך אותי בדממה,
בנשימה,
וברגע שבו אשב ואתאחד עימך.

Surrender | *Avigail Sapir*

A Prayer for a Fragile Heart

Yael Leibowitz

(ENGLISH)

Hashem, please keep my heart fragile.

I let it break, *Hashem.* Over and over. I *wanted* it to break. Because they are my people. So, I looked at pictures. At stories. At the death in their eyes, and in the hollows of houses. I let it break, *Hashem,* because they never had a chance to say goodbye. Because they had nowhere to run. Because they were screaming but it didn't help.

I let my heart break because this can't be real. Because it belongs to my grandmothers. And their stories. And to my childhood nightmares. But I woke up from those. And when I did, the evil still belonged to my grandmothers. Except there's no waking up from this evil. It's rabid. And it is armed.

And it lives so close that if I'm quiet at night, when I'm lying in bed, I think I hear it breathing. And my children are growing up in this world. So, my heart breaks.

And it breaks, *Hashem,* because they are still there. Underground. And we can't get to them. And their parents would claw their way to them if they could. But what if they're there and they think we're never coming? Or that we're not even trying? What if we try, but we can't?

My heart breaks

Again

And again

At the thought

At all the thoughts

When I notice a redhead baby at the supermarket, or my *mamad* (safe room) door-handle intact. It breaks when they play techno music at

תפילה ללב שברירי

יעל ליבוביץ

(אנגלית)

ה׳, שמור נא על שבריריותו של ליבי

נתתי לו להישבר, ה׳. שוב ושוב. רציתי שיישבר. כי אלה בני עמי. אז הסתכלתי על התמונות. על הסטוריז. על המוות בעיניהם ובבתיהם החלולים. נתתי לו להישבר, ה׳, כי לא הייתה להם הזדמנות להיפרד. כי לא היה להם לאן לברוח. כי הם צרחו וזה לא עזר.

נתתי לליבי להישבר כי אין סיכוי שזה אמיתי. כי זה שייך לסבתות שלי. ולסיפורים שלהן. ולסיוטי הילדות שלי. אבל מהסיוטים התעוררתי. וכשהייתי מתעוררת, הרוע עדיין היה שייך לסבתות שלי. אבל מהרוע הזה אין יקיצה. הוא קנאי. ומזוין.

והוא קרוב כל כך שכשאני שוכבת בשקט על מיטתי בלילות, אני מדמיינת שאני שומעת אותו נושם. וילדיי גדלים לתוך העולם הזה. אז הלב שלי נשבר.

והוא נשבר, ריבונו של עולם, כי הם עוד שם. מתחת לאדמה. ואנחנו לא מצליחים להגיע אליהם. והוריהם היו חופרים את הדרך אליהם בציפורניים אילו יכלו. אבל מה אם הם שם וחושבים שלעולם לא נגיע? או שאיננו משתדלים להגיע? מה אם נשתדל ולא נצליח?

הלב שלי נשבר

שוב

ושוב

מהמחשבה

מכל המחשבות

כשאני מבחינה בתינוק ג׳ינג׳י בסופר או רואה את ידית דלת הממ״ד שלי שלמה. הוא נשבר כשמנגנים טכנו בחדר כושר או כשטנדר מתניע במעלה

the gym, or a pickup truck revs up the block. My heart breaks when I watch my son, and all his handsome friends, graduate from high school. And it breaks when the little girl on my block runs, freely, without her flip-flops.

It keeps breaking.

It breaks when my husband embraces me. And I think of the girls who didn't want to be touched.

And also, of the widows who would give anything for just one more hug. My heart breaks when the soldier, whom I watched grow up, tells me he is scared. And it breaks when I realize his little brother overheard.

My heart breaks.

But then sometimes, *Hashem*, it doesn't.

Sometimes, lately, my heart has been doing something else. Something I didn't authorize. That I don't recognize.

Lately, *Hashem*, my heart has been sealing up. Going cold. Lately, I have been changing the channel, and skipping the post, and not reading, or feeling, or crying. Lately, seeing their magnificent faces smile at me from my cursed phone screen just hurts too much and I feel something inside my chest jam. And then anesthetize. My heart is defecting, *Hashem*. Numbness has become its reprieve.

Maybe it is being protective. Or preemptive. I don't know. Maybe it is the scar tissue. Or the guilt from conceding the razor-thin line that separates the lucky from the unlucky. Maybe it is the abject fear of what's to come. The fear for my own. Followed by guilt, again. Or maybe it's the frustration borne of helplessness. Maybe it's none of it. Or all of it. Or maybe I am just weak. I don't know. But I am asking you, *Hashem*, please do not let my heart do as it pleases. It wants to steel itself for the break. It thinks it can't do it anymore

But I am asking you, *Hashem*, please, keep my heart fragile.

הרחוב. ליבי נשבר כשאני רואה את בני וכל חבריו החתיכים מסיימים תיכון. והוא נשבר שוב כשאני רואה את הילדה הקטנה מהרחוב שלנו רצה חופשייה בלי הכפכפים שלה.

והוא ממשיך להישבר

הוא נשבר כשבעלי מחבק אותי. ואני חושבת על כל הבנות שלא רוצות שייגעו בהן. ועל האלמנות שהיו נותנות הכול עבור עוד חיבוק אחד. ליבי נשבר כשהחייל שראיתי גדל מודה בפניי שהוא מפחד. והוא נשבר שוב כשאני מבינה שאחיו הקטן שמע אותו.

ליבי נשבר

אבל אז לפעמים, ה׳, הוא לא.

לפעמים, בזמן האחרון, הלב שלי טרוד במשהו אחר. משהו שלא אישרתי. שאיני מכירה.

בזמן האחרון, ה׳, הלב שלי הלך ונאטם. נעשה קר. בזמן האחרון מיהרתי להחליף ערוצים ודילגתי על פוסטים. לא קראתי, או הרגשתי, או בכיתי. בזמן האחרון פשוט הכאיב לי מדי לראות את פניהם המקסימות מחייכות אליי מתוך המסך המקולל של הנייד שלי. הרגשתי בזמן האחרון שמשהו בתוך החזה נתקע. ומורדם. ליבי עורק, ה׳. הוא מוצא מנוחה בקהות הרגש.

אולי זו מגננה. או מכת מנע. אני לא יודעת. אולי זו רקמת הצלקת. או תחושת האשמה לנוכח הקו הדקיק שמפריד בין בני המזל לחסרי המזל. אולי זה הפחד הנורא ממה שעוד עלול לקרות. הפחד על אהוביי ויקיריי. הַמְּלֻוֶּה, שוב, באשמה. או אולי זה התסכול שנובע מחוסר אונים. או אולי אף אחד מהדברים האלה. או כולם. אולי אני פשוט חלשה. איני יודעת. אבל אני מתחננת בפניך, ה׳, שלא תניח לליבי לעשות כאוות נפשו. הוא רוצה להתחשל לפני השבר. הוא חושב שהוא אינו מסוגל לשאת יותר כאב.

אבל אני מתחננת בפניך, ה׳, שֶׁתְּשַׁמֵּר את שברירויותו של ליבי.

Because when it is fragile, it gives without limits. And it prays inflamed, urgent prayers that I need to believe move You. When my heart is broken, *Hashem*, it beholds the brokenness around it. And it is driven, like a madman, to mend, and soothe, and heal whatever it can. When my heart is broken, *Hashem*, it consoles. And it hurts, so much. But it needs to hurt, to work.

My heart is desperate to stop the breaking.

So, I am asking you, *Hashem*,
Please, keep it fragile.

כי כשהוא שבירירי, הוא נותן ללא גבולות. הוא מתפלל תפילות דחופות ולהוטות שמרגשות אותך - או כך אני חייבת להאמין. כשליבי נשבר, ה׳, הוא מתבונן על כל מה ששבור סביב לו. והוא מונע, כאחוז טירוף, לרפא, להרגיע ולתקן את כל מה שאפשר. כשליבי נשבר, ה׳, הוא מנחם. וגם כואב כל כך. אך הוא צריך לכאוב כדי לפעול.

ליבי נואש לסכל את שבירתו.

אז אני מבקשת ממך, ה׳,

אנא, שַׁמֵּר את שבירירויותו, את פגיעותו.

A Prayer for Confidence after Disillusionment

Rachel Sharansky Danziger

(ENGLISH)

My God,

We are not the Israel we thought we were.
Our army is not the impenetrable wall we thought it was.
So many of the truths we used to know deep in our bones
proved false.
False,
like false gold.
False, like
false prophecies.
False prophecies spoken with great confidence
made our ancestors blind.
They decried the possibility of destruction.
They called out
"The Temple of the Lord, the Temple of the Lord,"
As if the fact they had the Temple
was irrefutable proof of their invincibility,
because God won't destroy His own Temple, now would He?
But He did.
You did.
Our own strength
proved as hollow, as brittle,
a reed too splintered
to take the weight of our vast confidence,
of everything we took for granted,
of our false perception of ourselves.

We know, now, what it is to lose this confidence.
To learn that nothing is as we believed it to be,
and therefore,
neither are we.

תפילה לביטחון אחרי התפכחות

רחל שרנסקי דנציגר

(אנגלית)

א-לי,

אנחנו לא מדינת ישראל שחשבנו שהיינו.
צבאנו אינו החומה הבלתי שבירה שחשבנו שהנו.
כל כך הרבה מהאמיתות שידענו פעם עמוק בעצמותינו
התגלו כשגויות, שקריות, מזויפות.
כוזבות, כמו זהב מזויף.
כוזבות,
כמו נבואות שקר.
נבואות שקר שנאמרו בביטחון עצום
עיוורו את עיני אבותינו.
הם התכחשו לעצם האפשרות של חורבן.
הם קראו "היכל ה', היכל ה'",
כאילו העובדה שהיה להם מקדש
שימשה הוכחה ניצחת
להיותם בלתי מנוצחים.
כי א-לוהים לא יחריב את המקדש של עצמו, נכון?
אבל הוא החריב אותו.
אתה החרבת אותו.
כוחנו התגלה
כחלול לא פחות, שביר לא פחות,
קנה רצוץ מכדי
לשאת את המשקל של ביטחוננו העצמי העצום,
של כל מה שהיה מובן מאליו בעינינו,
של התפיסה השגויה שלנו את עצמנו.

אנחנו יודעים, עכשיו, איך זה לאבד את הביטחון הזה,
איך זה ללמוד ששום דבר הוא לא מה שציפינו שיהיה,
ולפיכך
גם לא אנחנו.

We, ourselves, who breathed these truths with every breath,
and walked so confidently,
upon the firm road that these truths
placed beneath our feet.

We lost these truths and
We lost the that air and
We lost the road and
We lost ourselves in this new place of not-knowing
Not knowing who we are
And what is true
And where our feet will land when we step blindly into this
    unknown.

When our brethren's homes burned, so did our confidence,
and now we dwell here in the ruins of our self-perception,
and – my God – it's hard to dwell here in the ruins,
where every shard reminds us
of the false gold
of the truths
we thought
we knew
about the world.
About ourselves.
It's hard to dwell where every shard
is sharp enough
to cut ourselves on.
Sharp enough to cut
and make us bleed
songs of lament.

It's hard, and it is dangerous, for we are not at peace, my Lord,
nor do we have the luxury to simply mourn, lament, and wallow.
Our enemies and Yours are now upon us.
We must stand tall.
We must fight for our future
and Your name.

אנחנו, עצמנו, שנשמנו את האמיתות האלו פנימה עם כל נשימה,
והלכנו בביטחון גדול כל כך על הדרכים שאמיתות אלו
הניחו לרגלינו.

איבדנו את האמיתות הללו ואת
האוויר ההוא ואת
הדרך ההיא ואת
עצמנו, במקום החדש הזה,
של אי הידיעה.
אי הידיעה מי אנחנו
ומה אמיתי
ואיפה כפות רגלינו ינחתו כשנצעד, עיוורים, לתוך הלא נודע.

כשבתי אחינו עלו באש, ביטחוננו בער עימם,
וכעת אנו שוכנים כאן בהריסות תפיסתנו העצמית,
וא-לי, קשה לשכון כאן בין החורבות,
היכן שכל שבר מזכיר לנו
את הזהב המזויף
את האמיתות
שחשבנו שידענו
על העולם.
ועל עצמנו.
קשה לשכון היכן שכל שבר
הוא חד מספיק
לחתוך בו את עצמנו
חד מספיק לחתוך
ולגרום לנו לדמם מתוכנו
קינות.

זה קשה, ומסוכן, כי אנחנו לא בעת שלום, א-לי,
ואין לנו את המותרות פשוט להתאבל, לקונן, לשקוע.
אויבינו-אויביך קמים עלינו.
אנחנו חייבים לעמוד זקופים כנגדם.
אנחנו חייבים להילחם על עתידנו,
על שמך.

And so, I come before you today to beg for help.
God, help us restore our sense of self, our confidence.
Help us build it on truer foundations.
Help us combine humility
with strength.
Help us remember all we can't control
yet believe in our ability to make things better.
Help us see the true good within ourselves and nurture it.
Help us commit to our future,
even as we heal from the disillusionment
of our past.

We have much to be proud of:
our willingness to fight and to defend,
our sacrifices,
our acts of kindness,
the way we hold each other
tightly
through this storm.

Help us turn these truths into a humble and proactive confidence
the kind that is a call for action,
instead of the laurels
which we allowed ourselves
to sink into
before.

ולכן אני באה לפניך היום להתחנן לעזרתך.

א־לי, עזור לנו לחדש את תחושת העצמי שלנו, את ביטחוננו בעצמנו.

עזור לנו לבנות אותם על יסודות אמיתיים יותר.

עזור לנו לשזור ענווה עם כוח.

עזור לנו לזכור את מה שאיננו יכולים לשלוט בו

אבל בה בעת להאמין ביכולתנו להיטיב ולשפר את המצב.

עזור לנו לראות את הטוב האמיתי שבתוכנו ולטפח אותו.

עזור לנו להתחייב מחדש לעתידנו,

אף שעודנו כואבים את ההתפכחות

מהעבר.

יש לנו כל כך הרבה סיבות לגאווה:

נכונותנו להילחם ולהגן.

הקורבנות שאנו מקריבים.

מעשי החסד שלנו.

האופן שבו אנו אוחזים זה את זה

חזק

בלב הסערה.

עזור לנו להפוך אמיתות אלו לביטחון עצמי עניו יותר, אבל מלא יוזמה.

ביטחון שכל כולו קריאה לפעולה

ולא עלי דפנה כמו אלה

שאליהם הרשינו לעצמנו לשקוע

לפני שהכול השתנה.

A Prayer for Healing after Betrayal

Alana Ruben

(ENGLISH)

Hashem,

Help our hearts heal
from all the words
not said by those whom we considered friends
but could not demonstrate
empathy for our pain,
yet expected us to empathize,
after the massacre,
with the pain of our enemies.

Help us get over our shock of discovering
that certain friends were no longer friends of Zionists,
and despised our homeland.

God, help us become clearer and stronger
after all the betrayals and pain
that we have experienced individually and as a nation.

Help us face all the poisonous lies
with the certainty of Your truth.
You are truth.
Help us remember that
When we are close to truth,
we are close to You.

תפילה להתאוששות מבגידה

אלנה רובין

(אנגלית)

ה׳

עזור לליבנו להחלים
מכל המילים
שלא נאמרו על ידי מי שחשבנו לחברינו
ואשר לא יכלו להפגין
אמפתיה כלפי כאבינו,
אולם ציפו מאיתנו להשתתף,
לאחר הטבח,
בכאב של אויבינו.

עזור לנו להתגבר על תדהמת הגילוי
שחברים מסוימים כבר לא מתיידדים עם ציונים
ושונאים את מולדתנו.

א-לוהים, חזק בנו את הבהירות ואת הכוח
לאחר כל הבגידות והכאב
שחווינו באופן אישי, וכעם.

עזור לנו להתמודד עם כל השקרים הארסיים
בעזרת הוודאות של אמיתך.
אתה אמת.
עזור לנו לזכור
שכאשר אנו קרובים לאמת,
אנו קרובים אליך.

All Love Is Broken Love:
A Prayer for Self-Acceptance

Braha Bender

(ENGLISH)

God, give me the courage to counter shame with quiet
self-acceptance.

Let me honor my challenges as legitimate.

Let me celebrate my inner battles as worthwhile.

Let me meet my failures as opportunities for comfort and
encouragement.

Let me internalize my triumphs as deeply meaningful and
resoundingly important.

Please help me not discount the efforts I make on behalf of the
beautiful values You have planted within me.

Save me from superficial thinking and a withholding heart that
would casually discount the little things as too insignificant to
merit respect.

Let me stand in my deep knowing that my efforts are worthwhile.

Let me have my own back.

Let me stay humble and attuned to what is really going on with
me and with the people in my intimate circle, not what I think
should be going on or what could be going on
if things were different,
if I was different,
if they were different.

Help me accept reality on Your terms.

כל אהבה היא אהבה שבורה: תפילה לקבלה עצמית

ברכה בנדר

(אנגלית)

ריבונו של עולם, תן לי את האומץ להמיר שנאה עצמית בקבלה עצמית שקטה.

עזור לי לכבד את האתגרים שלי כלגיטימיים.

עזור לי להוקיר את הקרבות הפנימיים שלי ככאלו שראוי ללחום אותם.

עזור לי לחבוק את כישלונותיי כהזדמנויות לנחמה ועידוד.

עזור לי להפנים את ניצחונותיי כבעלי חשיבות ומשמעות עמוקה.

אנא עזור לי לא לזלזל במאמציי ליישם את הערכים העילאיים שנטעת בתוכי.

הצילני מחשיבה שטחית ומלב אטום שמבטל כלאחר יד את הדברים הקטנים, כאילו הם חסרי משמעות ופחותים מכדי להיות ראויים לכבוד.

עזור לי להכות שורשים בידיעה שהמאמצים שלי כדאיים.

עזור לי לתמוך בעצמי.

עזור לי להישאר צנועה וממוקדת במה שבאמת קורה לי ולאנשים במעגל האינטימי שלי, ולא להיות ממוקדת במה שאני חושבת שצריך לקרות או מה שאולי היה קורה
אם הדברים היו שונים,
אם הייתי שונה,
אם הם היו שונים.

עזור לי לקבל את המציאות בתנאים שלך.

Let me be present and genuine and kind especially when my *yetzer hara* (evil inclination) expresses contempt for how puny, absurd, or pathetic my efforts are.

Help me instead receive the peace You have to give, the peace amidst the chaos.

You never discount my efforts.

You never think I'm pathetic.

You never blame me for circumstances beyond my control – including those taking place in my own body, like stress chemicals, hormonal shifts, and other physical reactions.

You trust me to assess and respond to all of this with a sound head and a good heart.

Let me trust myself the way You trust me.

Let me snuggle up to the way You see me, even when it is hard for me to see myself.

Let me buy into the vision of the hero You think I am, a hero as I hobble along making little good choices as best as I can throughout the day.

Help me not be taken in by the glamor of how other people seem to be doing.

Let me choose a heart soft and vulnerable and open wide to the awkward, ugly struggles in my own life as much as the sometimes hidden struggles of people who look like they've got it all under control.

Let me be proud of the brave, kind, vulnerable, tenacious girl I have always been.

Help me be a vehicle of Your love and high regard and relaxed, easygoing warmth and kindness, especially to those who seem the most irritated, judgmental, and uptight.

עזור לי להיות נוכחת, אמיתית ונדיבה, במיוחד כאשר היצר הרע מביע זלזול כלפי מאמציי ורואה אותם כזעירים, אבסורדיים או פתטיים.

עזור לי במקום זאת לקבל את השלווה שיש בידך להעניק, את השלווה בלב הכאוס.

אתה אף פעם לא מזלזל במאמצים שלי.

אתה אף פעם לא חושב שאני פתטית.

אתה אף פעם לא מאשים אותי בנסיבות שאינן בשליטתי, כולל כאלו המתחוללות בתוך גופי, כמו כימיקלים שנולדים מחרדה, שינויים הורמונליים ושאר תגובות פיזיות.

אתה סומך עליי שאאמוד את כל זה ואגיב עם ראש שקול ולב טוב.

עזור לי לסמוך על עצמי כפי שאתה סומך עליי.

עזור לי להתרפק על האופן שבה אתה רואה אותי, גם כשקשה לי לראות את עצמי.

עזור לי להאמין בגיבורה שאתה מאמין שהנני, גיבורה גם כשאני מתקדמת לאיטי ובוחרת בחירות קטנות טובות ככל האפשר לאורך היום.

עזור לי לא להסתנוור מאשליית הזוהר בהתמודדויותיהם של אחרים.

תן לי לאמץ לב רך, פגיע ופתוח לרווחה כלפי המאבקים המביכים והמכוערים בחיי, ולא פחות מכך, כלפי המאבקים הנסתרים לפעמים של אנשים שנראים כאילו הכול אצלם תחת שליטה.

הרשה לי להיות גאה בילדה האמיצה, טובת הלב, הפגיעה והעקשנית שתמיד הייתי.

עזור לי להיות כלי להערכתך, אהבתך, החום שלך וחביבותך הנינוחה, במיוחד כלפי אלו שנראים הכי נרגנים, שיפוטיים ולחוצים.

Especially when the irritated, judgmental, and uptight person is me.

Help me choose to bask in Your good humor, Your deep respect, and the incredible tenacity of Your belief in us.

Help me feel supported and uplifted by Your belief in me.

Let me remember there is no battle too small, no grace too hidden, no kindness too insignificant.

Let me be like You, my respect for my own efforts and the efforts of other people unbound by limited definitions of space and time.

Help me live like You do, in the details.

Let me love and be loved even if all love is broken love.

Help me let Your love in, especially when I don't feel loved at all.

Help me let Your love into
my heart,
my home,
my relationships,
my points of contact,
my silence,
my longing,
my loneliness,
my everything.

Let me know You are with me.
Let me be with You.

במיוחד כשהאדם הנרגן, השיפוטי והמתוח זו אני.

עזור לי לבחור ליהנות מזיו מזגך הטוב, הכבוד העמוק שלך והעקשנות האינסופית של אמונתך בנו.

עזור לי להרגיש נתמכת ומרוממת מכוח אמונתך בי.

עזור לי לזכור שאין קרב קטן מדי, אין חסד נסתר מדי, אין ביטוי טוב לב חסר חשיבות מדי.

עזור לי להיות כמוך, כך שהכבוד שלי למאמציי ולמאמציהם של אחרים יהיה בלתי מוגבל על ידי ההגדרות המצמצמות של החלל והזמן.

עזור לי לחיות כמוך, בפרטי הפרטים.

עזור לי לאהוב ולהיות נאהבת גם אם כל אהבה היא אהבה שבורה.

עזור לי לתת לאהבתך להיכנס פנימה, במיוחד כשאני לא מרגישה אהובה.

עזור לי להכניס את אהבתך פנימה
לתוך ליבי,
לתוך ביתי,
לתוך מערכות היחסים שלי,
לתוך נקודות המגע שלי,
לתוך שתיקתי,
לתוך געגועיי,
לתוך בדידותי,
לתוך כל כולי.

עזור לי לדעת שאתה איתי.
תן לי להיות איתך.

A Kavanah *to Connect with My Deepest Self*

Liba Lurie

(ENGLISH)

May it be your will, God of all Gods
God of our forefathers and holy mothers
That my actions in this physical world bring me closer to You in
     revealed knowing.
May my teachers and guides, animate and inanimate, be granted
     the power and insight to lead me with clarity, compassion, and
     gentleness.
May I be fully receptive, and receive You with a light and playful
     heart.
May my fear transform into joy and connection
May I be granted the power to spread your light in this world.
May I be granted the power to recognize the *yetzer hara* (evil
     inclination) like a black stain on white linen, and may it be
     washed clean with ease.
May I be granted deep and strong roots within myself.
And may I be granted the peace and presence to show up for those
     who need me.
May I find the balance between giving and receiving
Blessed are you God, leader of all leaders.

כוונה להתחברות עם האני הפנימי שלי

ליבה לורי

(אנגלית)

יהי רצון מלפניך, א־לוהי הא־לוהים
א־לוהי אבותינו והאימהות הקדושות
שמעשיי בעולם חומרי זה, יקרבו אותי אליך בידיעה גלויה.
שמוריי ומדריכיי, החיים והדוממים, יקבלו את הכוח והתבונה להוביל אותי
בבהירות, בחמלה וברכות.
יהי רצון מלפניך שאהיה כלי מקבל, ואקבלך בלב קליל, מלא גילה.
יהי רצון שפחדיי יהפכו לאושר ולקשר
שאזכה לכוח להפיץ את אורך בעולם.
יהי רצון שיהיה לי הכוח לזהות את היצר הרע, ככתם שחור על פשתן לבן,
ושאוכל לשטוף אותו מעליי בקלות.
שאזכה לשורשים חזקים ועמוקים בתוך־תוכי,
ושאזכה לשלווה וליציבות שיאפשרו לי לתמוך במי שזקוקים לי.
יהי רצון שאמצא את האיזון בין נתינה לקבלה
ברוך אתה ה', מנהיג כל המנהיגים.

The Weight of Memory

Yael Shahar

(ENGLISH)

My God, I know that memory, like grief, goes through stages.
Help me to find meaning in memory at each stage.

Ribbono shel Olam,
When memory overwhelms me,
for the sake of my sanity,
teach me to let go of the past
of what is lost, never to return.
whole worlds gone forever.
Lives unlived,
children never born,
symphonies never written.
Worlds that shadow my past with unremembered faces.

Master of memory
When I have the strength to bear it,
For the sake of the future,
teach me to hold onto the past
what is lost, never to return
whole worlds still within me.
Lives still to live,
children to be born,
symphonies to be written.
Carried into the future by my memory of their faces.

Lord of Israel
When memory undermines faith,
teach me to trust You again
despite my broken heart.

To believe that You are on the side of life
despite what I can't unsee
what I refuse to forget or forgive.

משקל הזיכרונות

יעל שחר

(עברית)

א־לוהיי, אני יודעת שזיכרונות, כמו האבל, באים בשלבים.
עזור לי למצוא את משמעות הזיכרון, בכל שלב.

ריבונו של עולם,
כשהזיכרון מציף,
למען שפיותי,
למדני לשחרר את העבר,
את מה שאבד ללא חזור,
עולמות שלמים שנדמו לנצח.
חיים שפסקו,
תינוקות שלא נולדו,
מנגינות שלא נכתבו.
עולמות שמכסים את עברי בפנים שכוחים.

א־לוהי הזיכרון,
כשיהיה לי כוח להתמודד,
למען העתיד,
למדני לנצור את העבר
את מה שאבד ללא חזור,
עולמות שלמים שבתוכי.
חיים שייחוו,
תינוקות שייוולדו,
מנגינות שייכתבו
נישאים אל העתיד בזיכרון פניהם.

א־לוהי ישראל,
כשהזיכרון מתנגש באמונה,
למדני להאמין בך שוב
למרות ליבי הרצוץ.

להאמין שבחרת בחיים,
למרות מראות בלתי נשכחים
אותם לא אשכח, ועליהם לא אסלח.

Master of healing
When memory brings healing,
help me to use my brief moment in time
to foster healing.
Renewal.
Creation.
Evolution.

Master of life,
When memory finally becomes growth and rebirth,
refresh my soul with new life.
Help me to see that the God whom I worship
with all my heart
with all my soul
with all I am
truly is, despite what I remember,
on the side of life.

א-לוהי הרפואה,
כשהזיכרון מביא נחמה,
עזור לי להשתמש בקיומי הקצר
להנביט תרופה.
התחדשות.
יצירה.
התפתחות.

א-לוהי החיים,
כשהזיכרון סוף סוף הופך לצמיחה וחידוש,
חדש את נשמתי בחיים חדשים.
עזור לי לראות שהא-לוהים שאני עובדת
בכל ליבי
בכל נשמתי
בכל הווייתי
באמת ובתמים
למרות הזיכרונות
מקדש את החיים.

Give Us Strength

Shayna Goldberg

(ENGLISH)

God, give us strength.

Strength to cultivate resilience.
Strength to channel pain constructively.
Strength to savor the good moments.
Strength to continue fighting evil.
Strength to survive intact.

Strength to manage fear.
Strength to face mortality.
Strength to make good decisions.
Strength to elevate life.
Strength to maximize each day.

Strength to remain hopeful.
Strength to nurture optimism.
Strength to recognize there are still good people.
Strength to overcome despair.
Strength to imagine a brighter future.

Strength to notice those in need.
Strength to carry their pain.
Strength to do good deeds for others.
Strength to listen with compassion.
Strength to strive to understand.

Strength to give ourselves room.
Strength to break down and cry.
Strength to get a good night of sleep.
Strength to accept our limitations.
Strength to smile through the tears.

Strength to hold two truths.

תן לנו כוח

שיינע גולדברג

(אנגלית)

ריבונו של עולם תן לנו כוח.

כוח לטפח חוסן.
כוח לנתב את הכאב למקומות בונים.
כוח ליהנות מהרגעים הטובים.
כוח להמשיך להילחם ברשע.
כוח לשרוד ללא פגע.

כוח להתמודד עם החרדות.
כוח להתייצב מול היותנו בני תמותה.
כוח לקבל החלטות טובות.
כוח לרומם את החיים.
כוח להוציא מכל יום את המרב.

כוח לאחוז בתקווה.
כוח לכלכל חיוביות.
כוח להכיר שיש עדיין אנשים טובים.
כוח להתגבר על הייאוש.
כוח לדמיין עתיד טוב יותר.

כוח לשים לב למי שזקוק למשהו.
כוח לשאת את כאבם.
כוח לעשות מעשים טובים עבור אחרים.
כוח להקשיב בחמלה.
כוח להשתדל להבין.

כוח לתת לעצמנו מקום.
כוח להתפרק ולבכות.
כוח לישון שינה עמוקה וטובה.
כוח להשלים עם מגבלותינו.
כוח לחייך מבעד לדמעות.

כוח להחזיק בשתי אמיתות.

Strength to respect different viewpoints.
Strength to see the good intentions.
Strength to engage with humility.
Strength to navigate inner tensions.

Strength to develop patience.
Strength to work through anger.
Strength to reach good balance.
Strength to take deep breaths.
Strength to think before we speak.

Strength to stay grounded.
Strength to draw from our roots.
Strength to maintain faith in the power of good.
Strength to remember that history is long.
Strength to embrace a much bigger story.

Strength to confide in You.
Strength to live Your values.
Strength to believe in Your goodness.
Strength to lean on You when we are weak.
Strength to trust You have our backs.

Strength to focus on what really matters.
Strength to be true to our core selves.
Strength to center ourselves in all that is good.
Strength to feel what is deep in our hearts.
Strength to find our inner strength.

ה׳ עז לעמו יתן ה׳ יברך את עמו בשלום (תהלים כט:יא)

God gives strength to His people; God blesses His people with
peace. (Psalms 29:11)

כוח לכבד נקודות מבט שונות.
כוח לראות כוונות טובות.
כוח לשוחח מתוך ענווה.
כוח לנהל מתחים פנימיים.

כוח לפתח סבלנות.
כוח לעבד את הכעס.
כוח להגיע לאיזון טוב.
כוח לנשום נשימות עמוקות.
כוח לחשוב לפני שמדברים.

כוח להישאר מקורקעים.
כוח לשאוב משורשינו.
כוח לשמור על אמונה בכוחו של הטוב.
כוח לזכור כי ארוכה ההיסטוריה.
כוח לאמץ אל ליבנו סיפור גדול יותר.

כוח להיפתח לפניך.
כוח לחיות את מידותיך.
כוח להאמין בטובך.
כוח להישען עליך כשאנו חלשים.
כוח לסמוך עליך להיות צורנו.

כוח להתמקד במה שבאמת חשוב.
כוח להיות נאמנים לעצמנו.
כוח לעגן את עצמנו בכל מה שטוב.
כוח להרגיש את מה שמצוי עמוק בליבנו.
כוח למצוא את כוחנו הפנימי.

ה' עז לעמו יתן ה' יברך את עמו בשלום (תהלים כט:יא)

Dialogue with the Divine

בין אדם למקום

A National Garment of Light: A Prayer for Countenance

Tanya White

(ENGLISH)

I.

אֲשֵׁמִים אֲנַחְנוּ עַל אָחִינוּ אֲשֶׁר רָאִינוּ צָרַת נַפְשׁוֹ בְּהִתְחַנְנוֹ אֵלֵינוּ וְלֹא שָׁמָעְנוּ
We are guilty for our brother whose anguish we saw, who pleaded with us as we failed to listen.

We saw him from afar, his clothing, not his essence.
We cast them together, identities consumed in the flames of our cognitive divisions.
Do not turn Your face from us as we turned ours.

אֲשֵׁמִים אֲנַחְנוּ עַל אָחִינוּ אֲשֶׁר רָאִינוּ צָרַת נַפְשׁוֹ בְּהִתְחַנְנוֹ אֵלֵינוּ וְלֹא שָׁמָעְנוּ
We are guilty for our brother whose anguish we saw, who pleaded with us as we failed to listen.

Silenced by apathy, numbed through boredom,
In the prison of single vision blinded by hubris that tore a hole in the fabric of our national quilt,
A patchwork of pain and pride, patience and perseverance, determination and diligence,
Sewn lovingly over centuries of longing for a land, a people, for the face of God to return its countenance.
A garment of light and color, stitched together in the passage of time with the gossamer thread of memories,
Bestowing dignity and nobility to the most denigrated of nations.
Under our watch, its edges frayed, its seams gave way to the sin of egocentricity,
To the sin of living in echo chambers, to the sin of objectifying subjects,
To the sin of weaponizing words, to the sin of exploiting the Divine name,
To the sin of idolizing leaders, to the sin of abrogating responsibility.

כותונת אור לאומית: תפילה לגילוי פנים

טניה וייט

(אנגלית)

.1
אֲשֵׁמִים אֲנַחְנוּ עַל אָחִינוּ אֲשֶׁר רָאִינוּ צָרַת נַפְשׁוֹ בְּהִתְחַנְנוֹ אֵלֵינוּ וְלֹא שָׁמָעְנוּ

ראינו אותו מרחוק, את בגדיו, לא את מהותו.
בלבלנו ביניהם ובללנו אותם, זהויות התכלו בלהבות הבדלי הדעה שלנו.
אל תפנה את פניך מאיתנו כפי שאנו הפנינו את שלנו.

אֲשֵׁמִים אֲנַחְנוּ עַל אָחִינוּ אֲשֶׁר רָאִינוּ צָרַת נַפְשׁוֹ בְּהִתְחַנְנוֹ אֵלֵינוּ וְלֹא שָׁמָעְנוּ

האדישות הִשְׁתִּיקָה, השעמום הקהה אותנו
בבית הכלא של האמונה בחזון נכון אחד,
עוורנו בידי הגאווה שקרעה חור בלב המארג הלאומי שלנו,
מלאכת טלאים של כאב וגאווה, סבלנות והתמדה, נחישות וחריצות,
שנארגה באהבה לאורך מאות שנות כמיהה לאדמה, לעם, לה׳ שיפנה את
פניו שוב אלינו,
כותונת של אור וצבע, שנתפרה בחלוף הזמן עם החוט הדק של הזיכרונות,
והעניקה כבוד ואצילות למושמצת מכל האומות.
שוליה נִפרמו במשמרת שלנו, ותפריה פקעו תחת חטא היוהרה
תחת חטא החיים בבועות נפרדות, חטא ההתייחסות לאנשים כאובייקטים,
חטא הפיכת המילים לכלי זין, חטא ניצול שם שמיים,
חטא האלהת המנהיגים, חטא הבריחה מאחריות.

אשמים אנחנו על אחינו שלא שמענו צעקתם

We are guilty for our brother whose anguish we saw, who pleaded with
us as we failed to listen.

We gnawed at the seams that weathered its delicate patchwork,
The voice of moderation and compromise, of respect and sanctity,
Of deference and humility was lost in a cacophony of
 sanctimonious voices.
Because we are a stiffnecked people whose refusal to look sideways
 engenders truth rather than peace.

אשמים אנחנו על אחינו שלא שמענו צעקתם

We are guilty for our brother whose anguish we saw, who pleaded with
us as we failed to listen.

II.

And now my heart seeks Your face, God.

לְךָ אָמַר לִבִּי בַּקְּשׁוּ פָנָי אֶת־פָּנֶיךָ ה׳ אֲבַקֵּשׁ

Do not hide Your face from me as I hid mine from You.

אַל־תַּסְתֵּר פָּנֶיךָ מִמֶּנִּי

Do not forsake or abandon me, God my savior, as we abandoned
 each other.

אַל־תִּטְּשֵׁנִי וְאַל־תַּעַזְבֵנִי אֱלֹקֵי יִשְׁעִי

III.

And then the seventh day was upon us,
And the earth was a void of chaos, and darkness swept over the face
 of the abyss,
And the spirit of God hovered on the face of the water.

הָאָרֶץ הָיְתָה תֹהוּ וָבֹהוּ וְחֹשֶׁךְ עַל־פְּנֵי תְהוֹם וְרוּחַ אֱלֹהִים מְרַחֶפֶת עַל־פְּנֵי הַמָּיִם

The illusion of order we had carefully calibrated was eclipsed by a
 thick cloud.
And then there was nothing…no sound, no noise, no saving God,
 no army, no leaders, no government.
Just an image of the abyss.

אשמים אנחנו על אחינו שלא שמענו צעקתם

מרטנו את התפרים ששרדו את מלאכת המחשבת העדינה של ההטלאה
את קולות המיתון והפשרה, קולות הכבוד והקדושה
היחס המכבד והענווה אבדו בבליל קולות צדקניים
כי אנו עם קשה עורף, שסירובו להסתכל לצדדים יוצר אמת אך לא שלום.

אשמים אנחנו על אחינו שלא שמענו צעקתם.

.2
ועכשיו, לְךָ אָמַר לִבִּי בַּקְּשׁוּ פָנָי אֶת־פָּנֶיךָ ה׳ אֲבַקֵּשׁ
אַל־תַּסְתֵּר פָּנֶיךָ מִמֶּנִּי כפי שהסתרתי את שלי ממך
אַל־תִּטְּשֵׁנִי וְאַל־תַּעַזְבֵנִי אֱ־לֹהֵי יִשְׁעִי כפי שאנו נטשנו אלו את אלו.

.3
ואז היום השביעי הגיע עדינו,
והארץ הייתה תוהו ובוהו וחושך על פני תהום,
ורוח א־לוהים מרחפת על פני המים
ואשליית הסדר שעיצבנו כה בזהירות
נבלעה בענן כבד
ואז לא היה כלום... לא קול, לא רחש, לא א־לוהים מושיע, לא צבא, לא מנהיגים, לא ממשלה.
רק צלמה של התהום.
במקום החלוקות השרירותיות של ״אנחנו״ ו״הם״ עמדנו בפני החלוקה בין אור לחושך, טוב ורע.

In place of the arbitrary divisions of "us" and "them," we faced a
   division of "light" and "dark," "good' and "evil."

And the screams of those people whose faces we had chosen to
   ignore were etched for eternity in our national psyche.
Our brother's blood that called from the ground was no longer
   hefker.
Patches rented, were gathered and sewn as the impudence of Your
   stiff-necked people shone its audacious face.
Heroes rushed from the north to the south, and saved, again and
   again, until they fell.
The righteous women in whose merit we were redeemed from
   Egypt have returned:
the mother and the sister, the tank fighter, the daughter and the
   soldier and the *tatzpitanit.*
The dancer at the Nova festival turned lioness in Gaza
In their merit, we will be redeemed.
We wait for no miracle, for the miracle already exists in the face of
   the other who is not in my image, who we saved and for whom
   we cry.

IV.
Ayeka, they called; *Hineni,* we responded.
In the *Hineni,* there was no right, no left, no wrong.
Only the right to act in responding to the call, the right to run into
   the fire, the right to tear across the country and fight evil face to
   face.

V.
But You, God, where are You? *Ayeka?*
Did You see them slaughter Your people?
Did You watch as the young women, bloodied, disappeared
   underground?
Were You in the flames as entire families were burned alive in their
   beds?
Was Your image burned as their bodies were?

והצעקות של אותם אנשים שמפניהם בחרנו להתעלם נחרטו לנצח בתודעה הלאומית שלנו.

קול דמי אחינו צעק אלינו מן האדמה, והוא כבר לא היה הפקר.

הטלאים הקרועים חוברו מחדש כשהעקשנות של עמך קשה העורף זהרה במלוא תפארתה המחוצפת.

גיבורים נחפזו מצפון עד דרום, והצילו שוב ושוב עד נופלם.

הנשים הצדקניות שבזכותן נגאלנו ממצרים חזרו: האם והאחות, הטנקיסטית והבת, החיילת והתצפיתנית

הרקדנית מנובה הפכה ללביאה בעזה

ובזכותן עוד ניגאל.

איננו מחכים לניסים, כי הנס כבר קיים ומתחולל בתוך פניו של מי שאינו בצלם דעותיי, פניו של מי שהציל, ופניו של מי שאנו מבכים.

.4

אַיֶּכָּה, הם קראו. הִנֵּנִי, ענינו.

וב"הִנֵּנִי" לא היו ימין או שמאל.

רק הזכות לפעול בתגובה לקריאה, רק הזכות לרוץ לתוך האש, רק הזכות למהר ולחצות את המדינה כדי להילחם ברוע פנים מול פנים.

.5

אבל אתה, א-לוהים, איפה אתה? אַיֶּכָּה?

האם ראית אותם טובחים את עמך?

האם צפית בשעה שהנשים הצעירות, מגואלות בדם, נבלעו מתחת לפני האדמה?

האם היית שם, בלהבות, כשמשפחות שלמות נשרפו במיטותיהן?

האם צלמך בער כשגופם בער?

האם אתה, כעמך, תענה הִנֵּנִי?

Will You, like Your people, respond *Hineni*?

Watch us closely, see our pain.

See the countless acts of courage and bravery of Your people.

And You are not in the wind, and You are not in the fire, and You are
not in the earthquake.

You are in the still small voice, and we, Your people, are listening
again to the still small voice, the voice of the Other not in my
image.

Hear the cries of Your people and turn Your face towards us.

You who heard the cry of Moshe when he went out to his brethren
and saw their suffering, answer the cries of Your children
fighting their enemies on the battlefields. (וַיֵּצֵא אֶל־אֶחָיו וַיַּרְא
בְּסִבְלֹתָם)

You who heard the cry of Rachel who refused to be comforted in
Ramah, give comfort to the mothers broken through unbearable
loss.

You who heard the cry of Yosef in the pit, hear the terrified whispers
of Your children silenced in the tunnels of Gaza.

נֹדִי סָפַרְתָּ אָתָּה שִׂימָה דִמְעָתִי בְנֹאדֶךָ הֲלֹא בְּסִפְרָתֶךָ

Deposit our tears into Your flask, into Your book.

אָז יָשׁוּבוּ אוֹיְבַי אָחוֹר בְּיוֹם אֶקְרָא

And then let my enemies retreat when I call on You. (Psalms 56)

VI.

And now, *Hashem,* walk with us in this valley of death, comfort us
and allay our fears.

Heal us in body and spirit.

Give us strength to weave this cataclysmic moment into the fabric
of our national narrative.

A story of a stiff-necked people who have never let go of God, and a
God who has never let go of His people.

הֲשִׁיבֵנוּ הָאֵר פָּנֶיךָ וְנִוָּשֵׁעָה

Shine Your face upon us and save us. (Psalms 30:20)

כִּי הִלְבִּישַׁנִי בִּגְדֵי־יֶשַׁע מְעִיל צְדָקָה יְעָטָנִי

הבט בנו מקרוב. ראה את כאבנו.
ראה את מעשי הגבורה הרבים מספור של עמך,
אתה אינך ברוח, אתה אינך באש, אתה אינך ברעש.
אתה נמצא בקול הדממה הדקה, ואנו, עמך, מקשיבים שוב לקול הדממה
הדקה, קולו של האחר שאינו בדמותי וצלמי.
שמע את שוועת עמך והפנה את פניך אלינו.
אתה ששמעת את קול קריאתו של משה כשהוא יצא אל אחיו וראה את
סבלם, שמע את צעקות ילדיך שיצאו להילחם בשדה הקרב.
אתה ששמעת את בכייה של רחל כשהיא מיאנה להינחם ברמה, נחם את
האימהות השבורות בעקבות אובדן בלתי נסבל.
אתה ששמעת את צעקתו של יוסף בבור, שמע את הלחישות המפוחדות של
ילדיך, המושתקים במנהרות עזה.
נֹדִי סָפַרְתָּה אָתָּה שִׂימָה דִמְעָתִי בְנֹאדֶךָ הֲלֹא בְּסִפְרָתֶךָ
אָז יָשׁוּבוּ אוֹיְבַי אָחוֹר בְּיוֹם אֶקְרָא.

.6
ועתה, ה׳, התהלך איתנו בגיא צלמוות זה, נחם אותנו והפג את פחדינו.
רפא אותנו בגוף ובנפש.
תן לנו את הכוח לרקום את רגע השבר הזה לתוך המארג של הסיפור
הלאומי שלנו.
סיפור של עם קשה עורף שמעולם לא הרפה מה׳, ושל א־ל שמעולם לא
הרפה מעמו.
הֲשִׁיבֵנוּ הָאֵר פָּנֶיךָ וְנִוָּשֵׁעָה
כִּי הִלְבִּישַׁנִי בִּגְדֵי־יֶשַׁע מְעִיל צְדָקָה יְעָטָנִי

Clothe us with garments of triumph, wrap us in a garment of
victory. (Isaiah 61)
Create light from the darkness that envelops us because Your
people have chosen life.
Remember us for life, You God Who desires life; inscribe us in the
Book of Life, for Your sake, God of Life.

הלבש אותנו בעטרת ניצחון.

צור אור מתוך החשכה האופפת אותנו, כי עמך בחר בחיים.

זכורי אותנו לחיים, א־ל חפץ בחיים, כתוב אותנו בספר החיים, למענך,
א־לוהים חיים.

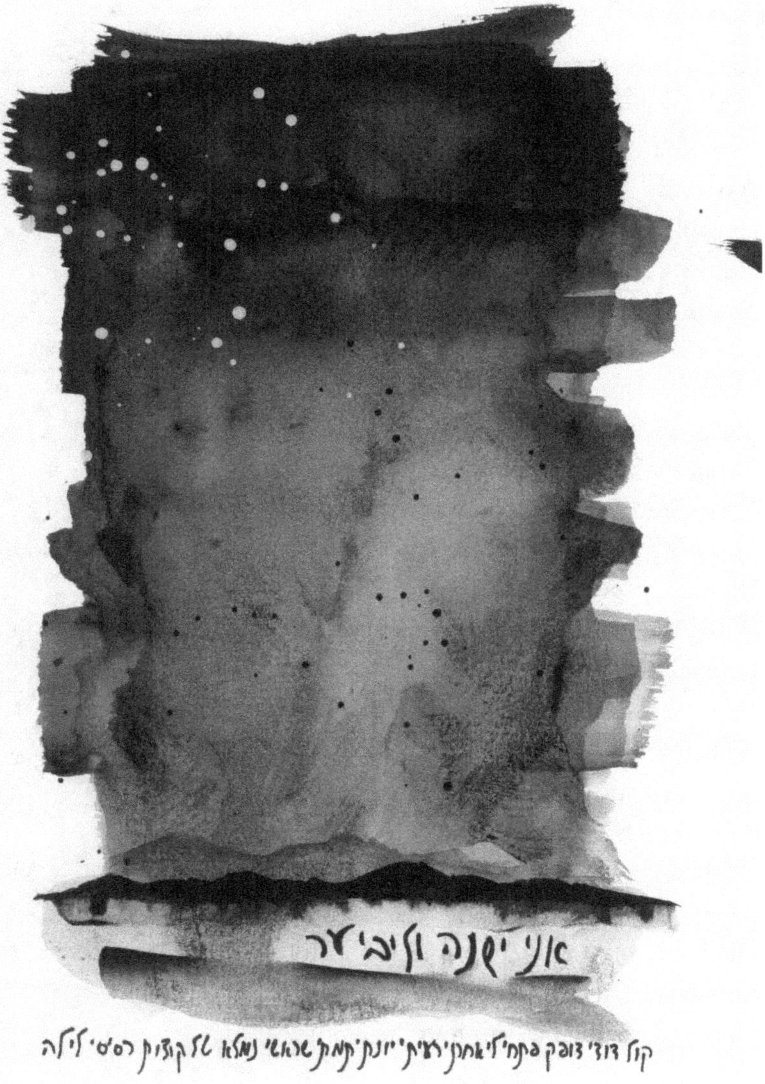

אני ישנה ולבי ער

קול דודי דופק פתחי לי אחתי רעיתי יונתי תמתי שראשי נמלא טל קוצותי רסיסי לילה

My Heart Is Awake | Elana Dressler

I-Kavod

Emuna Elon

(HEBREW)

(Samuel 1:4:19–22)

He who responded to the wife of Pinchas ben Eli the Kohen
When the Philistines overcame us,
He will respond to me.
I know not her name.
As she heard that the Ark of God was taken
She went into labor, the pangs of birth overcame her.
He who responded to her, shall respond to me.
She bore a baby boy,
But in the war the Ark of God was taken.
They killed her father-in-law, they killed her husband
And the Ark of God was taken. The Ark of God was taken.
He who responded to her
When the women surrounding her said: You have birthed a son,
He shall respond to me.
He who responded to her when she did not answer and did not
    listen to them,
He who responded to her when, with her last breath,
She called her son, *Ichavod*: "No-glory"
Because the glory had departed from Israel,
He who responded to her
Shall respond to me from within this fog, this horrific story
And now, as then,
Shall return to Israel our long-lost glory.

אִי כָבוֹד

אמונה אֶלון

(עברית)

(שמואל א, פרק ד, פסוקים יט-כב)

מִי שֶׁעָנָה לְאֵשֶׁת פִּינְחָס בֶּן עֵלִי הַכֹּהֵן
עֵת נִצְחוּנוּ פְּלִשְׁתִּים,
הוּא יַעֲנֵנִי.
אֶת שְׁמָהּ אֵינִי יוֹדַעַת.
בְּשָׁמְעָהּ עַל הִלָּקַח אֲרוֹן הָאֱ־לֹהִים
וַתִּכְרַע וַתֵּלֶד, כִּי נֶהֶפְכוּ עָלֶיהָ צִרֶיהָ.
מִי שֶׁעָנָה לָהּ, הוּא יַעֲנֵנִי.
הִיא יָלְדָה בֵּן,
אֲבָל בַּמִּלְחָמָה נִלְקַח אֲרוֹן הָאֱ־לֹהִים.
מֵת חָמִיהָ, מֵת אִישָׁהּ
וְנִלְקַח אֲרוֹן הָאֱ־לֹהִים. נִלְקַח אֲרוֹן הָאֱ־לֹהִים.
מִי שֶׁעָנָה לָהּ
כְּשֶׁהַנָּשִׁים הַנִּצָּבוֹת אָמְרוּ לָהּ: בֵּן יָלָדְתְּ,
הוּא יַעֲנֵנִי.
מִי שֶׁעָנָה לָהּ כְּשֶׁלֹּא עָנְתָה וְלֹא שָׁתָה לִבָּהּ,
מִי שֶׁעָנָה לָהּ כַּאֲשֶׁר בִּנְשִׁימָתָהּ הָאַחֲרוֹנָה
קָרְאָה לִבְנָהּ אִיכָבוֹד
כִּי גָּלָה כָבוֹד מִיִּשְׂרָאֵל,
מִי שֶׁעָנָה לָהּ
יַעֲנֵנִי מִתּוֹךְ הָעֲרָפֶל הַזֶּה
וּכְאָז כֵּן עַתָּה
יָשִׁיב לְיִשְׂרָאֵל אֶת כְּבוֹדוֹ שֶׁגָּלָה

A Prayer for Revelation

Oriya Mevorach

(HEBREW)

My God and God of my fathers.
With a heart crushed by misery I turn to you, dear God,
My God and God of my mothers, God of all mothers,
God of Sarah, Miriam, Ruth and Esther,
God of Shira, Roni, Eden and Karine.

With a broken, beaten heart, a heart emptied out, a heart whose
    chambers are being overtaken by despair,
I turn to You, my dear God, my missing God, the God whose
    countenance cannot be viewed,
Where art Thou
Where art Thou
Where art Thou.
My great, powerful, and awesome God, whose glory fills the whole
    world,
And whose servants ask one another –
Where is the dwelling site of His glory,
Where is His grandeur,
Where is His courage,
Where is His awe.
My Lord of awe, Lord of all awesome, terrible things,
Here I stand before You, as a vessel full of shame and disgrace,
And I do not understand, and I do not seek to understand,
All that Amalek has done to us,
Under Your protection, with Your supervision,
In this land upon which Your eyes are always focused.

Here I stand before You, as a vessel empty of substance,
No mind, no understanding, no comprehension, nothing,
Only falling prostrate over and over and begging,

תפילה להתגלות

אוריה מבורך

(עברית)

א־לוהיי וא־לוהי אבותיי.
בלב רמוס מצער אני פונה אליך, א־לוהיי היקר,
א־לוהיי וא־לוהי אימותיי, א־לוהי האימהות כולן,
א־לוהי שרה, מרים, רות ואסתר,
א־לוהי שירה, רוני, עדן וקארין.

בלב נשבר ונדכה, בלב מתרוקן, בלב שחללו הולך ונכבש על ידי הייאוש,
אני פונה אליך, א־לוהיי היקר, א־לוהיי הנעדר, א־לוהיי שפניו לא ייראו,
אַיֶּכָּה,
אַיֶּכָּה,
אַיֶּכָּה.
א־לוהיי הגדול, הגיבור והנורא, שכבודו מלא עולם,
ומשרתיו שואלים זה לזה -
איה מקום כבודו,
איה גדולתו,
איה גבורתו,
איה נוראותיו.
א־לוהיי הנורא, א־לוהי הדברים הנוראים כולם,
הרי אני לפניך ככלי מלא בושה וכלימה,
ואני לא מבינה, ואני לא מבקשת להבין,
את אשר עשה לנו העמלק,
תחת חסותך, בהשגחתך,
בארץ הזאת אשר עיניך בה תמיד.

הרי אני לפניך ככלי שאין בו שום כלום,
בלי שכל ובלי בינה ובלי דעת ובלי שום דבר,
רק נופלת על פניי שוב ושוב ומתחננת,

Dear God,
Maybe You will consent to show me Yourself.
Show me, for even one second, for a fragment of illumination,
That You are still here,
That You remained.
Because Jews are those who always stay,
Even when every circumstance is shrieking at them to leave,
And now it's Your turn to stay.

א־לוהיי היקר,
אולי תסכים להראות לי אותך.
הראני נא, אפילו לשנייה אחת, לשבריר של הארה,
שאתה עוד כאן,
שנשארת.
כי היהודי הוא זה שתמיד נשאר,
גם כשכל הסיבות זועקות לו ללכת,
ועכשיו תורך להיות זה שנשאר.

Over the Closed Siddur

Tehila Friedman

(HEBREW)

O God, the God of the maybe.
O God, the God of the if-only.
Maybe, if only,

I cannot see yet there is a bigger picture. In the future, we will understand. That in fact. In hindsight. That within the darkness.

O God, the God of the maybe and the if-only.

When You hid Your countenance from us. Then they swallowed us alive in their rage against us. The water overwhelmed us. The seething waters. You allowed us to be us as prey for their teeth. The snare broke, but we did not escape. You concealed Your countenance and we were frightened. So terribly frightened. And we cried out and are still crying out. And weeping and imploring. And You hear. Our desperate cries ascend to heaven. Like the smoke of the crematoria. Like a thousand wails.

O God, the God of the maybe and the if-only.
Maybe, if only,

This is temporary, and You will reveal Yourself to us and lovingly spread your *sukkah* of peace over us.

These are merely the pangs. This is the middle of the story. By the end, everything will be apparent.

I have no complaints. The destroyer was given permission to destroy, just as the benefactor was given permission to benefit others. We have all been given permission and freedom to be people who choose, not children. I have no complaints. After all, I have known since Auschwitz, on the one hand, and since the Six Days and Jerusalem, on the other. Some people choose to kill and some people choose to build. Some

מעל הסידור הסגור

תהלה פרידמן

(עברית)

אל א־לוהי האולי.

אל א־לוהי ההלוואי.

שאני לא רואה ויש תמונה יותר גדולה. שבעתיד נבין. שבעצם. שבמבט לאחור. שבתוך החושך.

אל א־לוהי האולי וההלוואי.

אשר הסתרת פניך מאיתנו. חיים בלעונו בחרות אפס בנו, המים שטפונו, מים הזידונים. נתתנו טרף לשיניהם. הפח נשבר ולא נמלטנו. הסתרת פניך ונבהלנו. כל כך נבהלנו. וקראנו ואנחנו קוראים. ובוכים ומשוועים. ואתה שומע. שוועתנו עולה השמיימה. כמו עשן המשרפות. כמו אלף שוועות.

אל א־לוהי האולי וההלוואי.

שזה זמני, שתיגלה נא ותפרוש חביב עלינו את סוכת שלומך.

שאלו חבלים. שזה אמצע הסיפור. ובסוף. בסוף אפשר יהיה לראות

אין לי טענות. ניתנה הרשות למשחית להשחית. ניתנה הרשות למיטיב להיטיב. הרשות להיות אנשים בוחרים ולא ילדים. אין לי טענות. הרי אני יודעת עוד

chose to kill six million lives while others chose to sustain a state for seventy-five years. And the heroism and the corruption. And the defilement and the compassion.

I have no complaints. Nor do I have conditions to set to You. We are big kids. And this is the world and that's life.

But the pain of the butchered bodies. The blood spilling over everything.

This blood, the blood has silenced our voice.

O God, the God of the maybe and the if-only

No conditions, but only a plea.

Appear. Please appear.

With grace. With mercy. With gentleness. A revelation like a blanket to cover a weeping child. Like an embrace. Like coffee without asking for details. Like an ointment. Like a promise.

O God, the God of the if-only.

O God, the God of the screen that is split between what I can see and understand and what might be

Please.

מאושוויץ ומששת הימים וירושלים. ושישה מיליון אין ושבעים וחמש יש. והגבורה והשחיתות. והסיאוב והחמלה.

אין לי טענות. וגם לא תנאים. אנחנו ילדים גדולים. וזה העולם ואלו החיים.

אבל כאב הגופים המבותרים. הדם ששטף את הכול.

הדם הזה, הדם סותם את הקול.

אל א־לוהי האולי וההלוואי.

לא תנאים אבל תחינה.

היגלה. היגלה נא.

בחסד, ברחמים. ברוך. התגלות כמו שמיכה שמכסה ילד בוכה. כמו חיבוק. כמו קפה בלי לבקש פרטים. כמו משחה. כמו הבטחה.

אל א־לוהי ההלוואי.

אל א־לוהי המסך המפוצל בין מה שאני רואה ומבינה ומה שאולי

אנא.

Ayeka

Adina Kopinsky

(ENGLISH)

I have spent this breathspace searching:
everything You give, You ask for in return.

Questions I cannot hear arc & tease
felt only in the curved knowing of Your mark.

On the day of reckoning, who calls You to witness?
Am I the judge or the accused?
A world of embers and You – court & law.

What if I don't have questions for You?

The path towards You is the same that stems,
shapes Your form in the negative space of worship.

Ask now what hovers at the mind's edge – illusion
derangement – I stumble over roots of unsprouted trees.

If I were a leaf I curled myself into the coiling wind,
if I were a star I streaked beyond my fixed place,
if I were a man I grew my hair long to hide my eyes,
with a bronzed loom wove the still-growing strands
into a prayer shawl of longing.

In my living breath I feel Your breath sway,
hear our intermingled voices softly speak:

Whose is this hum of wind? To whom
these hands that span the globe?
Whose mind questions me into creation?

Whose voice calls from the darkling past –
to ask me where I am?

אַיֶּכָּה

עדינה קופינסקי

(אנגלית)

במרחב הנשימה הזה חיפשתי:
כל מה שאתה נותן, אתה מבקש בחזרה

שאלות שאיני מסוגלת לשמוע מתעקלות ועוקצות
מורגשות אך בקו המעוקל של ידיעתך.

ביום הדין מי יקרא לך כעד?
השופטת אנוכי או נאשמת?
עולם של גחלים ואתה – דין ודיין.

ומה אם אין לי שאלות אליך?

הדרך אליך, אותה דרך שנובעת,
שמעצבת את דמותך בחלל השלילי של העבודה.

שאל אותי עכשיו מה מרחף בקצה המחשבה – אשליה
טירוף – אני מועדת על שורשי עצים שלא נבטו.

לו הייתי עלה התכרבלתי אל תוך הרוח המתלפפת
לו הייתי כוכב עפתי מעבר למקומי במסילתי הקבועה

לו הייתי גבר גידלתי שיער ארוך להסתיר את עיניי
ובנול ארד ארגתי את הקווצות שעודן צומחות
לטלית של ערגה.

בנשימתי החיה אני מרגישה את נשימתך מתנועעת
שמע את קולותינו המעורבבים מדברים בלאט:

של מי זמזום הרוח? למי
הידיים שחובקות תבל?
למי המחשבה שמייצרת אותי מתוך שאלה?

של מי הקול הקורא מהעבר האפל –
לשאול אַיֶּכָּה?

Lord, if You don't know – how could I?

If You are a Who
and not a What,
I must be a shadow
dancing in Your sky.

א־לוהים, אם אתה אינך יודע – איך אוכל אני?

אם אתה מי
ולא מה,
אז אני בהכרח צל
הרוקד ברקיעך.

Show Us Your Face

Sherri Mandell

(ENGLISH)

God, my God.
Oh, my God –
The faces of the soldiers who die in battle.
The faces of the hostages who wait for release
or are already dead.
The faces of the mothers, the faces of the fathers –
Show us Your face, God. Show us Your face.
The grandmothers, the grandfathers –
their hearts dug out of their bodies.
Show us Your heart, God. Show us Your heart.
The bravery of those who drove to the border
to fight before there were any orders.
The soldier without limbs
who says that it is only his legs.
The bravery of those who wait while their husbands and wives and
    children fight.
We are waiting for You, God
to bring us victory
to bring the world to understand
that we were and are and will be.
We will be as You will be. As You were.
We have the same name, God.
Show us Your face. Show us Your heart.
Lend us Your strength.

הראה לנו פניך
שרי מנדל
(אנגלית)

א-לוהים, א-לוהיי
הו, א-לוהיי
פני חיילים שנפלו חללים.
פני החטופים המייחלים להשתחרר
או שאינם כבר.
פני האימהות, פני האבות -
הראה לנו את פניך, א-לוהים, הראה לנו את פניך.
הסבתות, הסבים -
שלבבותיהם עקורים מתוך גופם.
הראה לנו את ליבך, א-לוהים. הראה לנו את ליבך.
הגבורה של אלו שנהגו אל הגבול
להילחם עוד לפני שהיו פקודות לנסוע.
החייל נטול הגפיים,
שאומר - "זה רק הרגליים".
גבורתם של כל מי שמחכים לשובם של בעליהם, נשיהם וילדיהם שיצאו
להילחם.
אנו מחכים לך, א-לוהים,
שתביא לנו ניצחון
שתראה לכל העולם
שהיינו, אנחנו כאן, ונמשיך להיות.
אנחנו נהיה כפי שאתה תהיה והיית.
אנו נושאים את שמך, א-לוהים.
הראה לנו את פניך. הראה לנו את ליבך.
הב לנו מכוחך.

A Mother's Prayer

Yael Shahar

(ENGLISH)

Ribbono shel Olam
Today, You seem too far away to speak to
Author of creation,
Seemingly as unreachable as the stars and galaxies
And so I come before You to offer You something of my own,
something that perhaps You need.

May You see Your world through my eyes.
May something of my love for Your children become Yours.
May You learn compassion from my pain,
mercy from my longing.
May my love for Your world inspire You
to be swift to treat Your creatures with mercy.

May it by Your will, my God
that You come to see Your world through a mother's eyes.

Ribbono shel Olam,
God of All and Always
a thousand years for You
are like a moment that has passed,
Billions of years of slow evolution
punctuated by the loss of entire worlds...
Remember those lost creations.

And we?
We remember only a short span of years
Weeks of Shabbatot
Births and deaths
Beloved faces.

How can I bridge this gap?

תפילת אם

יעל שחר

(אנגלית)

ריבונו של עולם
היום אתה נראה רחוק מכדי שנוכל לדבר אליך
בורא העולם,
בלתי ניתן להשגה ככוכבים וכגלקסיות
ולכן אני באה לפניך כדי להציע לך משהו משלי
משהו שאולי נחוץ לך.

יהי רצון שתראה את עולמך דרך עיניי.
יהי רצון שמשהו מאהבתי לילדיך תהפוך לשלך.
יהי רצון שתלמד חמלה מכאבי.
רחמים מערגתי.
יהי רצון שאהבתי לעולמך תעורר אותך
להזדרז ולנהוג בבריותיך במידת הרחמים.

יהי רצון א־לי שתראה את עולמך דרך עיני אם.

ריבונו של עולם
א־לוהי הכול והתמיד
אלף שנים עבורך
הן כרגע שחלף לו,
מיליארדי שנות אבולוציה איטית
ובתוכן אובדן של עולמות שלמים...
זכור את הבריות שאבדו כך.

ואנחנו?
אנחנו זוכרים רק רצף קצר של שנים
שבועות של שבתות
לידות ופטירות
פנים אהובות.

כיצד אוכל לגשר על הפער הזה?

I ask You, my God
To look through my eyes and see.
See the innocent eyes that stare back at me.
This beloved face fresh to this world
These hands that will do what other hands have done
But also what no hands have ever done before.

Look!
See with my human eyes.
Not the eyes of Creation
that consign whole worlds to oblivion.
See instead with the eyes of a mother
For whom this face before her
Is all there is
And all there will ever be.

To You, my God,
I give the gift of my love for Your world.

אני מבקשת ממך, א-לי, שתביט דרך עיניי ותראה.
תראה את העיניים התמימות שמביטות לתוך עיניי.
הפנים האהובות שחדשות לעולם
הידיים האלה שיעשו מה שידיים אחרות כבר עשו
אבל גם את מה שלא עשו ידיים אחרות מעולם.

ראה!
הבט דרך עיניי האנושיות.
לא דרך עיני הבריאה
החותמות עולמות שלמים לאבדון.
במקום זה ראה דרך עיני אם
שבשבילה הפנים שמולה
הן כל מה שיש
וכל מה שיהיה לעולמים.

לך, א-לי, אני נותנת את מתנת אהבתי לעולמך.

The Light of Jewish Spirit | *Inna Rogatchi*

Help Me to Do Your Work

Rachel Sharansky Danziger

(HEBREW)

My Lord,
Evil strangers breached Your holy day
And came to desecrate Your Temple –
Because every home is a small Temple.
They spilled blood, desecrated the holiness.
Danced, drunk on murder,
In the sanctuary.

And since the devastation of the homes, my God,
We have all been *kohanim* at your service
In the homes that are yet standing: in our hearts.

We elevate ourselves ever higher
From within the depths of despair.
We offer ourselves before You
Even when we yearn for distance.
We sprinkle consolation and slaughter despair
And light memorial lights
And candles of hope in our souls
And the simple candles of our ability to breathe
Even when the news is harsh...
Each day, each hour, we remove
The white robes of mourning
And wrap ourselves in the golden robes of courage
And immerse ourselves in the waters of hope time and again
And serve ourselves the bitter waters
Of reality
And hope against hope that our thighs will not sag and our hearts
    will not falter
But that we will deliver a new faith in the future
Davka, especially, from within these bitter waters.

עזור לי לעשות עבודתך

רחל שרנסקי דנציגר

(עברית)

א‑לי

זרים רעים הפרו את חגך
ובאו לחלל את מקדשיך –
כי כל בית הוא מקדש מעט.
שפכו דם, חיללו את הקודש.
רקדו, שיכורי רצח,
בהיכל.

ומאז שחרבו הבתים, א‑לי,
כולנו כוהני עבודתך,
בבתים שעוד עומדים: בלבבות.

אנו מניפים את עצמנו מעלה מעלה
מתוך תהומות הייאוש.
אנו מקריבים את עצמנו לפניך
גם כשאנו רוצים להתרחק.
אנו מזים נחמה ושוחטים ייאוש
ומדליקים נרות נשמה
ונרות של תקווה בנשמה
ונרות פשוטים של יכולת נשימה
גם כשהבשורות קשות...
אנו פושטים כל יום, כל שעה,
את בגדי הלבן של האבל
ועוטים את בגדי הזהב של הגבורה
וטובלים במי התקווה שוב ושוב
ומשקים את עצמנו את המים המרים
של המציאות
ומקווים כל כך שלא תצבה בטננו ולא ייפול ליבנו
אלא שנוליד אמונה בעתיד
דווקא מתוך המים המרים.

My Lord,
We are all in need of a blessing.
Of some encouragement.
Of a gentle hand on our cheek and shoulder.
Of the words "It'll be alright."
Of the words "You can."
I want to bless, I want to encourage,
But my hand is not gentle; it's not extended.
The *kohanim* bless the nation with hands outstretched
And my hands are clenched in sorrow,
Clenched in fear,
Mourning,
Shock.

I want to stretch out my hands
To spread them like wings
And say – fly up, my soul!
Shoot up to the heights, my people!
I bless you with the ability to fly
To bear yourselves ever upward
To the heights of hope.

Hashem open my hands
With the force of Your moments of grace
With the power of an infant's smile
And the sunshine, slanting, over the leaves
With the strength of my friends' hands on my shoulder
And happy children running in the streets.
Help me to find the wide-open spaces
Within the narrow confines of my mourning heart
So my sorrow-clenched hands will spread out
And I be able to bless myself and my people
With love.

א-לי,
כולנו זקוקים לברכה.
לעידוד.
ליד רכה על לחי וכתף.
למילים "יהיה בסדר".
למילים "את יכולה".
אני רוצה לברך, אני רוצה לעודד,
אך ידי אינה רכה, אינה פרושה.
הכהנים מברכים את העם בידיים פרושות
וידיי שלי קפוצות צער,
קפוצות חשש,
אבל,
תדהמה.

אני רוצה לפרוש את ידיי
לפרוש ידיים כמו כנפיים
ולומר - נסקי, נפשי!
הרקיע לגבהים, עמי!
אני מברכת אתכם ביכולת לעוף
לשאת את עצמכם מעלה מעלה
אל מרומי התקווה.

ה' ידיי תפתח
בכוח רגעי חסדך
בכוח חיוכו של תינוק
ואור השמש, מלוכסן, על העלים
בכוח ידם של חברים על כתפי
וילדים שמחים שרצים ברחובות.
עזור לי למצוא מרחבים
במצרי לבבי האבל
כך שידיי קפוצות הצער ייפרשו
ואוכל לברך את עצמי, ואת עמי,
באהבה.

Seven Candle Blessings

Sarah Sassoon

(ENGLISH)

This is the lighting from mother to daughter,
hand to heart, generation to generation,
bless the power of the light
how one candle lights all candles.
how one flame is enough
to burn the whole world
or wholly light it up.

What is real?
The *Tohu VaVohu*
The darkness
Your words
Let there be light!
How You saw the light
that it was good.

You divided light from the darkness
therefore I will light more candles
match to cotton wick
I will create more words
for those who cannot speak.
For all can feel
Your light.

Light for broken borders.
Light for betrayed trust.
Light for blind hate.
Light for beautiful lies.
Light for those who die before their time.
Light for the walking dead.
Light for the miracles we cannot see.

שבע הברכות על הנרות

שרה ששון

(אנגלית)

זו ההדלקה מאם לבת
מיד ללב, מדור לדור.
ברך את כוחו של האור
איך נר אחד מדליק את כל הנרות
איך להבה אחת מספיקה
לשרוף את כל העולם
או להאירו.

מה קיים באמת?
התוהו ובוהו
החושך
המילים שלך – "יהי אור!"
איך שראית את האור
וידעת שהוא טוב.

אתה הבדלת בין האור ובין החושך

אצמיד גפרור דולק לפתיל חדש.
שוב אצור מילים,
עבור אלו שחלקם דומייה.
כך שכולם יוכלו לחוש
את אורך.

אור כנגד גבולות שנפרצו,
אור כנגד אמון שנבגד.
אור כנגד השנאה העיוורת.
אור כנגד השקרים היפים.
אור עבור אלו שעלו השמימה בטרם עת.
אור עבור אלו שעוד מהלכים אך מתים מבפנים.
אור עבור ניסיך שאיננו מסוגלים לראות.

Each a prayer
for guidance
how to hold the grief?
They say feel the grief until the end.
But the end feels beyond sight, in despairing corners
only light can reach. Where do the prayers go?
just because you can't see them doesn't mean they're not there.

The Jewish mystics knew
to light seven for the night
seven more incantations
seven more blessings
for each soldier, each hostage
for each of us grieving
our lost light.

This is the time to light
seven bridal circles
seven arcs around a grave
seven halos to hold
questions doubts and fears
a faith offering of flames
a homing of heaven on earth.

כל להבה היא תפילה להכוונה.
כיצד להכיל את היגון?
יש אומרים,
שאת הצער יש לחוות עד תומו.
אך צרותינו עוד לא תמו
וסופן מצוי מעבר לאופק
בפינות מיואשות שאליהן
רק אור יכול לחדור.
לאן הולכות התפילות?
אומנם איננו יכולים לראות אותן
אך לא משתמע מכך
שהן אינן.

כך גרסו המקובלים:
יש להדליק שבעה נרות
בעת החושך והאפלה,
ושבע פעמים לחוש
את שבע הברכות הנוספות.
עבור כל חייל וכל חטוף,
עבור כל אחד מאיתנו שאבל
על אור שאבד.

זו העת לשאת את האבוקה
ולהאיר
את שבעת המעגלים שחגה הכלה
סביב חתנה.
את שבע הקשתות סביב הקבר.
את שבע ההילות שבהן יישמרו
שאלותינו, ספקותינו ופחדינו.
קורבן של להבות
חיבור בין שמיים לארץ.

Four Ways

Adina Kopinsky

(ENGLISH)

With four words, you left me here
        breath, bread, milk, air
no longer certain, this life
became opacity, the color
of blue-green cream, skimmed
off the top of certainty
all allure, so little substance

and when I needed you, all I had
left were the four letters
of your name, shaped
without sound, lettered
without form, calligraphy
that flamed but would not burn
knowing nothing, only knowing
in fire and light, listening in four parts
came again the past
        mother, lover, teacher, guide
your final gift a greeting
and when I called out – you
rose full-fisted and knew
your name as talisman

ארבע דרכים

עדינה קופינסקי

(אנגלית)

עם ארבע מילים השארת אותי כאן
רוח, לחם, חלב, אוויר
לא בטוחים יותר, החיים האלה
הפכו אטימות, בצבע שמנת
כחלחלה־ירקרקה, מרופרפת
מעל הוודאות
הכול פיתוי, החומר כל כך מועט.

וכשהייתי צריכה אותך, כל
מה שנשאר לי היו
ארבע אותיות של שמך, מעוצבות
ללא צליל, כתובות
ללא צורה, קליגרפיה
שנאחזה בלהבות בוערות
אך לא אוכלה
בלי לדעת כלום, לדעת רק
מתוך אוֹר ואוֹר, בארבעה חלקים
האזנתי, העבר חזר שוב
אם־כול, אהבתי, מורה, מנהיג,
המתנה האחרונה ממך, ברכה
וכשקראתי אליך - קמת
ביד חזקה וידעת
ששמך כקמע

The Flavor of Sacrifice

Adina Kopinsky

(ENGLISH)

"…with all your offerings, you shall bring salt" (Vayikra 2:13)

this is the life you have given me, this is the moment
tears are what's scrubbing the floor, scratching down cheeks
these are the hands I extend; this is the heart

salt is the flavor of pain, kismet of sweet,
salt is the razing of earth, salt is the bleed
this is the life you have given me, this is the moment

salt is the curdling of milk, salt is the cry
salt is what's left after water's displaced
these are the hands I extend; this is the heart

salt is the sting, salt is the rock, salt is your imprint
salt is what makes us, salt of the earth
this is the life you have given me, this is the moment

salt is the furrowed-out rock, salt is the jaw
salt is the mineral urgency, salt is the lick
these are the hands I extend; this is the heart

where can you go when you're bound on the altar of time?
this is the terrible tune, these are the turns
this is the life I will live, this is the moment
these are my hands I extend, this is my heart

טעם הקורבן

עדינה קופינסקי

(אנגלית)

"וְכָל קָרְבַּן מִנְחָתְךָ בַּמֶּלַח תִּמְלָח" (ויקרא ב, יג)

אלה החיים אשר נתת לי, זהו הרגע
הדמעות מקרצפות את הרצפה, שורטות לחיים
אלה הידיים שאני מושיטה, זהו הלב

מלח הוא טעם הכאב, גורל המתוק,
מלח הוא השמדת האדמה, מלח הוא הדימום
אלה החיים אשר נתת לי, זהו הרגע

מלח הוא הַחְמָצַת חלב, מלח הוא הזעקה
מלח הוא מה שנותר כשהמים התנדפו
אלה הידיים שאני מושיטה: זהו הלב

מלח הוא הצריבה, מלח הוא הסלע, מלח הוא הנס
מלח הוא מה שעושה אותנו, מלח הארץ
אלה החיים אשר נתת לי, זהו הרגע

מלח הוא הסלע המתולם, מלח הוא הלסת
מלח הוא הדחיפות המינרלית, מלח הוא הליקוק
אלה הידיים שאני מושיטה: זהו הלב

לאן אפשר ללכת, עקוד על מזבח הזמן?
זה הלחן האיום, אלה הסיבובים
אלה החיים שאחיה, זהו הרגע
אלה ידיי שאני מושיטה: זהו ליבי

I Am My Beloved's and His Passion Is for Me

Einat Lubin

(HEBREW)

> "All the scriptures are holy and the Song of Songs is the
> Holy of Holies." (Yadaim)

I never felt the allegory
So aligned with the moral.
From the seventh of October
When foxes spoiled the vineyards,
I have sought the One my soul adores.
I sought Him, called to Him,
And He has not answered me.
He has responded with hints,
There were signs on the handles of the lock,
He was seen skipping over the hills,
But never appeared in His full splendor.
The fall is past,
The rain is over and gone,
But the garden remains locked.
All girded with swords
Because of fear in the night
And in the days.
And I am my Beloved's
And my passion is for Him,
I wish to cling to my Beloved
And stop falling apart at His feet.
I adjure you, daughters of Jerusalem,
That we will keep reviving love
Until we desire.

אני לדודי ועליי תשוקתו

עינת לובין

(עברית)

"כל הכתובים קודש ושיר השירים קודש הקודשים" (מסכת ידיים)

מֵעוֹלָם לֹא הִרְגַּשְׁתִּי אֶת הַמָּשָׁל
כָּל כָּךְ קָרוֹב לַנִּמְשָׁל.
מִשִּׁבְעָה בְּאוֹקְטוֹבֶּר
כְּשֶׁשּׁוּעָלִים חִבְּלוּ בַּכְּרָמִים,
אֲנִי מְבַקֶּשֶׁת אֶת שֶׁאָהֲבָה נַפְשִׁי.
בִּקַּשְׁתִּיו, קְרָאתִיו,
וְלֹא עֲנָנִי.
עָנָה בִּרְמָזִים,
הָיוּ סִימָנִים עַל כַּפּוֹת הַמַּנְעוּל,
נִצְפָּה מְדַלֵּג עַל הֶהָרִים,
אֲבָל לֹא הִגִּיעַ בִּמְלֹא יִפְעָתוֹ.
הַסְּתָו עָבַר,
הַגֶּשֶׁם חָלַף הָלַךְ לוֹ,
אֲבָל הַגַּן נָעוּל.
כֻּלָּם אֲחוּזֵי חֶרֶב
מִפַּחַד בַּלֵּילוֹת
וּבַיָּמִים.
וַאֲנִי לְדוֹדִי,
וְעָלָיו תְּשׁוּקָתִי,
רוֹצָה לְהִתְרַפֵּק עַל דּוֹדִי,
לַחֲדֹל מִלְּהִתְפָּרֵק לְרַגְלָיו.
הִשְׁבַּעְתִּי אֶתְכֶן בְּנוֹת יְרוּשָׁלַיִם,
שֶׁנְּעוֹרֵר אֶת הָאַהֲבָה
עַד שֶׁנֶּחְפַּץ.

The Mystic's Prayer

Yael Shahar

(ENGLISH)

You are my source and my destination, and the sea on which I sail,
A sea full of light, into which all rivers of light flow.
You are their source and their destination,
and the world through which they run,
A world full of light,
Built of light and perfect symmetry.
Built of light and perfect symmetry.

But my God, let my heart remember this,
This inexpressible truth beyond reason
The simple, blessed asymmetry
of another's hand in mine.

תפילת הסוד

יעל שחר

(אנגלית)

אתה המקור, ואתה גם היעד, הים שבו אני מפליגה,
ים מלא אור, שאליו זורמים כל נהרות האורה.
אתה מקורם וגם יעדם,
ושל העולם שדרכו הם זורמים,
עולם מלא אור,
אשר נוצר מאור ומסימטריה מושלמת
אשר נוצר מאור ומסימטריה מושלמת.

אבל א-לוהיי, תן ליבי לזכור זאת,
את האמת הזו הבלתי ניתנת לביטוי, האמת שמעבר להיגיון,
הא־סימטריה הפשוטה, המבורכת
של יד הנתונה בידי.

A Prayer for Bridges

Alana Ruben

(ENGLISH)

Hashem,

Grateful are we to be counted among the living,
bridging the generations across time.

Blessed are we who were given the merit,
to protect the lands
where our ancestors once dug wells.

While protecting Your Land,
we continuously witness miracles,
and feel Your Presence offering us strength.

Through unifying with our ancestors and each other,
we return the *Shechinah* (Divine Presence) to Zion.
We beseech You to rain upon us the blessing
of complete victory over evil
for the sake of all humanity.

Like a ladder ascending upwards,
we stretch towards You;
offering our entire being –
body, mind, and heart –
as a bridge between this world
and the higher realms,
where beauty,
truth,
and justice
sing in harmony.

Never more than now,
do we ask You to flood us
with Your pure healing light,

תפילה לגשרים

אלנה רובין

(אנגלית)

ה׳,

מודים אנו לך על היותנו בין החיים,
על הזכות להיות גשר בין דורות ומעבר לזמן.

ברוכים אנחנו שזכינו
לשמור על אדמות
שבהן חפרו אבותינו בארות.

בשעה שאנו שומרים על נחלתך
אנו עדים לניסים
וחשים את נוכחותך המחזקת.

אנו מתאחדים עם אבותינו ובינינו,
ומחזירים בכך את השכינה ציונה.
אנו מתחננים בפניך שתמטיר עלינו את ברכת
הניצחון המוחלט על הרוע
לטובת האנושות כולה.

כסולם עולה
נמשכים אנו אליך
מציעים את כל כולנו -
גוף, שכל ולב -
כגשר בין העולם הזה
לעולמות העליונים,
היכן שיופי,
אמת
וצדק
מזמרים בהרמוניה.

יותר מאי פעם
אנו מתחננים שתציף אותנו
באורך הטהור והמרפא,

so all of us,
overwhelmed by pain,
can enjoy Your solace.

Now, please,
help us have patience
to continue communicating
with those who have been indoctrinated
to believe falsehoods about us.

Put calm and clear words in our mouths
to bridge the differences between us and others,
both in Israel and abroad.

Like an orchard planted in holy soil,
as a nation,
we stretched our branches full of fruits
outwards to the world.

Our greatest joy was to share our knowledge,
creativity
and love
with other curious and inventive seekers.

Direct us back to paths of partnership
and collaboration with other people and nations.

Like stars against a black sky,
Our light, Your light, reaches down into the lowest places.

Despite the darkness of our enemies' hatred,
we raise our children to love.
We raise our children to build,
And yet we have to awaken them as well to evil.
Give us the courage to face and fight evil,
and the perseverance and wisdom
to transform darkness into light.

שנזכה כולנו,
הלומי כאב,
לחוש את נחמתך.

אנא
עזור לנו להיאזר עכשיו בסבלנות
להמשיך לתקשר
עם כל אלה שניזונו
משקרים על אודותינו.

תן בפינו מילים רגועות וצלולות
לגשר על הפערים בינינו לבין אחרים
בארץ ובנכר.

כפרדס שתול באדמת קודש,
כעם,
הושטנו את ענפינו עמוסי הפרי
אל העולם.

שמחנו יותר מכול כשיכולנו לחלוק את הידע שלנו
היצירתיות
והאהבה
עם מחפשי אמת אחרים, מלאי סקרנות וחדשנות.

הדריכנו חזרה אל דרכי שיתוף
עם אנשים ועמים אחרים.

ככוכבים בשמיים שחורים
אורנו, אורך, מגיע אל מעמקי התהומות.

על אף שנאת אויבינו האפלה,
מחנכים אנו את בנינו לאהבה.
מגדלים אותם לבנות,
אך עלינו לפקוח את עיניהם גם לרוע.
תן בנו את הכוח לעמוד מול הרשע ולהכריעו,
ואת אורך הרוח והחוכמה
להפוך חשכה לאורה.

Because of our shocked hearts and scarred souls,
many of us have been unable
to move our frozen lips in prayer.

Please help us find the simplest words
to start the journey of
building a new bridge
back to You.

בגלל ליבותינו ההלומים ונשמותינו המצולקות
רבים מאיתנו לא מצליחים
להניע את שפתותינו הקפואות בתפילה.

אנא, עזור לנו למצוא את המילים הפשוטות
לצאת למסע
שיבנה גשר חדש,
בחזרה אליך.

Answering the Modern-Day Call of Naaseh ve-Nishma: *We Will Do and We Will Hear*

Briana Grogin

(ENGLISH)

The day we were supposed to dance with Your Torah, I was left in
    paralyzing shock.
An ancient hatred, all too eagerly reared its ugly head
And every day since then
has smashed parts of my identity,
I was forced to build myself anew.

Our enemy doesn't want us to celebrate You.
They don't want us to love each other.

Just like we stood at *Har Sinai,*
Since that day it has felt like that mighty mountain is held over our
    heads.
We are standing there as we did on those first days,
Thunder of warplanes and lightning in the sky.

As a granddaughter of survivors,
I was raised on stories of tragedy and heroism.

I wondered from a young age
why the enemy hated us for simply being Jews;
I had to understand
what it really meant to be a Jew.
Who can give me that answer?

Since the day we were supposed to dance with Your Torah,
I have seen what it means to be a Jew.
Your people have answered the modern-day
call of *Naaseh ve-Nishma.*

I see soldiers who have left their families
  and have been fighting in a war for our very existence.
Naaseh.

נעשה ונשמע בעת הזו

בריאנה גרוגין

(אנגלית)

ביום שבו היינו אמורים לרקוד עם תורתך, נשארתי משותקת, הלומה.
שנאה עתיקה נשאה ראשה בהתלהבות יתרה
ובכל יום שעובר מאז
ניפצה חלקים נוספים של זהותי.
נאלצתי לבנות את עצמי מחדש.

אויבינו לא רוצים שנחגוג אותך.
הם לא רוצים שנאהב זה את זה

כפי שעמדנו לפניך בהר סיני,
מרגישים אנו מאז אותו יום שהר כפוי,
תלוי מעל ראשינו.
עומדים אנו כאן, כבאותם ימים ראשונים,
תחת רעמי מטוסים קרביים וברקים בשמיים.

כנכדה לניצולים,
גדלתי על סיפורי טרגדיה וגבורה.

מגיל צעיר תהיתי,
מדוע שונאים אותנו על עצם היותנו יהודים.
רציתי להבין
מה זה באמת אומר להיות יהודייה.
איפה אפשר למצוא את התשובה?

מאז היום שבו היינו אמורים לרקוד עם תורתך,
ראיתי מה זה אומר להיות יהודייה.
עמך נענה לקריאה חדשה־ישנה,
קריאת נעשה ונשמע.

אני רואה חיילים שעזבו משפחות
נלחמים במלחמה על קיומנו.
נעשה.

I see their wives who have been holding down the homefront for
   months.
Naaseh.

I see the women of our community who hold our very foundation
   with food, words, leadership, and love.
Naaseh.

I see volunteers who watch our borders and children who nourish
   our soldiers with tokens of appreciation.
Naaseh.

I saw Jews from the Diaspora donate money every week without
   end
to their brothers and sisters in Israel.
Naaseh.

I see people who fight the war online on every platform, taking
   untold abuse to protect and defend Your people.
Naaseh.

I see people who fill airplanes, cars, and anything that moves with
   supplies and equipment for our soldiers; driving every week to
   the northern and southern fronts.
Naaseh.

Volunteers from all over the world, arriving in droves to help the
   farmers pick their produce.
Naaseh.

I know there are countless acts performed in Your name, out of love.
Every single day.

I know now this is what it means to be a Jew.
A people that we can be proud to be part of.
We are each an important piece of the puzzle here,
to be living as a Jew at this time in history.

Naaseh – We act.
Now we wait to hear Your voice.
To *Nishma* – We are listening.

אני רואה את נשותיהם, מגינות על הבית במשך חודשים.
נעשה.

אני רואה את נשות הקהילה התומכות באוכל, במילה טובה, מנהיגות ואהבה.
נעשה.

אני רואה מתנדבים השומרים על גבולותינו וילדים המרעיפים הוקרה על חיילינו.
נעשה.

אני רואה יהודים מהגולה תורמים כספים לאחיהם ואחיותיהם בארץ ישראל, מדי שבוע, ללא הגבלה.
נעשה.

אני רואה אנשים הנלחמים ברשת, בכל פלטפורמה, מתמודדים עם פגיעות כדי להגן ולשמור על עמך.
נעשה.

אני רואה אנשים מעמיסים על מטוסים, כלי רכב וכל מה שעל גלגלים, ציוד וחומרים לחיילינו, נוסעים מדי שבוע צפונה ודרומה לחלק חלקים מליבנו.
נעשה.

מתנדבים מרחבי תבל מגיעים בקבוצות לסייע לחקלאים לקצור את יבולם.
נעשה.

אני יודעת שאינספור מעשים נעשים בשמך, מאהבה.
בכל יום ויום.

עכשיו אני יודעת מה זה אומר להיות יהודייה,
להיות חלק מעם שאנו יכולים להיות גאים כל כך להשתייך אליו.
כל אחד מאיתנו הוא חלק חשוב מהפאזל
בעצם זה שאנו חיים כיהודיים בזמן הזה.

נעשה - אנו פועלים.
וכעת אנו מצפים לשמוע את קולך.
מצפים לנשמע.
אנחנו מקשיבים.

Before It's Too Late

Yael Shahar

(ENGLISH)

From this place of devastation
Where it seems there are no answers
Because my Lord
You know and I know
that when all we can do is pray
It's all up to You.

Show me before it's too late.
Open my eyes to see.
Before it's too late to change Your mind.
Give me a chance to step in
When my heart and hands
Can still make a difference.

Guide me to those times and places
where I can still make a stand
For life.
Even against You
God of life and death
Especially against You.

From the place of helpless prayer
Guide me, God of life,
To the place where I can be in the service of life.

לפני שמאוחר מדי

יעל שחר

(אנגלית)

ממקום זה של חורבן
שבו נראה שאין תשובות
כי א־לוהיי
אתה יודע ואני יודעת –
כשאין לנו מה לעשות חוץ מלהתפלל
הכול נתון בידיך.

הראה לי לפני שמאוחר מדי.
פקח את עיניי לרווחה.
לפני שמאוחר מכדי לשנות את דעתך.
תן לי הזדמנות להיכנס לתמונה
כאשר ליבי וידיי
עוד יכולים לשנות משהו.

הדריכני לאותם הזמנים ואותם המקומות
שבהם עוד אוכל לנקוט עמדה
בעד החיים.
אפילו נגדך.
א־לוהי החיים והמוות,
במיוחד נגדך.

ממקום של תפילה חסרת ישע
הדריכני, א־לוהי החיים,
למקום שבו אוכל לשרת חיים.

Fighting the Darkness II | *Inna Rogatchi*

A New Year

שנה חדשה –
תפילות לימים
הנוראים תשפ"ה

A Prayer for the High Holidays, 5785

Rachel Weinstein

(ENGLISH)

As the year begins anew I pray that we
May be able to celebrate in joy and not fear,
Acknowledge our what-ifs and wonderings,
And be able to approach this year's holidays with the dignity and
    observance they deserve.

Hold me through my trepidation of Your holidays
For the last answered in barbarous clarity
who would live or die –
Was it at or before their time?
who would die by fire,
by sword,
by beast,
by famine,
by thirst,
by torment,
by distress,
and by captivity.
A holiday born of happiness
brought us to our knees in despair, anguish, and misery.

This year, I pray that we can set up our *sukkot* –
and then take them down.
That we can rejoice at night
and in the morning,
as the sun rises ever higher in the sky.
That we can be fearless and hopeful
dancing at one with Your Torah.

Let us be able to bask in the holiness of our God,
our land,

תפילה לימים הנוראים תשפ"ה

רחל וינשטיין

(אנגלית)

בפרוס עלינו שנה חדשה, כולי תפילה
שנוכל לחגוג בשמחה ולא בפחד
להכיר בתהיות ובתחושות ה"מה היה אילו"
ולגשת לחגי השנה בכבוד
ובהקפדה הראויים.

החזיקני כשאני חרדה מחגיך
כי הקודמים ענו בבהירות ברברית
לשאלה
מי יחיה ומי ימות
בקיצם או שלא בקיצם?
מי באש
ומי בחרב
מי בחיות אדם
ומי ברעב
מי בצמא
מי הוטרף
ומי נשבה.
חג שהורתו בשמחה
הוריד אותנו על ברכינו, מלאי ייאוש, ייסורים ואומללות.

בזו השנה אתפלל, שנוכל לטעת סוכותינו
ולפרקן.
שנוכל לשמוח בלילה
ובבוקר
כשהשמש תעלה מעלה מעלה למרומי השמיים
שנוכל להיות ללא פחד, מלאי תקווה
ולרקוד כאחד עם תורתך הקדושה.

הנח לנו להסתופף בקדושת א־לוהינו
ארצנו

our people,
and our existence,
as we recognize the spark
and miracles of our existence.

May we elevate and honor the memories
of those who can no longer celebrate
And whose absence connects directly to
that fateful day.

May we remember their names,
their faces,
their stories
and all that we lost.

May we recognize them for their joy,
their heroism,
and the lives they lead until
the moment the music
and time stood still.

Let us hear their echoes
Let us stand proudly for their legacy
Let us never fear for our right to be Jews in our Jewish homeland
Let us sing from the depths of our heartbreak
And create holidays,
a world,
and lives that breathe life, hope, glory, and peace.

Let us rise not only from the ashes
But design our lives and our dreams
With strength, determination, wonder and awe.
Let us grow from who we were, beyond where we are,
And be proud and faithful in the glory that can be.

אנשינו
קיומנו
להכיר את ניצוץ
וניסי קיומנו.

שנזכה לרומם ולכבד את זכר הנופלים
שאיתנו כבר לא חוגגים
שחסרונם קושר אותנו
ליום הזה, הגורלי.

ונזכור את שמותיהם
פניהם
סיפוריהם
כל מה שאבד לנו.

נוקיר את שמחתם
גבורתם
והחיים שהם חיו
עד הרגע שבו המנגינה עצרה
והזמן עמד מלכת.

השמע לנו את הד קולם
תן לנו לייצג בגאווה את מורשתם
הסר מאיתנו את הפחד מלהיות יהודים בארץ האבות, ארץ היהודים
הרשה לנו לשיר מעומק הלב הנשבר
וליצור חגיגות וחגים,
עולם,
וחיים שמפיצים חיות, תקווה, תפארת ואחווה.

אפשר לנו לצמוח מאפר, אך לא רק.
לעצב חיים וחלומות
בעוצמה, נחישות, פליאה ויראה.
עזור לנו לצמוח מעבר למי שהיינו, מעבר למי שאנחנו עתה,
ולעמוד גאים ומלאי אמונה בפאר שעוד יכול להתהוות.

Days of Repentance

Michal Eshdat

(HEBREW)

Seeking an escape
And seeking a pathway to forgiveness
Within the pathways of the tunnels that were sanctified
Between Shuja'iyya and Rafiah ...
It is our brothers
Whom we are looking for.
It's the right
pathway.
Underground, and heavenly skies,
Meet in a kiss ...
The horizon
Is here.

Between me
And the *siddur* burning between my hands.
Between me and this repression of tears,
Within which I remain trapped.
May it be Your will that tears will emerge from within the collective
     niggun
And wash over me once again,
In their gentle
Power.
That the gates of weeping, and, please God, I too,
Have not been locked ...

Avinu,
Malkenu,
For the sake of our holy infants,
Who You commanded us to raise
And who did not sin.
Act for the sake of those murdered sanctifying Your name.

ימי תשובה

מיכל אשדת

(עברית)

מחפשת מוצא
ומבקשת מחילה
במחילות שהתקדשו
בין סג'עיה לרפיח...
את אחיי
אנחנו מבקשים.
את המחילה
הנכונה.
תת־קרקע, ושמי־שמיים
נושקים זה לזה...
קו האופק,
זה כאן:

ביני,
לבין הסידור הבוער בין ידיי.
ביני ובינות למיסוך הדמעה
שעודני שבויה בו.
ויהי רצון שתבוא הדמעה מתוך ניגון הכלל,
ותציף אותי שוב
בעוצמתה
הרכה.
ששערי דמעה, ולוואי גם אני,
לא ננעלו...

אבינו,
מלכנו,
עשה למען תינוקות של בית רבן,
שציוויתנו לגדל,
שלא חטאו.
עשה למען הרוגים על שמך.

For those massacred for the sake of Your Oneness...

Our Ten Days of Repentance have extended themselves this year,
From Simchat Torah
Until the rejoicing of the Torah...
Do it for Your own sake
And deliver us.

עשה למען טבוחים על ייחודך...

עשרת ימי תשובה התארכו לנו השנה
בין שמחת תורה,
עד השמחה של התורה...
עשה למענך
והושיענו.

A Prayer for Simchat Torah

Rachel Sharansky Danziger

(HEBREW)

My God,
I want to rejoice.
I want to dance, and feel, within my feet,
generations upon generations of dancing feet.
I want to embrace Your Torah, and feel, within my body,
generations upon generations of beating hearts
awed hearts
Love-sick for Your Torah.
I want to bring their love, my love, to the chambers of my hearts
To hold fast, and not let You go.

But my God,
My feet are heavy today.
I want to rejoice but my heart is grieving.
For the beloved and cherished, who were never parted, in life or in
    death.
For the day when our dancing turned to mourning.
Your glory, O Israel, lies slain on Your heights;
How could Your name be defiled in the nations?
How shall I dance today?
How shall I rejoice?

My God,
Help me choose life and love again.
Help me place my hands in my friends' hands today,
and feel, between my fingers,
generations upon generations of brave hands
that embraced You
and Your Torah
To our heart

תפילה לשמחת תורה

רחל שרנסקי דנציגר

(עברית)

א-לי,
אני רוצה לשמוח.
אני רוצה לרקוד, ולחוש בתוך רגליי
דורות על גבי דורות של רגליים מרקדות.
אני רוצה לחבוק את תורתך, ולחוש בתוך גופי
דורות על גבי דורות של לבבות פועמים
מתפעמים
חולי אהבה לתורתך.
אני רוצה להביא את אהבתם, אהבתי,
אל חדרי ליבי,
לאחוז בך ולא להרפות.

אבל א-לי,
רגליי כבדות היום.
אני רוצה לשמוח אך ליבי אָבֵל.
על נאהבים ונעימים שבחייהם ובמותם לא נִפְרָדוּ.
על היום שבו הפך מחולנו למספד.
הצבי ישראל על במותיך חלל
איכה חולל שמך בגויים?
איכה ארקוד היום?
איכה אשמח?

א-לי,
עזור לי לבחור שוב בחיים ובאהבה.
עזור לי להניח את ידיי בידי חברותי היום,
ולחוש בין אצבעותי
דורות על גבי דורות של ידיים אמיצות
שאימצו אותך
ואת תורתך
אל ליבנו,

Even when we were killed for Your sake.
Even when our love was like a rose
among the thorns of persecution and suffering.

My God,
The dance won't stop,
The love won't stop
I can't stir or awaken the joy until it pleases
But I pray
that it too shall return.

Awake, awake, my God
Be with us in this dance
That binds all the generations together
That binds us to You.
Help us find the courage to rejoice again.
Arise for our help,
and redeem us for the sake of Thy steadfast love.

גם כאשר הורגנו עליך,
גם כאשר אהבתנו הייתה כשושנה
בין חוחים של רדיפה ושל סבל.

א־לי,
הריקוד לא יפסק.
האהבה לא תיפסק.
איני יכולה להעיר ולעורר את השמחה עד שתחפוץ,
אבל אני מתפללת
שגם היא עוד תשוב.

עורה, עורה, א־לי,
היה עימנו בריקוד הזה
שכורך את כל הדורות
שכורך אותנו איתך.
עזור לנו למצוא את האומץ לשמוח שוב.
קוּמָה עֶזְרָתָה לָּנוּ
וּפְדֵנוּ לְמַעַן חַסְדֶּךָ.

Redemption

גאולה

Night Vision: Beis HaMikdash | *Leah Luria*

A Prayer to Reveal the
Light of Mashiach in Us, with Mercy

Ruhama Shapira

(HEBREW)

HaShem, the Lord of Hosts,
I've yearned, *HaShem*, for your deliverance!
May you turn our suffering into a window.
Thank you for adorning us from within the sea of our tears
With a crown of *emunah* (faith), promising
That all of this is simply part of the pangs of *Mashiach's* coming
And it is within these endless depths,
In the darkness, that the redemption of *geulah* grows
Thank You for the pleasure of witnessing, for though we have not
  merited to see with our own eyes
The wonders of the souls of our soldiers,
We were so blessed as to glimpse the vision of the glowing spark of
  Mashiach
Holiness from left and right, pure as the very sky,
As they devoted and sacrificed themselves for Israel, Your nation
With love and the will to reveal the light of Your kingdom
Awaken in our souls
Such devotion in our own lives
To love all Jews as ourselves
To show a welcoming countenance to all, near and far, and to
  ourselves
And open our eyes and hearts with good thoughts and words and
  acts that add light to the world, at the correct moment, with
  humility and joy

Thank You for granting us courage and bravery and the power of our
  will
To diligently exterminate evil until we reach victory.
Our tongues are near dry from our prayers

תפילה להתגלות
אור משיח בתוכנו ברחמים

רוחמה שפירא

(עברית)

ה' א-לוהי צבאות
לישועתך קיוויתי ה'!
שתהפוך לנו צרה לצוהר
תודה שאתה מעטרנו בתוך ים דמעותינו
בכתר אמונה ומבטיח
שכל זה חלק מחבלי משיח
ודווקא בעומק מצולה
בחושך, צומחת כעת גאולה
תודה על העונג שזכינו בעינינו
לראות בפלאי נשמות חיילינו
אשרינו שזכינו בהתגלות ניצוץ משיח בזוהר
קדושת ימין ושמאל כעצם השמיים לטוהר
במוסרם נפשם למען ישראל עמך
באהבה וברצון שתגלה הארת מלכותך
כן תעורר עוד בנפשנו
מסירות נפש בחיי חיותנו
לאהוב כל יהודי כנפשנו
להאיר פנים לקרובים ולרחוקים ולעצמנו
ותאיר עינינו וליבנו במחשבות טובות דיבורים ומעשים מאירים בעיתם
בענווה ושמחה

תודה שאתה נותן עוז וגבורה וכוח רצון
לביעור הרוע בהתמדה עד הניצחון.
וכמעט יבשה לשוננו מתפילות

And unending waiting
Day and night
You send angels who walk among us, teachers, caregivers,
    physicians, families
Consoling, cooking, praying, contributing, all drawn together and
    dedicated, as we view them with amazement
Giving of themselves unendingly. With love! Unceasingly!
Enveloping our pain – our pangs – with hope, until the delivery!

Thank You for Your miracles and moments of grace, large and small,
    each and every day – on land, at sea, and in the air
Each soldier who returns safely and the wounded in recovery and
    each combatant
Who has left his strength of spirit among our eternal people and in
    whose light we continue walking
Until the day will arrive which will be aglow with the light of eternal
    geulah (redemption)
Thank You for enveloping us in kindnesses large and small
Inspiring us with awesome courage and rescuing us from fixation
Raising us up from the depths of our nothingness
And discovering new strengths within us
Of which we were unaware – Grant us thus
More and more discoveries – because *HaShem* is present among us!
And to hear Your voice beating within us
And to respond
"We are here!"

Avinu Malkenu, our Beloved
Thank You for being our Redeemer and the Healer of our hearts
    within this horror
Through tales of endless *hashgacha* (providence) and Your rescue of
    our brothers
So do we hope to always know and notice Your protection of us
And to recognize Your pride in each and every one of us
That we are Your children and it is our wish and will to have You
    rule over our minds and senses

ומציפייה עד כלות
ימים ולילות
אתה שולח מלאכים שמהלכים בינינו מורים מטפלים רופאים בני משפחות
מנחמות מבשלות מתפללות תורמות נרתמות מתמסרות לעינינו המשתאות
מתנדבים בלי מידה. באהבה! בהתמדה!
עוטפים בתקווה צערנו - צירנו - עד הלידה!

תודה על ניסיך וחסדיך הקטנים והגדולים בכל יום - ביבשה באוויר ובים
כל חייל שחוזר בשלום ופצוע שמשתקם וכל לוחם
שהשאיר רוחו האיתנה לנצח עמנו ולאורו נלך
עד נכון היום ויאיר בגאולת עולמים
תודה שאתה עוטף אותנו בחסדים גדולים וקטנים
מעוררנו בגבורה נוראה מחלצנו מחשיבה מקובעת
ומעומק אפסותנו מצמיחנו
וכוחות חדשים מגלה בנו
שלא ידענו מקיומם - כן תזכנו
לגלות עוד ועוד - כי יש ה׳ בקרבנו!
ולשמוע את קולך הפועם בנו
ולהיענות
"הננו"!

אבינו מלכנו דודנו
תודה שאתה גואלנו ובתוך התופת מרפא ליבנו
בסיפורי השגחה פרטית הצלת אחינו
כן מייחלים אנחנו לך לדעת ולהתבונן תמיד בהשגחתך עלינו
ולדעת שאתה מתפאר בכל אחד מאיתנו
שבניך אנחנו ובך רצוננו שתמלוך על מחשבותינו וחושינו

And free us from all the divisions separating us from You
And separating us from ourselves
And save us from fear! – And bless us with supreme awe – that we
    may see the heavens within us and within each one of *Am Yisrael*
And awaken within us the glint of *tzadikim* (the righteous) –
To work alongside You – and to derive only good, as You will it!
Because there is no other but You!

May we merit definitive victory over all the enemies within our soul
(especially ... sorrow and heaviness and anger and ...)
To gently guide and conduct the orchestra of our feelings

May our illnesses turn to dancing
And may new branches grow from our ashes
The flower of Your servant David
You who know our heartbreak
And hear the prayers of all
Grant us belief in in the power of prayer which flows and acts in all
    worlds and bless us with *emunah* and security
Because with You all is possible
And everything
can be turned on its head
To merit gratitude

And we shall know that You reveal Yourself through our yearnings
    and acts
And battle the blackness for us
And from the depths of our shattered hearts
Breaks the dawn of our light
And though we had trusted in our strength and power, our hearts
    have already surrendered
And You arouse us to mend our ways – each and every one of us
    and each group within us
And we will believe that we can repair and receive with love from
    one another that spark of hidden goodness

ותשחררנו מכל המסכים המבדילים בינך
ובינינו ובין עצמנו
ותצילנו מפחד! - וזכנו ליראה עליונה - שנראה שמיים בתוכנו ובתוך כל
אחד מישראל
ותעורר בנו נקודת הצדיק -
לפעול עימך - ולגזור טוב, כרצונך!
כי אין עוד מלבדך!

ונזכה לנַצח ודאי את כל אויבי נפשנו
(ובפרט... עצבות וכבדות וכעס ו...)
לנצח בנעימות על כל חושינו

ותהפוך מחלותינו למחולות
ומאפרנו יצמחו פוארות.
צמח דוד עבדך
שאתה קרוב לנשברי לב
ושומע תפילת כל פה
ותזכנו להאמין בכוח התפילה המתגלגל ופועל בכל העולמות, ואתה תחוננו
באמונה וביטחון
ואצלך הכול אפשר
ונתהפך
הכול
לתודה

ונדע שאתה מתגלה בכיסופינו ובמעשינו
ונלחם לנו בשְׁחור
ומעומק בקעי ליבנו
נבקע כשחר אורנו
ומה שבטחנו על כוחנו ועוצם ידנו כבר נכנע ליבנו
ואתה מעוררנו לתקן דרכנו כל אחד ואחת, כל ציבור וציבור
ונאמין שיכולים לתקן ונקבל באהבה זה מזה את ניצוץ הטוב הגנוז

As we will cleave to Your paths, for You are He who creates peace and can unites apparent opposites – and we shall cleave to Your paths for You will awaken us to new and amazing wonders of healing
And may we merit strength from You to receive *Mashiach* with mercy and with a knack for spreading wondrous fragrances for the soul! And visions of good! And positive speech!

And expand the breath in our lungs
Which have absorbed sorrow and in times of agony were nearly fossilized from despair
You will fill us with the backbone of devotion
With *emunah*
In the resurrection of the dead
And the living (who God forbid came close to witnessing the demise of their hope – You rescue them!)
And open for us the gates of mercy to build You a small *Mikdash* in our hearts – in this world
In our lifetime! And in your lifetimes! And in the lifetime of all of *Am Yisrael*
Amen, let *HaShem* do so!

ונדבק בדרכיך שאתה עושה שלום ונושא הפכים - ונדבק בדרכך כי תשלח
לנו דעת חדשה ומופלאה עצות פלא מרפאות
ונזכה שתאמצנו לקבל פני משיח ברחמים וחוש להעיר ריח טוב בנשמות!
וראית טוב! ודיבור מיטיב!

ותרחיב הנשימה בריאותנו
שספגו צער, ובצוק העיתים כמעט נוצקו חלילה בטון של ייאוש
אתה תיצוק בנו יתד נאמנה
באמונה
בתחיית המתים
והחיים (שחלילה כמעט מתה תקוותם - אתה מצילם!)
ותפתח לנו שערי רחמים לבנות לך מקדש מעט בליבנו - ובעולם
בחיינו! ובחייכם! ובחיי כל ישראל
אמן כן יעשה ה׳!

The Edge of Redemption

Liba Lurie

(ENGLISH)

Master of the universe, who crafted the remedy before the ailment, do not forsake us in our suffering.

Have mercy on us, *Hashem,* for we are tired and weary from the burdens of exile.

For we cry out to You, O Merciful One, with the fervor of generations past and present, as it is written: Out of the slavery, their cry for help rose up to God

Let the days of waiting come to an end.

Let the light of Your presence shine upon us, dispelling the darkness that surrounds

Let us reunite with the Divine Presence that once dwelled among us

May our prayers ascend to You, and may Your compassion be stirred.

May it be Your will our God, God of our forefathers, gather the scattered pieces of our souls, and rebuild our collective spirit, to stand as one in our homeland, united in heart and soul.

סף הגאולה

ליבה לורי

(אנגלית)

ריבון כל העולמים,
אתה, אשר הקדמת רפואה למכה, אל תנטשנו בשעת סבלנו.

רחם עלינו, ה׳, כי עייפנו ממשאות הגלות.

אנו זועקים אליך, א־ל רחום וחנון, בלהט הדורות שקדמו לנו ושיבואו אחרינו, ככתוב, ״וַיֵּאָנְחוּ בְנֵי יִשְׂרָאֵל מִן הָעֲבֹדָה וַיִּזְעָקוּ וַתַּעַל שַׁוְעָתָם אֶל הא־לוהים״.

עשה שייתמו כבר ימי ההמתנה.

עשה שיזרח עלינו אור השכינה, ויגרש את החושך שסובב אותנו.

עשה שנהיה כולנו לאגודה אחת עם שכינתך, אשר שכנת בתוכנו מקדם.

עשה שתפילותינו יעלו אליך, ויעוררו את רחמיך.

יהי רצון מלפניך, א־לוהינו וא־לוהי אבותינו, שתאסוף את כל הניצוצות של נשמותינו הפזורות, ותשקם את רוחנו המותשת, כדי שנעמוד כולנו כאיש אחד בארצנו, מאוחדים בלב ובנפש.

A Bird of Another Peace

Tzipora Lifchitz

(ENGLISH)

God,
I visit You amongst Your holy stones,
Pressing Your words against my lips
And beg of You, yet again, for a better world for my children.

Circling above my head is the dove of peace
It was the perfect peace for its time
Can there be a more perfect peace
I pray
Someday soon
There will be the peace of another bird.
Peace to another tune.

It was the dove who took her time, the ark was anchored, waters
    still swirling in biblical flood when she took the temperature
    and told us we were ready.
white-winged, cautious, and easily dirtied.
White dove of an old peace.

The dove sang her piece again and we jangled our tambourines on
    the choppy shores
and we danced.

But as time went on her music faded –
remembered in whispered prayers, in notes tucked into sacred
    stones,
in paintings with beaks burdened by olive branches, the fruit of
    crushing labor.
'til now she has been our song.

I pray a new dawn to come will be hailed by a bird of another
    feather
For we've been many birds

ציפור של שלום אחר

ציפורה ליפשיץ

(אנגלית)

א-לוהים,
אני מבקרת אותך בין אבניך הקדושות,
לוחצת את מילותיך אל שפתיי
ומבקשת ממך, שוב, עולם טוב יותר לילדיי.

מעל לראשי סובבת יונת השלום
זה היה השלום המושלם לעיתו
האם יכול להיות שלום מושלם יותר?
אני מתפללת
שבקרוב
יהיה שלום של ציפור אחרת.
שלום במנגינה אחרת.

הייתה זו היונה שהתמהמהה. התיבה עוד עגנה,
והמים עוד הסתחררו במבול התנ"כי
כשהיא אמדה את המצב ואמרה לנו שאנו מוכנים.
לבנת כנף,
זהירה ומתלכלכת בקלות,
יונה לבנה של שלום ישן.

היונה שוב שרה את שירה ואנו הכינו על תופי מרים
על החופים הסוערים
ורקדנו.

אבל עם חלוף הזמן המנגינה שלה התפוגגה –
אנו זוכרים אותה בתפילות לחושות, בפתקים תחובים בין אבנים קדושות,
בציורים של מקורים עמוסי ענפי זית, פרי שדורש כתישה ועמל.
עד עכשיו היא הייתה שירנו.

אני מתפללת שהשחר החדש שעוד יפציע יבושר על ידי
ציפור אחרת

כי היינו כבר ציפורים רבות.

We were the canary, our lungs taking in fumes while we faltered on
   our feet but survived, gasping for air.
We've turned swans from ducklings, never ugly despite what
   they've claimed.

And we will rise, beyond the Phoenix and from more than just
   ashes.

This will be peace of another kind, a bird wearing the coat of
   dazzling colors, chest alight with a million dreams, a bird with
   wings that span all time and as wide as mankind
and a song that revives the soul.

As of yet, this song has no sound
When she's first heard
she'll be mistaken as a cry, as she is borne of cries.

A baby too scared, a silent bleating in the darkness of loneliness,
   hunger, and cold
the silent cry of a mother whose children are torn from her, a
   ravaging emptiness in her arms and heart where her children
   belong.

A song of the wind blowing through ashes where there was a warm
   home
a soundless call from the depths
from lungs emptied of air, breathing in tight sobs.

This tuneless soundless eternity of ache will be spun into song by a
   new bird with her heart as wide as the pain is deep

This new song of peace

will sound of still waters, of children's feet dancing on the shore,
will sound of neighbors' hands clasped as brothers

dare I say, will sound of the wolf and lamb curled up together in the
   morning sun
She will sing and sing
and sing and sing and sing
harmonious peace
everlasting paradise in her song.

היינו הכנרית במכרה, ריאותינו שאפו אדים רעילים בשעה שאנו כשלנו על רגלינו אך שרדנו, מתנשפים.
הפכנו לברבורים מברווזונים, שלא היו מכוערים, למרות מה שאמרו עלינו.

ואנחנו עוד נקום, יותר מעוף החול ומתוך יותר מֵרַק אפר.

זה יהיה שלום מסוג אחר, ציפור
שתלבש כתונת של צבעים מסנוורים, וחזה יהיה מואר
במיליון חלומות, ציפור עם כנפיים
שיימתחו עד כל קצוות הזמן, רחבות כמין האנושי,
ושיר שיקים את הנשמה לתחייה.

בינתיים, לשיר הזה עוד אין צליל.
כשישמעו את הציפור לראשונה,
יבלבלו אותה עם בכי, כי היא תיוולד מתוך דמעות.

תינוק מפוחד מדי, יפחה אילמת בחשכת הבדידות, הרעב, הקרה
הצעקה האילמת של אם שקרעו את ילדיה מעליה, הריקנות הגועשת בזרועותיה, בליבה, היכן שילדיה אמורים להיות

שיר של הרוח הנושבת על פני האפר
היכן שהיה בית חם
קריאה חסרת מילים ממעמקים
מריאות שהתרוקנו מאוויר, ונושמות בקושי, דרך יבבות

ציפור חדשה, שליבה יהיה רחב כשם שהכאב עמוק, תהפוך את הנצחיות הזו של הכאב, נטולת המנגינה והצליל, לשיר.

שיר השלום החדש הזה

יישמע כמים שקטים, כרגלי ילדים רוקדים על החוף,
כקולן של ידי השכנים כשהן אוחזות זו בזו, כידי אחים

והאם אעז לומר, הוא יישמע כקול הזאב והכבש
כשהם מכורבלים יחדיו באור השמש של הבוקר

היא תשיר ותשיר
ותשיר ותשיר ותשיר
שלום הרמוני
עם גן עדן נצחי בשירה.

View of the Kotel from Below | *Leah Luria*

Beit HaMikdash

Avigail Wieder

(ENGLISH)

Avinu She-ba-Shamayim,
The words echo in my mind every time I come here.
The words that so many have said before me.
The words that were once just a whispered hope, a misty dream, a
    fervent prayer.
The words that I don't even claim to know, their meaning, their
    significance, nor their power.
The words that come straight from the heart,
and have gathered together from the mouths of every wandering
    Jew.
How is it that I,
little I,
in this modern era, standing here in someone else's dream,
with these ancient words on my lips,
Which millions have murmured before me,
my soul so far away from the reality that is today,
because I do not know, nor can grasp,
what these words even mean?

What does it mean to pray for the rebuilding of the *Beit Hamikdash*
    (Temple)?
To live with God among us, with a physical place where heaven
    literally touches earth?
At a time in which true healing,
true peace,
true unity,
true sublime,
and Divine connection,
will spread out across the world?

Are we even ready to receive it?

בית־המקדש

אביגיל וידר

(אנגלית)

אבינו שבשמיים,
המילים מהדהדות במוחי בכל פעם שאני מגיעה לכאן.
המילים שנאמרו על ידי רבים לפניי.
המילים שפעם היו רק תקווה ממולמלת,
חלום ערפילי,
תפילה נרגשת.
המילים שאיני מתיימרת לדעת את משמעותן, חשיבותן או כוחן.
המילים היוצאות מהלב,
שהתקבצו יחד מפיהם של כל היהודים הנודדים.

איך זה שאני,
אני הקטנה,
בעידן המודרני הזה, ניצבת כאן בחלומו של מישהו אחר,
עם מילים עתיקות יומין אלו על שפתיי,
שרבבות מלמלו לפניי,
ונשמתי כה רחוקה מהמציאות של היום,
כי איני יודעת ואיני יכולה להבין
מה משמעותן של המילים האלו?

מה זה אומר להתפלל לתיקון המקדש?
לחיות עם השכינה בקרבנו, עם מקום מוחשי שבו הרקיע נוגע באדמה?
בשעה שבה ריפוי אמיתי,
שלום אמיתי,
אחדות אמיתית,
שגב אמיתי,
וקשר לא־לוהי,
יתפשטו לרחבי העולם כולו?

האם אנחנו בכלל מוכנים לקבל את פניו?

Are we ready for this new existence,
this new reality,
this new truth?

Maybe it is from
this specific, particular murkiest kind of darkness,
where the light of truth has been so deeply hidden,
and the sound of the soul has been so stifled,
and true connection to You,
God,
has been so concealed that we will finally be ready.

And maybe it is precisely here, in our times,
that we have this amazing sublime opportunity
to find the light of faith,
the light of trust,
the light of miracles,
and best of all, the light of redemption.

Please God, give us the strength,
the courage,
and the faith, to look deep within our soul,
and never outside of it.
To see through the dark,
and find the light.
To do everything in our power to bring more
Divine mercy,
compassion
and kindness to ourselves,
to everyone around us
and to the world.

"May it be your will, *Hashem,* our God and the God of our forefathers,
that the Holy Temple will be rebuilt, speedily in our days."

מוכנים לקיום הזה,
למציאות הזאת
לאמת החדשה הזאת?

אולי דווקא בגלל
האפלה הספציפית, המסוימת והעגמומית הזאת,
שבה אור האמת מוסתר כל כך עמוק,
וקול הנשמה כה מודחק,
וגם כל קשר אמיתי איתך,
ה׳,
נסתר כל כך, נהיה סוף סוף מוכנים.

ואולי דווקא כאן, בימינו,
נזכה להזדמנות מדהימה ונשגבת זו
למצוא את אור האמונה,
אור האמון,
אור הניסים,
ומעל הכול, אור הגאולה.

אנא ה׳ תן בנו את הכוח,
והעוז,
והאמונה להביט עמוק לתוך נשמתנו,
ולא מחוצה לה.
להביט מבעד לחושך
ולמצוא את האור.
לעשות כל מה שביכולתנו להביא עוד
רחמי שמיים,
חמלה
וטוב לב לעצמנו
לסובבים אותנו
ולעולם.

״יהי רצון מלפניך ה׳ א-לוהינו וא-לוהי אבותינו,
שייבנה בית המקדש במהרה בימינו״.

Between Heaven and Earth | *Avigail Wieder*

A *Prayer for* Mashiach

Shira Lankin Sheps

(ENGLISH)

In the early weeks of the darkest month,
When the moon was blocked by fear,
And our blood was still soaking into the ground,
There were whispers that Your face was hidden.

"It can't be!" we cried;
Believing we were living in a time of miracles,
Already on the cusp of the end of days,
Our hands ready to pick up bricks,
And shape Your vessels from gold,
For a new house we would build together
Convinced we knew where we were heading,
That the direction left to go was up.

But when the plague of darkness was renewed,
Our path was blocked,
And we were left questioning before the blood on our doorposts,
Will You come among us,
To smite our enemies with a mighty hand and an outstretched arm?

As we fight to clear the darkness,
Sweat drenched and shoulders strained from all we carry,
Heavy with grief
Gravedigger's dirt under our fingernails,
We're searching for You.

In every bullet hole
And every orphan's whimper.
Every widow's sigh,
Every echo in the tunnels deep underground,
Every charred home,
And in every racing pulse.

תפילה למשיח

שירה לנקין שפס

(אנגלית)

בשבועות הראשונים של החודש האפל ביותר,
כשהחרדה חסמה את הלבנה,
ודמנו עוד חלחל לתוך האדמה
היו שלחשו שהסתרת את פניך.

"בלתי אפשרי!" בכינו,
באמונה שלמה שאנו חיים בעידן של ניסים,
על סף אחרית הימים,
ידינו מושטות להרים לְבֵנִים
וליצור את כליך מזהב
בשביל הבית החדש אשר נבנה יחד.
היינו משוכנעים שאנו יודעים לאן פנינו מועדות
ושהכיוון היחיד שנותר לנו ללכת בו הוא מעלה.

אך כשמכת החושך התחדשה סביבנו,
הדרך קדימה נחסמה,
ומצאנו את עצמנו מלאי שאלות מול הדם על משקופינו.
האם תופיע בקרבנו,
להכות באויבינו ביד חזקה ובזרוע נטויה?

בעודנו נלחמים להרחיק את האפלה,
מיוזעים, כתפינו מאומצות תחת עול כל משאותינו,
כבדים מאבל,
עם עפר קברים טרי תחת ציפורנינו,
אנחנו מחפשים אותך.

בכל חור מקליע
בכל יבבה של יתום,
בכל אנחת אלמנה,
בכל צליל שמהדהד במעמקי המנהרות,
בכל בית חרוך,
ובכל פעימה של לב דוהר.

"Are You here?" we cry,
And we find You in all the missiles that miss their targets,
The Iron Dome fracturing the night sky,
The heartiness of our soldier's hearts,
And in the love of those who send them off to war
with faith that You will bring them home again.

We find You in the words of strength from grieving mothers,
In the hoards of Your people who have rushed to be here in Your
     name,
In the hugs of reunited hostages and their families,
Under the *chuppot* of couples dressed in green.

Avinu She-ba-Shamayim,
Keep dispelling the darkness so we can see You clearly.

Dispel the clouds and let the sun rise to its zenith,
Bold and bright enough
so that the whole world can see
You are with us.

Because we know where we are –
Standing on ancient soil,
Promised to our forefathers,
Pined for by generations,
Reborn out of the ashes of Your nation.

But are we ending the longest exile?

We want to know *when* we are.

Are we on the cusp of redemption?
Are these the birth pangs You promised?
Are we almost there?

Sometimes it feels like we are cycling backwards,
Infighting and politics,
The risks and rewards of our own sovereignty.
A nation alone among the rest of the nations.

"האם אתה כאן?" אנחנו צועקים,
ומוצאים אותך בכל טיל שאינו פוגע במטרתו,
בכיפת הברזל שמנסרת את שמי הליל,
בעוז ליבם של חיילינו,
ובאהבתם של כל מי ששלחו אותם לשדה הקרב
באמונה שתחזיר אותם הביתה בשלום.

אנו מוצאים אותך במילות החיזוק של אימהות שכולות,
בנחילי עמך שהזדרזו ובאו להיות כאן בשמך,
בחיבוקי החטופים המשוחררים לחיק משפחותיהם,
ומתחת לחופות הזוגות הלבושים במדי זית.

אבינו שבשמיים
המשך לפזר את החושך כך שנזכה לראותך בבירור.

פזר את העננים ותן לשמש לעלות עד מרומי כיפת השמיים,
עזה וזוהרת מספיק
כדי שהעולם כולו יוכל לראות
שאתה איתנו.

כי יודעים אנחנו היכן אנו ניצבים:
אנו עומדים על אדמה עתיקה
שהובטחה לאבותינו,
מושא ערגתם של דורות,
שנולדה מחדש מתוך אפר עמך.

אך האם הגענו לקץ הגולה הארוכה ביותר?

אנחנו רוצים להבין מתי אנחנו.

האם אנו עומדים על סף הגאולה?
האם אלה הם חבלי הלידה אשר הבטחת?
האם כבר כמעט הגענו ליעד?

לעיתים אנו מרגישים כאילו אנו מדוושים אחורה,
מחלוקות פנימיות ופוליטיקה,
הסיכונים והפירות של ריבונותנו,
עם לבדד שוכן בין העמים.

Please –
Show us Your secret messianic vision
We are ready with our timbrels by the door,
Eager to rush into the streets of Your holy city,
Songs of praise freed from our throats,
Feet flying with dance,

As we usher in a new era.

אנא,
הראה לנו את רז חזון משיחך,
אנו מוכנים עם תופי מרים ליד דלתותינו,
משתוקקים לנהור חיש אל רחובות עיר קודשך,
עם שירי הלל שישתחררו מגרוננו,
רגלינו יעופו במחול,

כשנכניס ונקדם עידן חדש.

About the Editors

Shira Lankin Sheps, MSW, is a writer, editor, workshop facilitator, and clinically-trained therapist. She founded and published *The Layers Project Magazine,* an online magazine that explored the challenges and triumphs of the lives of Jewish women, and is the author of LAYERS: *Personal Narratives of Struggle, Resilience, & Growth of Jewish Women* (Toby Press, an imprint of Koren, 2021). Shira's essays and articles have been published by *The Times of Israel, JTA, The Jewish Press, Kveller, The Forward, The Jewish Link, The Jerusalem Post, World Mizrachi,* and of course, *The Layers Project.* She earned a BA in English Literature at Stern College of Yeshiva University and a Masters of Social Work from the Silberman School of Social Work at Hunter College. She lives in Jerusalem with her husband and children. Shira is currently the executive director and founder of The Shvilli Center, and publisher of The Layers Press.

Rabbanit Anne Gordon is the deputy editor of Ops & Blogs at *The Times of Israel.* A veteran educator, Anne lives in Jerusalem with her family, where she co-hosts both the daily podcast, "Talking Talmud," and "The Chochmat Nashim Podcast," as co-founder of the organization. She is a graduate of Drisha Institute's Scholars Circle and holds a BA in History & Philosophy, an MA in Judaic Studies from Harvard University, and is ABD in her pursuit of a PhD in Jewish Education. A Sefaria Word-by-Word fellow, Anne is currently writing on the interplay between biblical and rabbinic literature, a study in the Book of Proverbs.

Rachel Sharansky Danziger is a Jerusalem-born writer and educator who writes about the intersections between daily life, Scripture, and the art of storytelling. Having researched personal narratives of religious transformation for her MA in American history, she continues to explore questions of faith, emotions, and community formation in Jewish texts. Her work can be found in *The Times of Israel, Tablet Magazine, Kveller,* and other online venues. Rachel teaches Tanach at Matan, Pardes, Maayan, and Torah-in-Motion. She is a SHVILLI educator and a Sefaria Word-by-Word fellow, where she is writing on family drama in the biblical book of Judges.

על אודות העורכות

שירה לנקין שפס היא כותבת, עורכת, מורת כתיבה, מנחת קבוצות ומטפלת קלינית. שירה ייסדה והוציאה לאור את כתב העת המקוון The Layers Project, שבחן את האתגרים - ואת רגעי הניצחון - בחייהן של נשים יהודיות. אחרי שסייעה לנשים רבות להעלות על הכתב את חוויותיהן, שירה כתבה ופרסמה ספר המבוסס על פרויקט זה - LAYERS: Personal Narratives of Struggle, Resilience, & Growth of Jewish Women (הוצאת קורן). מאמריה ומסותיה בשפה האנגלית התפרסמו במגוון אתרים וכתבי עת. שירה סיימה תואר ראשון בספרות אנגלית בסטרן קולג׳ ותואר שני בעבודה סוציאלית בבית ספר סילברמן בהאנטר קולג׳. שירה גרה בירושלים עם בעלה וילדיה. היא המייסדת והמנהלת של מרכז שבילי והמו״ל של Layers Press.

הרבנית חנה גורדון היא סגנית העורכת של מדור הדעות והבלוגים בזמני ישראל (אתר חדשות בשפה האנגלית). חנה גרה בירושלים עם משפחתה, שם היא מקליטה ומפרסמת שני הסכתים קבועים: הסכת על הדף היומי (Talking Talmud) וההסכת של ארגון חוכמת נשים, שחנה הייתה שותפה לייסודו. חנה היא מחנכת ותיקה ובוגרת התוכנית ללימודים מתקדמים בתלמוד והלכה של מכון דרישה. היא השלימה תואר ראשון בהיסטוריה ופילוסופיה ותואר שני בלימודי היהדות מטעם אוניברסיטת הרווארד, ועובדת על דוקטורט בחינוך יהודי. כעמיתה בתוכנית מילה־אחרי־מילה של ספריא, חנה עובדת על ספר שבוחן את יחסם של חז״ל לספר משלי.

רחל שרנסקי דנציגר היא כותבת ומרצה ילידת ירושלים העוסקת בנקודות הממשק בין חיי היום־יום, כתבי הקודש ואמנות הסיפור. במסגרת עבודת התזה שלה במחלקה להיסטוריה אמריקאית באוניברסיטה העברית חקרה רחל את האופן שבו פרוטו־אוונגליסטים אמריקאים סיפרו את סיפורי חייהם, וכיצד

סיפורים אלו השתלבו בדינמיקה המורכבת בין אמונה לרגש ולחיי קהילה. היא ממשיכה לבחון סוגיות דומות בטקסטים יהודיים ובחיי היום־יום במדינת ישראל. חיבוריה התפרסמו במגוון כתבי עת מקוונים. רחל מלמדת תורה במתן, פרדס, ותורה־אין־מוטיון, תוכנית מקוונת בשפה האנגלית. רחל מלמדת כתיבה יוצרת דרך מרכז שבילי, וכעמיתה בתוכנית מילה־אחרי־מילה של ספריא, היא עובדת על ספר העוסק בסיפורי המשפחה של ספר שופטים.

About the Writers and Artists

ADINA KOPINSKY (עדינה קופינסקי) is attempting to balance poetry, motherhood, and contemplative living. She is originally from Los Angeles and now lives in Israel with her husband and four sons. She has work published or forthcoming in *Crannog, PANK, SWWIM Every Day,* and *Glass: A Journal of Poetry,* among other publications. She is also a board-certified lactation consultant and language editor at *The Journal of Human Lactation.*

ADINA SUSLOVICH (עדינה סוסלוביץ) lives in Beit Shemesh with her family. She is a social worker and a cognitive behavioral therapist. After her son was tragically killed in a car accident, she started spending more time learning and teaching Torah. Today, she is a Tanach teacher at Matan Beit Shemesh and has a private therapy practice.

ALANA RUBEN (אלנה רובין) is an Israeli/Canadian/American writer and theater artist who lives and creates in Israel, most recently "Esther's Throne" and "Esther Dresses in Divinity" (Jerusalem Biennale 2023/24). Israel, in all its expressions, is and eternally will be the great love of her soul.

ANDI ARNOVITZ (אנדי ארנוביץ) lives and works in Jerusalem. She is a conceptual artist, using etching, digital information and various printmaking processes, as well as fabric, thread and porcelain to create both print series, artist books, and large-scale installations. These pieces explore various tensions that exist within religion, gender and politics. Andi has exhibited her work in England, China, the US, Israel, Spain, Poland, Finland, France, Germany, Lithuania, Canada, Italy, Mallorca, and Bulgaria. Her work is in many private collections in both the US and in Europe, as well as major universities, museums and institutions, including the US Library of Congress, the National Library of Israel, the Museum of Art in Ein Harod, Yeshiva University Museum, The ANU Museum, Yale University, UCLA, and The Smithsonian Museum of American History.

ARIELLA ZEITLIN (אריאלה צייטלין) is a renowned violinist and singer who performs around the world, with concerts based around self-development and spirituality. She has millions of listeners across platforms and her music is featured in several TV shows and movies, most recently in "Vikings" on Netflix.

AVIGAIL SAPIR (אביגיל ספיר) is a spiritual creative mentor, painter, and ketubah artist. She creates art as a meditative practice that guides her to explore her inner world, work through emotions, and connect deeply with the divine flow. She is passionate about helping women step into their creative power on and off the canvas. She whole-heartedly believes in the healing spiritual powers of art-making in a meditative space. She teaches courses and workshops in person and on Zoom. If you want to find more of her work, you can follow her on Instagram or Facebook @AvigailSapirArt or visit her website www .AvigailSapir.com.

AVIGAIL WIEDER (אביגיל וידר) is an artist and inspirer living in Jerusalem creating artwork that lights up one's soul and lights up one's life. Originally from London, she spent way too much time pursuing all things besides art, instead of doing the thing she does best. Thank God, she now paints full time, creating masterpieces for collectors across the world, selling through galleries and her online shop, and sharing her inspiration and stories on social media. When not painting, she is hanging with her husband and kids or walking Jerusalem streets and hills dreaming up the next creations. www.avigailwieder.com

אביטל שרנסקי (Avital Sharansky) נולדה בברית המועצות, והתרגשה מאוד מהאור של ארץ ישראל עם עלייתה. היא חיה ויוצרת בירושלים, נהנית מבנותיה, חתניה ונכדיה וממשיכה לצייר את האור של ארץ ישראל.

BRAHA BENDER (ברכה בנדר) is the founder and director of 100 Fun Things, an organization providing innovative events, trips, and courses that get women out of the box to make friends and have a good time, regardless of religious and socioeconomic differences, since 2020. In that context, Braha runs The Artist's Way, a 14-week coaching, creativity, and adventure course that enables adult women to reclaim and achieve the dreams, goals, and sense of adventure they set aside in midlife, as well as a year-long course called The Wild Writers Club. She serves as a storyteller and performer at the Israel Museum in Jerusalem, where she creates innovative youth programming for children. Braha has trained in theater, education, community leadership, narrative therapy, and, most recently, in coaching at Bar Ilan University. She has taught and written on creativity, Jewish philosophy, and other subjects for a wide range of institutions and publications. Her unique vision of unity through fun, adventure, and shared good times is a celebrated voice in today's divisive culture.

RABBANIT BATYA HEFTER (בתיה הפטר) is the founder of Lev Nachon – Center for Transformative Torah, whose focus is to transmit the teachings and spiritual path of Hasidic masters into a vital ethical and spiritual path. Batya is completing the manuscript of her first forthcoming book: *Opening the Window: Hasidic Readings for Life – The Teachings of Rabbi Ya'akov Leiner of Ishbitz-Radzyn.* She is the founding *rosh beit midrash* of The Women's Beit Midrash of Efrat and Gush Etzion, where she served as spiritual leader and executive director.

BRIANA GROGIN (בריאנה אורית אריאלה גרוגין) grew up in Los Angeles in a warm and loving family. A graduate of UCLA, she married Eli Grogin, in 2006, and a week later they made aliyah. They currently live in a yishuv in the center of the country with their children. Briana works as a therapist for women and girls.

הרבנית כרמית פיינטוך (אפרתי) (Carmit Feintuch (Efrati)) היא רבנית קהילת 'אילנא דחיי', ר"מית בבית המדרש במגדל עוז, ממקימות 'בית דינה' (טיפול קהילתי בפגיעות מיניות). נשואה לתני, אימא לשישה ולחתן שהתווסף. דרכם למדה לעשות מהחיים תפילה.

Chana Vered (חנה ורד קורן) is co-creator and CEO of myjewishsoulmate.com – a free online dating platform for Jewish singles. She is also a passionate Torah educator, writer, spiritual mentor, and inspirational speaker, weaving Jewish wisdom into practical tools for growth, healing, and transformation in our post-modern world.

עינת לובין (Einat Lubin) חיה עם גדי וחמשת ילדיהם בירושלים ועוסקת בחינוך. עינת כותבת שירה על פרשת השבוע שמתכתבת עם אירועי השנה האחרונה.

Elana Dressler (אילנה דרסלר) was born in Maryland, and made aliyah in 2007, now living in Ma'aleh Adumim with her husband and six children. With a background in photography, Elana initially captured the world through her lens, but has since transitioned to a more tactile exploration of art through watercolors, acrylics, and pen drawings. She draws daily inspiration from the beauty of the land of Israel and its extraordinary people.

הסופרת **אמונה אֱלון** (Emuna Elon), ילידת ירושלים 1955, היא אלמנה ואם לשישה. שמונה מבניה ונכדיה נמצאים בחזית הלחימה מאז שמחת תורה תשפ"ד. פרסמה חמישה רומנים וכן מאמרי הגות ופובליציסטיקה, סיפורים קצרים וספרי ילדים. בשנים 1996–1997 שימשה יועצת ראש הממשלה לענייני מעמד האישה והובילה את הקמת הרשות הממלכתית לקידום נשים. קובץ סיפורים חדשים פרי עטה עתיד להופיע השנה בהוצאת כנרת זמורה דביר.

Rabbanit Etta Bendavid (עטא בן דוד) is a licensed pastoral counselor in private practice, specializing in loss and grief, and a qualified *morah l'halachah*. Etta earned MA degrees in Midrash/Theology and Education and has been teaching for many years, incorporating her passion for music and drama. Together with her husband, Rav Eitan Bendavid, Etta made aliyah in 2017 to Ra'anana, where she serves as rabbanit at Kehillat Shivtei Yisrael in Raanana and is proud mother to Aryeh Lev, Boaz, Talya and Adir. She leads musical Hallel for women nearly every Rosh Chodesh. Find her at SpiritualCareIsrael.com

Inna Rogatchi (רינה רוגאצ'י) is a writer, artist, scholar and filmmaker. She is co-founder and president of The Rogatchi Foundation, and the wife of the renowned artist Michael Rogatchi. Inna conducts her special art spirituality studies and projects concerning the Torah (The Beauty in the Torah); The Torah: the Quest and the Art; Bereishit: The Art of Creation; Psalms: the Artistic Expression; and several others. Her artworks belongs to many leading public institutions and notable personal collections worldwide, including the Holocaust Garden of Hope in Kingwood, Texas, JCC in Dnipro, Ukraine, Jewish Vilnius Public Library, and the Grigory Kanovich Public Library in Lithuania, Jewish Learning Centre in Budapest, Hungary, collections in Israel, the UK, the US, France, Austria, Germany, Finland, Estonia, Latvia, Poland, Australia and more. Find her at https://www.innarogatchi.com/ and www.innarogatchiart.com.

INBAL SINGER (ענבל סינגר) is a bi-lingual, proud Israeli-American artist living in sunny Beit Shemesh, Israel. Her art conveys themes of healing, growth, and inspiration through natural elements. Find her at: Instagram @hummingbirddesignprints and https://israelfineart .com/collections/inbal-singer

JENNIFER LIFSHUTZ LANKIN (ג'ניפר ליפשיץ לנקין) is the Chief Strategy Officer at ORA (the Organization for the Resolution of Agunot), where she advocates for women experiencing abuse in the Jewish divorce process. Jennifer is passionate about transforming ideas into impactful solutions and challenging the status quo. She studied Political Science and English at Yeshiva University and earned a masters in Nonprofit Management from the Hebrew University of Jerusalem. Jennifer lives in Jerusalem with her family.

JESSICA LEVINE KUPFERBERG (ג'סיקה לוין קופפרברג) made aliyah with her family from La Jolla, California in 2014. A former attorney, she is a writer, poet, and blogger whose work has been featured in numerous publications, including *The Jerusalem Post, The Times of Israel, Jewish Journal,* and *The Jewish Press,* as well as anthologies about the pandemic and life after October 7th. She is a proud wife, mother and "Savti," who loves reading, food, and travel, and is always grateful to come home.

LEAH LURIA (לאה לוריא), a mother of seven and a classically trained fine artist, made aliyah with her family in 2021 from South Florida. Since making aliyah, Leah's work has focused on the vibrant colors and spirituality of Israel, inviting viewers to journey through Israel's breathtaking rolling hills and sacred landscapes. Shortly after October 7th, Leah founded IsraelFineArt.com, initially as a collaborative fundraiser for widows and orphans in Israel that evolved into an online gallery/shop. IsraelFineArt.com aims to help showcase artists in Israel, offering a range of styles of beautiful artwork as fine art prints and gifts, contemporary kitchenware, colorful accessories and unique home decor.

LIAT JACKMAN (ליאת יכמן) was born in Los Angeles. She grew up in Israel and the US, and came back to Israel on her own, after attending Brandeis University. She lives in Neve Daniel in Gush Etzion, and has spent the last 25 years raising her family and learning Torah. Her son Ephraim Jackman, 21, was part of the IDF forces that entered Gaza after the horrible attack on October 7th. On December 26th, he was injured in a battle in Darg El Tufah, where he helped save his unit. He died of his wounds soon after.

LIBA LURIE (ליבא שושנה לורי) is a psychologist and mom of four. When she's not cooking a meal or working on her connections with her kids, she guides mothers on a clinically-proven path to get them out of survival mode and into a life they actually enjoy, with their kids. Find her at: @liba_lurie, Facebook.com/liba.lurie, and www.libalurie.com

מיכל אשדת (Michal Eshdat), רעיה ואם לתשעה, סבתא לשבעה ב"ה. תושבת נווה, ולשעבר עצמונה, גוש קטיף, וחולמת לשוב. מחברת הספרים "שירת רש", "השם: נתן".

MICOL BAYER (מיקול בייער) is a papercut artist who works closely with her clients to bring beauty and meaning into her creations. She is drawn to the balance of positive and negative space that create the elegance of a papercut, and is inspired by the natural beauty of the land of Israel. Her papercutting style and motifs are constantly evolving.

Miriam Friedman, MSW (מרים פרידמן) is a therapist who works with adolescents and adults in private practice. She is also the clinical director of Alumah, an integrative group program for women who have experienced complex trauma. She enjoys traveling, hiking, reading, and dabbling in writing and painting. Miriam lives in Israel with her family.

Nathalie Riess (נטלי ריס) was born and raised in Caracas, Venezuela. At 18, she moved to New York, where she fully committed to her Judaism. A year and a half later she met her husband-to-be, and they married shortly after in Tel Aviv, where he was born and raised. They moved straight to the holy city of Tzfat, where they built their family of nine children B"H. For 23 years, Nathalie was a professional makeup artist and stylist. She created, together with her husband, the "Tzfat Kabbalah Center" and the Centro Latino Israel. In 2015, she began coaching women and couples, as a certified family systems therapist, NLP practitioner; her clinic is mostly virtual. She has two podcasts in Spanish, "Agua fresca para el alma" and "Encontradas," and is a motivational speaker.

Rabbanit Nechama Goldman Barash (נחמה גולדמן ברש) made aliyah from Philadelphia over 20 years ago, and is the director of the Pardes Learning Seminar. Nechama teaches contemporary halakha and Talmud at Matan and Pardes, as well as Talmud and women and halakha in Torah V'Avodah (TVA), a Bnei Akiva gap year program based in Matan. She is an active member of Beit Hillel and participates in interfaith dialogue through Roots, based in Gush Etzion, close to where she lives with her family. Her recent book, *Uncovered, Women's Roles, Mitzvot and Sexuality in Jewish Law*, deals with questions of gender and halakha.

Nina Tokayer (נינה טוקייר) is an Israeli-American singer-songwriter, known as part of the musical duo "Yonina." She lives in Pardes Chana with her husband Yoni and their four children. In addition to making music, Nina studied therapy and has an MA in psychodrama. Follow her at @yoninamusic (Instagram) יונינה Yonina on FB.

אוריה מבורך (Orya Mevorach) עורכת ראשית של הוצאת מגיד, מקימת מכון אפרכסת להתמודדות עם התרבות הפוסטמודרנית, מלמדת תורה במקומות שונים ומחברת רבי המכר "יום אחד באוקטובר", יחד עם יאיר אגמון, ו"מה את מבקשת: ספר על אהבה וגוף".

רחל ליפשיץ (Rachel Lifchitz) הקימה וניהלה את אולפנת אמונה לאמנויות בירושלים (עלמא), וניהלה את התוכנית להכשרת מנהלות בתי ספר במכללת ירושלים בשיתוף 'אבני ראשה'. ייסדה את בית המדרש לנשים 'מבשר שלום' במבשרת ציון ומלמדת בו. מלמדת במתן ירושלים.

Rachel Secunda (רחל סקונדה) made aliyah in 2021 with her husband and two young sons, embracing the adventure of starting fresh. Through writing, she has found a voice to explore the challenges of rediscovering who she is, beyond the identity she held in America.

Rachel Weinstein (רחל וינשטיין) is a social worker in private practice who helps teens and adults facing grief, adjustment, and trauma, and is passionate about working with LGBTQ individuals and their families, particularly within the Orthodox and greater Jewish community. Rachel believes that everyone has a story that deserves to be heard and is grateful to those who entrust her with theirs. Rachel and her family live in Israel. Find her at www.rachelweinsteinmsw.com and IG: @rachelweinsteinmsw

Since making aliyah from North America two decades ago, Romi Sussman (רומי סםמן) writes about her experiences raising six sons in the hills of Gush Etzion. Find her at: https://www.facebook.com/romi.sussman/, https://www.instagram.com/romi_sussman/ and her personal blog at https://aineretzacheret.com/

Ronit Friedman (רונית פרידמן) is an Israeli artist who brings the landscape to life with rich colors and loose brushstrokes. Her acrylic paintings of Jerusalem and the Judean Hills express a love of the land and a deep connection to her surroundings. She infuses the mundane with imagined color as an expression of spiritual energy and significance. Find her work at www.ronitfriedman.com and on Instagram at @ronitfriedmanart

רוחמה שפירא (Ruchama Shapira) גרה במרחבי דוד בגוש עציון, ובעבר בשירת הים בגוש קטיף, וחולמת לשוב. תרפיסטית בתנועה, מעבירה סדנאות בשילוב פסיכולוגיה יהודית בדרך הבעש"ט.

After serving in the US military, RUTI EASTMAN (רותי איסטמן) married her hero, discovered Judaism, and homeschooled four sons. She and her family made aliyah in 2007. Ruti's articles and poetry have been published in a number of online journals. Ruti is the author of two books of short essays and two books of poetry, largely devoted to her aliyah experience. She enjoys playing harmonica and percussion with her family band. Ruti lives with her husband in Neve Daniel in Gush Etzion.

RABBANIT SALLY MAYER (סאלי מאיר) serves as rosh midrasha at Ohr Torah Stone's Midreshet Lindenbaum, as well as teaching Talmud, Halacha, and Jewish Thought at the midrasha. She has worked as an editor for the new Koren translation of the Talmud. Before moving to Israel with her family, Rabbanit Mayer was a member of the core faculty that built Ma'ayanot Yeshiva High School for Girls in Teaneck, NJ, where she chaired the Talmud department and directed Israel Guidance. She also served as Education Director at The Jewish Center on Manhattan's Upper West Side. She lectures in communities in the United States and Israel. A Midreshet Lindenbaum alumna, she holds a BA from Stern College and an MA in Medieval Jewish History from Yeshiva University, and she completed the Drisha Institute Scholars Circle Program. She lives in Neve Daniel with her husband and children.

SARAH ANSBACHER (שרה אנסבכר) is a writer and novelist. She was born in the UK and now lives in Modiin, Israel. Her latest novel, *Wave after Wave,* is a historical novel based on a true story about a group of Jewish refugees from Nazi-occupied Europe who make a clandestine immigration attempt to Eretz Israel/ British-controlled Mandatory Palestine during World War II. Her previous books include the novel, *Ayuni,* and *Passage from Aden,* a collection of short stories based on her experiences working in the Aden Jewish Heritage Museum in

Tel Aviv. Find her at: https://www.sarahansbacher.com/; https://
www.facebook.com/SarahAnsbacherAuthor; and IG: https://www
.instagram.com/sarahansbacherwrites

SARAH SASSOON (שרה ששון) is an Australian born, Iraqi Jewish
writer, poet, and educator. She is the author of the award winning
picture book, *Shoham's Bangle* and *This is Not a Cholent,* as well as the
award-winning online poetry micro-chapbook, *This Is Why We Don't
Look* (Harbor Review). She lives in Jerusalem with her husband and
four boys. For more of her writing, visit www.sarahsassoon.com

SARAH TUTTLE-SINGER (שרה טאטל־סינגר), author of *Jerusalem,
Drawn and Quartered* and the New Media Editor at *The Times of Israel,*
was raised in Venice Beach, CA, on Yiddish lullabies and civil rights
anthems. Now living in Jerusalem with her three kids, she explores
the city's hidden corners and secret doors and writes about its people.

SEFIRA LIGHTSTONE (ספירה לייטסטון) is a Jerusalem-based illus-
trator and activist whose art empowers Jews to connect with their
heritage. Her work has been featured by major Jewish organizations,
like Chabad.org and The Forward. With a unique style that blends
tradition and modernity, Sefira uses her creativity to challenge stereo-
types and inspire others. In addition to her professional work, she is a
mother, runner, and coffee-lover. Find her work at sefiracreative.com
and follow her on IG at Sefira Creative.

SHAYNA GOLDBERG (NÉE LERNER) (שיינע גולדברג) serves as
mashgicha ruchanit in the Stella K. Abraham Beit Midrash for Women
in Migdal Oz, an affiliate of Yeshivat Har Etzion. She is the author
of the book, *What Do You Really Want? Trust and Fear in Decision
Making at Life's Crossroads and in Everyday Living* (Maggid, 2021), a
Nishmat *yoetzet halacha,* a contributing editor for Deracheha: Wom-
enandmitzvot.org, and a frequent blogger for *The Times of Israel.* She
lives in Alon Shevut, with her husband, Judah, and their five children.

SHERRI MANDELL (שרי מנדל) received a National Jewish Book
Award in 2004 for her spiritual memoir, *The Blessing of a Broken Heart,*

which was translated into three languages and produced as a play in Jerusalem and the US. Her latest book is *The Kabbalah of Writing: Mystical Practices for Inspiration and Creativity.* She is also the author of *Reaching for Comfort: What I Saw, What I Learned and How I Blew It Training as a Pastoral Counselor; The Road to Resilience: From Chaos to Celebration; Writers of the Holocaust;* and two children's picture books, *The Elephant in the Sukkah* and *The Upside- Down Boy and the Israeli Prime Minister.*

Renowned glass blower and painter Sheva Chaya Shaiman (שבע חיה שימן) is a Princeton graduate who made aliyah to Tzfat in 1997. She enriches her popular gallery in the Artists' Quarter by sharing her journey and unique artistic insights with thousands of visitors annually. Sheva Chaya teaches painting, glassblowing, and Torah and art workshops, and also offers transformative Yoga classes that deepen the mind-body-soul connection.

Shira Greenspan (שירה גרינספן) is an award-winning educator, author, and artist. She is the author of Koren's bestselling *My First Tanakh Series* and the illustrator of the *Shirat David Haggadah.* Shira is renowned for her creative intergenerational learning resources and is a highly sought-after educational developer. She studied at Midreshet Harova, holds a BA in Psychology and an MA in Jewish Education from Yeshiva University. She lives in Modiin, the city of the Maccabim, with her husband and four children. The entire Greenspan family created this beautiful painting together.

Shira Pasternak Be'eri (שירה פסטרנק בארי) is a Jerusalem-based writer, editor, and translator who works as the coordinator of the Mandel Foundation–Israel's websites. She is married, a proud mom, and a happy grandma. Born and raised in New York, she has been living in Jerusalem since 1982. She blogs on *The Times of Israel.* Find her at: https://www.facebook.com/shira.pasternakbeeri

Talia (Friedman) Haber (טליה הבר) was born in Teaneck, NJ. After college, she made aliyah. Shortly thereafter, she met her husband and they married. They had three kids together. On January 16, 2024,

Hamas killed her loving husband, Zechariah Haber, who was serving in the IDF reserves. Find her at: https://www.facebook.com/talia.friedman.9/

הרבנית ד"ר תמר מאיר (Tamar Meir) היא ראש בית המדרש לנשים 'כולנה' בגבעת שמואל, ראש החוג לספרות במכללת גבעת וושינגטון, סופרת ומשוררת.

Tamar Weissman (תמר וייסמן) is a noted tour guide, lecturer and author specializing in the intersection of text and Land of Israel studies. Her first book, *Tribal Lands: The Twelve Tribes of Israel in their Ancestral Territories*, explores the essential connections between the individual natures of the sons of Jacob and the territory that each of the twelve tribes later called its own. Tamar is in the current cohort of the Sefaria Word-by-Word fellowship, for which she has just completed a book on the midrashic patterns in the Book of Judges. She lives with her family on their permaculture farm in the Galilee, her home base for guiding the north of Israel.

Dr. Tanya White (טניה וייט) is a lecturer of Tanach and Jewish Philosophy at Bar Ilan University and serves as a senior lecturer at the Matan Women's Institute of Torah Learning and the London School of Jewish Studies. She was appointed a Sacks Scholar in the inaugural cohort of the Rabbi Sacks Scholars program. Tanya is also the founder and host of the podcast series: Books and Beyond: The Rabbi Sacks Audio-Series with Tanya White. Tanya is the mother of four daughters and lives in a moshav in central Israel.

תהלה פרידמן (Tehila Friedman), ירושלמית, אימא לחמישה. חברת כנסת לשעבר. עומדת בראש מרכז ליבא מבית יוזמת המאה. שנים ארוכות יוזמת ומובילה ארגוני חברה אזרחית העוסקים בלכידות חברתית ובחיזוק זהותה היהודית־דמוקרטית של מדינת ישראל וביחסי ישראל תפוצות.

Toby Klein Greenwald (טובי קליין גרינולד) is an award-winning journalist and theater director, a poet, playwright and co-founder and editor-in-chief of WholeFamily.com. Her theater projects include Raise Your Spirits Theatre, "Mikva the Musical, Music & Monologues from the Deep," and the Na'na and Hamra Playback Troupes. She is the recipient of the Life Achievement Award from ATARA, The Association for Torah and the Arts. She has taught Torah, Jewish Thought, Theater, English and Creative Writing and has degrees from Jerusalem College for Women, Hebrew University and an MA from Bar Ilan University. She is the translator of the book, *In the Land of Prayer, Personal Tefillot from Israel in Turbulent Times,* and was the initiator, interviewer and first editor of Rabbi Shlomo Riskin's memoir, *Listening to God: Inspirational Stories for my Grandchildren.* Find her at: https://www.linkedin.com/in/toby-klein-greenwald-bb10103/

TOVA KRAMER (טובה בתיה קרמר) was born in South Africa, grew up in Australia and made aliyah at the age of 16 with her family. She works as a dietician specializing in the field of eating disorders and loves to help people find a healthy, nourishing balance between their food, body and soul. Tova lives in Jerusalem with her husband, David, and is the proud mother of Matan, Gilad, Eli, Shlomo, and Leyat.

TZIPORA LIFCHITZ (צפורה ליפשיץ) is a creator, writer, and photographer, who captures the essence of life in Israel. Her writing navigates the challenges of conflict, the importance of staying centered in difficult times, and the realities of raising children during war. She views creativity as a powerful tool for fostering hope and building connections. Tzipora lives in Jerusalem with her husband and their five children.

YAEL FLATAUER (יעל פלטאואר) is a Judaica artist residing in Tzfat. She was born in Riga, Latvia, and made aliyah in 2018. Yael creates unique, colorful, soulful, and joyfully Jewish art with a touch of mysticism inspired by life in Tzfat, a city known for its artists and kabbalists. You can find her work on https://israelfineart.com/pages/yael-flatauer, Etsy, and follow her on Instagram at @yael_flatauer.

American-Israeli YAEL HARRIS RESNICK (יעל הריס רזניק) is a self-taught multimedia artist known for her hand-painted silk, acrylic paintings and, most strikingly, integrating silk accents on her canvases. Influenced by her mother, calligrapher and ketubah artist Hedy Harris, much of Yael's work involves Judaic and biblical motifs and illustrates the splendor of the land of Israel using a vibrantly colorful palette. Inspired by great female artists like Freda Khalo, Yael strives to bring brave female heroines into the limelight. She is an award-winning artist who has been recognized by the Washington DC Calligraphers Guild, Israel's Artists Guild, and Israel's Ministry of Industry, Trade and Labor. She lives in Israel with her husband and four kids. You can find her work at https://yaelharrisresnick.com/

YAEL LEIBOWITZ (יעל ליבוביץ) is an Israeli educator. She holds an MA in Judaic Studies from Columbia University, taught at the Upper School of Ramaz, and is a former faculty member of Yeshiva University's Stern College for Women, where she taught advanced Bible courses. Yael has taught continuing education courses at Drisha Institute for Jewish Education and served as Resident Scholar at the Jewish Center of Manhattan. She currently teaches at Matan Women's Institute for Torah Learning and Midreshet Lindenbaum College for Women. In 2022, Yael received the Matan Kitvuni writer's fellowship and has a book forthcoming on Ezra-Nehemiah through Koren Press. For more of Yael's writing, visit: yaelleibowitz.com

ד"ר **יעל לוין** (Yael Levine) היא בעלת תואר דוקטור מהמחלקה לתלמוד באוניברסיטת בר־אילן. היא פרסמה מחקרים ועיונים רבים, הנסבים בעיקר על היבטים שונים של האישה ביהדות. כן חיברה תפילות רבות ומדרשים חדשים.

After an adventurous and unattributable career in security and intelligence, YAEL SHAHAR (יעל שחר) now divides her time between writing about Jewish philosophy and learning Talmud with anyone who will sit still long enough. She is the author of *Returning,* a remarkable true story of spiritual resilience. A dynamic and sought-after public speaker, Yael Shahar has lectured worldwide on topics ranging from counter-terrorism to Gemara. Her writing on Jewish history and philosophy can be found at www.yaelshahar.com.

YAEL UNTERMAN (יעל אונטרמן) is a Jerusalem-based author. Her two books are *Nehama Leibowitz: Teacher and Bible Scholar* (National Jewish Book Award finalist, 2009) and *The Hidden of Things: Twelve Stories of Love & Longing* (USA Best Book Awards finalist, 2015). She is also a lecturer at Shalem College and worldwide, and has run over 750 Torah study workshops using the Bibliodrama method.

ד״ר **יעל ציגלר** (Yael Ziegler) מלמדת תנ״ך במתן ובמכללת הרצוג. היא המחברת של ספר על מגילת רות (מניכור למלוכה) ומגילת איכה (אמונה בעולם סוער). היא כותבת ספר על סיפור יציאת מצרים.

YAFFY NEWMAN (יפי נאמן) hails from Hollywood, Florida and has been living in Israel for the last decade. Today, she works and lives in Central Israel with her husband, with their son. She is a proud army wife and waiting for everyone to come home.

About the Cover Artist

Malka Klein (מלכה קלין) is an artist and designer currently creating in the jungles of Costa Rica. Specializing in calligraphy, Malka imbues a unique feminine essence and elegance into Hebrew (and English) letterforms inspired by the *Shechina, Kabbalah,* and ancient manuscripts. Originally a suburban New Jersey girl, turned Tel Aviv lover, Malka ultimately followed the call to nature's depths and now enjoys living close to the elements where her intuition speaks loudest. You can follow her work online and collect her original artwork www .malkaklein.com and www.instagram.com/malkaklein

Visit our website at

www.shvillicenter.org

to learn about the writing workshops we offer
and check out our guide
to writing your own *tefillot* and *techinot*.